健美操
AEROBICS

◎ 主　编　西安交通大学体育中心
◎ 副主编　张秋君
◎ 编　委　位桂香　张丽萍　张慧雯　杨光

西安交通大学出版社

图书在版编目(CIP)数据

健美操／西安交通大学体育中心主编．—西安：西安交通大学出版社，2022.9

西安交通大学体育课程系列教材

ISBN 978-7-5693-2419-8

Ⅰ.①健… Ⅱ.①西… Ⅲ.①健美操—高等学校—教材 Ⅳ.①G831.3

中国版本图书馆 CIP 数据核字(2021)第 258496 号

书　　名	健美操 JIANMEICAO
主　　编	西安交通大学体育中心
责任编辑	张瑞娟
责任校对	张静静
出版发行	西安交通大学出版社 (西安市兴庆南路1号　邮政编码 710048)
网　　址	http://www.xjtupress.com
电　　话	(029)82668357　82667874(市场营销中心) (029)82668315(总编办)
传　　真	(029)82668280
印　　刷	西安五星印刷有限公司
开　　本	720mm×1000mm　1/16　印张 21.75　字数 315 千字
版次印次	2022 年 9 月第 1 版　2022 年 9 月第 1 次印刷
书　　号	ISBN 978-7-5693-2419-8
定　　价	65.00 元

如发现印装质量问题，请与本社市场营销中心联系调换。

订购热线：(029)82665248　(029)82667874

投稿热线：(029)82668284

版权所有　侵权必究

前　言

健美操是一种体育艺术技能项目，它体现了体育运动带给人的健康活力，更是用身体语言展现力与美的融合。在跳跃的节奏中，用有力的肢体动作带给人力量的震撼；用优美的造型与团队合作展示编导的新颖创意；用高超的技艺表达运动员追求卓越的信心与决心。随着健美操项目的不断发展，无论是竞技性健美操，还是健身性健美操都趋向于多元化。例如，竞技性健美操由原来的单人、混双、三人、五人等纯粹竞技项目比赛，增设了有氧舞蹈和有氧踏板项目；健身性健美操由原来单一形式的徒手健美操，增加了各种场地、各类器材、各种风格的健美操。基于项目的快速发展，如何科学有效地进行健美操锻炼，并且在参与者期望达到的目标范围内，实现锻炼目的，则成为健美操创编者的重要目标和任务。

本书主要面向在校大学生，同时也适用于参与健美操锻炼的普通大众。本书共分为八章，前四章主要介绍健美操的基本知识。例如，由位桂香撰写的第一章、第三章，主要介绍健美操项目、健美操发展史以及健美操音乐与服装的关系等；张慧雯撰写的第二章、第四章，主要阐述健美操的术语和基本动作等。本书的后四章则是从人体科学，运动项目的技术技巧等方面，深入解读。例如，由张丽萍撰写的第五章、第八章，从人体运动生理学的角度深入分析健美操项目的特点，参与该项目对人体产生的影响及注意事项，并介绍了时下流行的课程特点等；张秋君撰写的第六章、第七章，则是从项目专业技术技巧方面着手，阐述如何进行健美操成套创编、表演，并如何从专业的角度进行评判等。

  本书围绕健美操项目的特点，由浅入深、逐步深入地进行编撰。书籍内容既能帮助初学者了解健美操项目基本知识，还能够满足中级参与者对健美操进行创编的需求，同时还可以帮助高水平健美操训练者从专业的角度进行评价等。因此，本书可以作为工具书进行使用，通过系统学习，可以使不同层次、不同需求的人群得到帮助。

  本书的编撰，历时三年有余，并被列入西安交通大学"十四五"规划教材重点建设项目。在此期间，位桂香、张慧雯、张丽萍、张秋君、杨光等五位编写老师经过数十遍的反复修改和修订，书籍从框架到成书，付出了巨大的努力与心血。非常感谢西安交通大学出版的各位老师的辛苦付出。还有诸多支持我们编写组工作的各位同仁、各位老师，在此一并表示感谢。

  健美操项目发展飞速，限于编者的水平有限，书籍中如出现一些不妥之处，敬请广大同仁批评指正，以便再版修正。

张秋君
2022. 3. 20

目 录

第一章 健美操概述　　　　　　1

第一节 健美操的基础知识　　　3
第二节 健美操的产生与发展　　11
第三节 健美操的发展趋势　　　23

第二章 健美操术语　　　　　　27

第一节 健美操术语概述　　　　29
第二节 健美操术语的运用　　　39

第三章 健美操音乐与服装　　　51

第一节 健美操的音乐　　　　　53
第二节 健美操的服装　　　　　66
第三节 音乐与服装的配搭　　　71

第四章 健美操基本动作　　　　75

第一节 健美操基本动作概述　　77
第二节 健美操基本动作要点、内容
　　　 及功能　　　　　　　　80
第三节 健美操基本动作的练习方法

第五章　现代健美操运动的科学理论基础　141

第一节　健美操动作中人体肌肉活动的基本原理　143
第二节　健美操运动的生理学基础　146
第三节　健美操运动的心理学基础　155
第四节　健美操运动的医务监督　162
第五节　健美操运动与运动损伤　175
第六节　现代健美操运动的实践训练　187

第六章　健美操创编　195

第一节　健美操创编的原则　197
第二节　影响健美操创编的重要因素　210
第三节　健美操的创编方法　219
第四节　健美操的创编过程　227

第七章　健美操竞赛的组织与裁判方法　233

第一节　健美操竞赛概述　235
第二节　健美操竞赛的组织　239
第三节　健美操的裁判方法　250

第八章　健美操流行元素　291

第一节　爵士舞蹈　293
第二节　健身街舞　302
第三节　有氧搏击操　312
第四节　有氧踏板操　320
第五节　有氧舞蹈　326
第六节　有氧拉丁　330

参考文献　336

第一章

健美操概述

本章导言

健美操是以健身美体为主要特点的一种运动项目，处于不断发展和创新的阶段，其倡导者、参与者以及学者等对健美操的认识与理解也在不断地发展和演化中。本章介绍了健美操的基础知识、产生与发展、发展趋势等，希望学生对健美操项目有一个系统、全面、规范的认知。

学习目标

1. 理解和掌握健美操的概念、分类等基础知识。
2. 了解健美操的重要赛事与组织机构，并学习相关组织方法。
3. 学习健美操发展趋势，逐步清晰项目特点及发展规律。

第一节
健美操的基础知识

一、健美操的概念与分类

（一）健美操的概念

健美操是健美体操的简称，它是时代发展的产物，不同时期人们对健美操的认识与理解也有所不同。在国外，健美操被称为"有氧体操"，是一项有氧运动。目前具有代表性的定义是：健美操是在音乐伴奏下，以身体练习为基本手段，以有氧运动为基础，达到增进健康、塑造形体和健身娱乐目的的一项体育运动。

（二）健美操的分类

健美操分类根据目的和任务，分为健身性健美操、表演性健美操、竞技性健美操三大类。

1. 健身性健美操

健身性健美操的主要任务是"锻炼身体、保持健康"，核心练习目的为"健身"。因此其动作简单，实用性强，音乐速度较慢，且为了保证一定的运动负荷和锻炼的全面性，其动作多有重复，并常以对称形式出现。练习时间可长可短，一般约为一个小时。在练习的要求上根据个体情况而有所不同，严格遵循"健康、安全"的原则，防止出现运动损伤，在保证安全的基础上，达到锻炼身体的目的。

健身性健美操的种类繁多，随着时代的变迁，健身性健美操的种类以及练习方法也在发生着变化。目前，对普遍流行的健身性健美操进行如下分类。

（1）按人体结构和练习部位分为：颈部健美操、胸部健美操、腰部健美操、腿部健美操、臂部健美操等。

（2）针对练习者不同的年龄分为：中老年健美操、青年健美操、幼儿健美操等。

（3）按练习的目的分为：康复健美操、保健健美操、形体健美操、跑跳健美操等。

（4）按练习形式分为：徒手健美操、轻器械健美操、特殊场地健美操。

通常意义上健身性健美操的分类按照练习形式来划分，以下为详细解读：

①徒手健美操包括一般健美操和各种不同风格的健美操。一般健美操的练习目的是提高心肺功能，改善身体有氧代谢能力。但随着社会的发展和生活水平的提高，人们健身的需求越来越多样化，因此，近年来出现了各种不同风格的健美操练习形式，如爵士健美操、搏击健美操、拉丁健美操等（详见第八章健美操流行元素）。

②轻器械健美操是利用轻器械，以力量练习为主的一种健美操。力量练习的主要目的是使练习者保持肌肉外形，增强肌肉力量和防止肌肉退化，延缓衰老，从而使人更强健。器械健美操是利用可移动的轻器械进行练习来增强健身效果的，同时也使得健美操的练习形式多样化，如踏板操、哑铃操、健身球操等。

③特殊场地健美操有水中健美操和固定器械健美操。目前水中健美操在国外较流行，它可以减轻运动中地面对膝关节的冲击力，有效地减少关节的负荷，并利用水的阻力提高练习效果，以及利用水传导热能快的原理，达到锻炼身体和减肥的目的。因此，深受中老年人、康复病人和减肥者的喜爱。固定器械健美操，是指在固定器械上进行配乐健美操练习，如跑步机、划船机、健骑机等，练习者可根据自己的需要进行配乐组合动作练习，以达到锻炼身体的目的。

2. 表演性健美操

表演性健美操是在音乐伴奏下，以健美操特色动作为主体，将动作、音乐、服装及现场表演融合在一起，表现特定主题，体现积极向上精神风貌的成套健美操动作。练习者在运动的过程中，以主题为背景，充分展示自我、表现自我。表演性健美操的动作较复杂，音乐速度可快可慢，动作重复较少，也不一定是对称形式的。在参与的人数上，可以是单人，也可以是多人，并可在成套中加入队形变化和集体配合的动作；表演性健美操的练习者可以利用轻器械，如花环、旗子等，还可采用一些风格化的舞蹈动作，如爵士舞等，以达到烘托气氛、感染观众、增加表演效果的目的。因此，表演性健美操的练习者不仅要具备较好的协调性，还要有一定的表演意识和集体配合意识。

3. 竞技性健美操

竞技性健美操的主要目的是"竞赛"。竞技性健美操在参赛人数、比赛场地、成套动作的时间等方面都有严格的规定，并且对成套的编排、动作的完成、难度动作的数量等也都制定了明确的规则。竞技性健美操的成套动作，必须通过连续的动作组合展示参赛者的柔韧性、力量。由于竞赛的主要目的就是要取得胜利，因此在动作的设计上更加多样化，并严格避免重复动作和对称动作（详见第七章健美操竞赛的组织与裁判方法）。

近年来，参赛者为争取好成绩，均在比赛中加入了大量难度较高的动作，如各种跳类成俯撑、空中转体成俯撑等，涵盖 A、B、C（最新规则）三类难度，且难度级别逐步攀升，因此竞技性健美操练习者对自身的体能、技术水平和表现力均提出了更高的要求。

竞技性健美操比赛项目有男单、女单、混双、三人、集体五人、有氧舞蹈和有氧踏板操七大内容。

二、健美操的特点与锻炼价值

（一）健美操的特点

1. 高度的艺术性

健美操是一项追求人体健与美，将人体语言艺术和体育美学融为一体，极具观赏性的运动项目，具有高度的艺术性。健美操动作要求有力、灵活多变、有弹性，要展示练习者内心的激情，体现一种健康、积极、向上的情绪，同时还倡导个人风格特点的表现。练习健美操不仅能锻炼身体、增强体质，还能让练习者从中得到"美"的享受，提高审美意识和艺术修养。

健美操的艺术性主要体现在其"健、力、美"的项目特征上。"健康、力量、美丽"是人类追求身体状况的最高境界。在健美操运动中，无论是健身性健美操，还是竞技性健美操，无不处处表现出"健、力、美"的特征，包含着高度的艺术性元素，使健美操不同于其他运动项目，这也正是人们热爱健美操运动的原因之一。与此同时，健美操练习者在比赛中所表现出的健美的体魄、高超的技术、流畅的动作编排和充沛的体力，也给观众留下了深刻的印象，充分体现出健美操运动的"健、力、美"特征和高度的艺术性。

2. 强烈的节奏性

健美操是在音乐伴奏下进行的一种身体练习，音乐是健美操的灵魂。健美操强调动作的力度，所配音乐要求节奏鲜明、强劲，风格更趋于热烈奔放。健美操音乐多取材于迪斯科、爵士乐、摇滚乐等现代音乐，部分选用具有上述特点的民族乐曲。正是音乐旋律中高低、长短、强弱、快慢等的节奏变化，使健美操更富有鲜明的现代韵律感。

3. 广泛的群众性

健美操是一项富有趣味性的运动，能给人们带来激情四射的情感体验，符合现代人生活节奏快速，追求健美、自娱自乐、释放压力的需要。同时，健美操的练习形式多样，运动负荷和难度可以自我调节，不同年龄、性别、体质的练习者都可参加锻炼，从中找到适合自己的练习形式，并通过练习达到增强体质等目的。因此，深受广大群众的喜爱。此外，由于健美操不受气候的影响，对场地、器材条件的要求不高，具有练习简便、安全的特性，适合不同地区、不同条件的单位和部门开展，所以健美操运动具有广泛的群众性基础。

4. 健身的安全性

健美操的运动强度、运动量及运动节奏较适合一般人的体质锻炼需求。不同风格的健美操在设计时，也会综合练习者的体质状况、负荷能力、锻炼需求等，系统、科学地设计，便于练习者掌握并起到良好的健身效果。

5. 动作的创新性

健美操要求不断创新，包括完成动作的技术风格与质量、动作的组合形式、成套动作的编排、集体动作的配合、队形的变化、音乐的选配、健美操器械，以及教学与练习方法等方面不断推陈出新。随着健美操运动的发展和时代的变迁，能够不断创编出独特新颖、具有时代特点的健美操动作和练习形式，也是健美操长盛不衰的主要原因之一。

（二）健美操的锻炼价值

健美操成套动作是根据人体解剖学、运动生理学、体育美学等多学科理论，以促进人体健康、健美地发展为目的而编排的。健美操动作舒展大方，强调力度和弹性，内容具有针对性和实效性，不仅能使身体各部位的关节、韧带、肌肉得到充分锻炼，使人体匀称、协调地发展，而且还能增强体质，培养健美的体形，塑造健美的自我。因此，健美操是一项既注重外在美的塑造，又强调内在美的培养的独特运动方式。

健美操对人的身心影响较为全面，其锻炼价值主要体现在以下几个方面。

1. 增强身体素质

健美操动作练习是在人体大脑中枢神经系统的支配调节下进行的。反之，通过健美操锻炼也能提高大脑中枢神经系统的机能水平。长期参加健美操锻炼能够提高神经系统的反应速度、集中注意力的能力，使人生命力旺盛。同时，经常参加健美操运动可使肌肉的力量得到增强，肌腱、韧带、肌肉的弹性得以提高，从而提升人体的力量和柔韧性。健美操动作的路线、方向、速度、类型、力度等不断变化，可以加强人的动作记忆和再现能力，提高神经系统的灵活性和均衡性，全面发展协调性。健美操是在强劲的音乐伴奏下进行的，可以使人忘我投入，在不知不觉中提升身体的多方面素质。

2. 塑造形体美

"形体"主要分为姿态和体型两个方面。姿态即人们平时表现出来的行为习惯，主要是指整个身体及各主要部分的体态是否端庄优美。而体型则是指身体的外形，主要指身体各部位之间的比例。人们在日常生活和工作中，由于疲劳或者一些习惯性的体位，较容易出现体态不端正的情况，久而久之就会影响人体某些骨骼的正常发育，导致脊柱弯曲、含胸驼背等不良体态。因此，经常参加健美操锻炼可以有效改善人体不良的身体姿态，形成优美的体态，培养良好的气质，塑造健美的形体。

3. 促进心理健康

（1）增强想象力和创造力。

健美操创编的方法和手段自由灵活，在实施锻炼的过程中，有一定的独特性。一套健美操动作，对不同人的同一部位即使采用同样的锻炼方法，也会产生不同的效果；而同一个人在不同时期，对同一部位采用同样的锻炼方法也有不同的感受。故而在健美操动作的创编过程中，需要进行认真的思考，充分发挥人们丰富的想象力和创造力，依据个体机能特点、环境条件，探索最佳锻炼动作和方案，并在实践中依据对刺激的感受、锻炼的效果不断进行有效的调节。由此可见，长期坚持参加健美操运动可以锻炼人们的想象力和创造力，使之更好地适应社会发展的需要。

（2）提高注意力。

注意力是获得知识和提高工作效率的必要前提，通过实践练习能得到不断地发展与提高。健美操的动作多变，有简单单一的，有复杂组合的，还有屈伸、推拉、环绕、外展、内收等诸多方式方法。而这种多变化的运动，需要注意力高度集中，在长期的重复练习中，可以有效地培养人的注意力。有数据表明，经常参加健美操运动的人，其注意力的集中稳定性明显要高于普通人。

（3）增强自信心，使人奋发图强。

在健美操运动中，伴随着音乐的旋律，人们可以将自己的情绪与健美操动作的节律完全地融合在一起，从而获得愉悦的情感体验。健美操带给人的这种情感体验是一种愉悦的感受、情感的升华。在健美操开放式、充满趣味性的练习环境中，大家共同勉励、相互切磋，产生一种努力向上的亢奋力量。这种优良的精神状态也会迁移到学习、工作以及整个日常生活中，使健美操练习者心理健康水平有了质的飞跃。

4. 提高社会适应能力

（1）培养和增强练习者的竞争意识。

健美操综合能力是通过竞赛来体现的。参加健美操比赛必须遵循比赛规则，优胜的结果源自刻苦练习而提升的强大实力。同时，比赛就会有输赢，在真实的成绩面前还可以锻炼人们适应挫折和承受失败的能力。健美操运动大到长期的训练计划，小到每一次训练课，无不以追逐美好为目的，无不以每一次的成功喜悦或每一次的失败沮丧而告终。健美操运动的残酷性往往表现在成功只是相对的、暂时的，成功之后，挫折和失败又将纷至沓来，只要追求不已，挫折和失败就会永无止境。只有经历了健美操运动过程中的酸甜苦辣，才能获得自我成功的喜悦。所以，健美操运动可使练习者在运动中建立起良好的、不断进取的意识，并且使人们既能够享受胜利的喜悦，也能承受失败的痛苦。

（2）培养和提高练习者的人际交往能力。

由于健美操运动具有群体性及技术性特点，参加健美操学习需要在教师的指导和同伴的配合下进行，才会取得更好的效果。因此，每一个练习者从开始不会、不懂，到后来能够独立设计运动计划，其间每一个技术动作细节，都是在教师的讲解示范、伙伴的真诚互助和所有练习者的共同努力中进行的。因此，经常参加健美操运动可以有效提高人与人之间的沟通能力,提高个体对身体语言的理解和使用能力。良好的身体语言可以促进沟通有效进行,是社交过程中必须具备的能力之一。

(3) 培养练习者的团队协作能力。

健美操运动为培养协作意识和团体精神提供了有利条件。在健美操学习过程中,要求每一位练习者必须具备与他人协作的能力。教师与学生、学生与学生之间常常要密切配合,增进了教师与学生的情感,增强了学生与学生之间的协作能力和团队精神,在真情与汗水的交融中产生协作精神,在共同拼搏进取中形成强大的集体力量。健美操运动以其特殊的交往方式,培养着每一位练习者协同配合的能力、待人接物的能力、豁达坦荡的心胸和相互包容的涵养。

5. 医疗保健功能

无论是自然灾难导致的疾病,还是其他原因导致的疾病,除了医学治疗的手段外,还可以通过适当运动进行康复。健美操作为具有愉悦身心功能的运动项目,对患者与患病后需要后续康复治疗的群体而言,具有以下两种典型的疗效。

(1) 具有运动疗效。

根据不同的疾病,创编具有针对性治疗和保健功能的健美操。例如:对患有心脏疾病的群体,可以编排节奏较缓慢的健美操,让练习者在贴合自身身体实际情况的节奏中,慢慢地提升自己的心肺功能;对其他的疾病群体,根据其患病情况及治疗的医学原理,创编针对性的健美操成套练习,助其恢复健康,注意避免不当运动造成的二次伤害。

(2) 具有心理疗效。

健美操的音乐有韵律、动作灵活多变,运动负荷个性化设计,无论是哪种类型的健美操,都能让人在愉快的氛围中开展运动,对练习者可以起到积极理想的心理治疗作用。

第二节 健美操的产生与发展

一、健美操的起源

健美操是由古老的运动文化融合、发展演变而来的。据史料记载,健美操的起源最早可追溯到两千多年前的古希腊。当时的古希腊人非常崇尚人体美,他们认为,在世界万物之中,只有人体的健美才是最匀称、最和谐、最庄重、最有生气和最完美的。因为这种观点的存在,古希腊人热衷于运动,喜欢采用跑、跳、投掷、柔软体操、健美舞蹈等各种体育项目进行人体美的锻炼,塑造出来的健美形象举世闻名。其中爱神"维纳斯"是女性健美的楷模,男性的代表则是健与美的典型"掷铁饼者",如图1-2-1所示。

图1-2-1 维纳斯与掷铁饼者

古印度很早就流行一种瑜伽术,将姿势、呼吸和意念紧密结合起来,通过调身(摆正姿势)、调息(调整呼吸)、调心(意守丹田入静),运用意识对身体进行自我调节。瑜伽术的基本姿势包括站立、跪、坐、卧、弓步等,与当前世界流行的健美操常用姿势一致。古印度瑜伽术一直流传到现代,通过代代相传和发展完善,瑜伽术的动作更加全面、协调、多样。古代人对健身健美的追求,以及提倡体操与音乐相结合的主张是现代健美操形成与发展的基础。

进入欧洲文艺复兴时期,被遗忘的古希腊、古罗马等古典文化的重新振兴,使人体美格外受到重视。当时的许多教育家都认为古希腊体操是健美人体最完整的体育系统,因此提倡开展体操运动。1569 年,意大利医生墨库里奥斯在《体操艺术》等著作中,详细论述了体操多种形式的动作。18 世纪德国著名体育活动家艾泽伦开设了体育培训课程,并创造了利用哑铃、吊环等器械锻炼的运动形式,这些运动形式,既是现代体操的雏形,也是现代健美操的起源。约翰·古茨·穆尔是"体操运动之父",他对于体操的发展有着深远的影响。他在著作中强调:"体操应能使人感到愉快,体操练习应能使人得到全面发展。"19 世纪的欧洲,在法国、德国、瑞典、丹麦、捷克等地先后出现了各种体操学派。德国人斯皮斯把体操从社会引到学校,为体操动作配曲。丹麦体操家布克创造了"基本体操",他把体操动作分成若干类,并编成适合不同性别、不同年龄的各种类型。瑞典体操学派的创始人佩尔·享里克·林把体操与解剖学、生理学的知识相结合,强调身体各部位及身心的协调发展,培养健美的体态,并按照体操练习的功能将其分为教育、军事、医疗和美学四大类,他的理论为现代健美操的理论和实践奠定了坚实的基础。瑞士教育家雅克·克尔克罗兹设计了一种音乐体操,通过自然的身体活动来培养学生的乐感和节奏感。

以上各种体操流派的教育思想、教学方法和动作技术与现代健美操有着密不可分的联系。通过这些运动文化的发展,体操经过不断演变,最终发展成为现代健美操。

二、健美操的发展历程

(一) 国外健美操的发展

现代健美操的真正萌芽始于20世纪60年代初,源自美国太空总署医生肯尼斯·库珀博士为太空人设计的体能训练"阿洛别克"项目。库珀专门编排了一些动作,并选配了音乐,形成了一种新的运动方式——健美操。1969年,杰姬·索伦森综合了体操和现代舞创编了健美操,这种操带有娱乐性,简单易学,深受人们的喜爱。20世纪70年代,健美操在美国迅速兴起,掀起热潮。

20世纪70年代末,健美操在众多推崇者的努力下逐渐发展成为一项独立的运动项目。美国健美操代表人物简·方达,为健美操在世界范围的推广做出了杰出的贡献,被人们誉为"健美操皇后"。她根据自己的亲身体验和实践,撰写了《简·方达健身术》一书,以自己的声名和现身说法提倡健美操运动。该书自1981年首次在美国出版以来,一直畅销不衰,并被译成20多种文字,在全世界30多个国家发行。此后,简·方达又创造性地推出一种利用专门器械进行健美操锻炼的方法,即"踏板健美操"。简·方达极大地推动了健美操在世界范围内的流行与发展,成为20世纪80年代风靡世界的健美操杰出的代表人物。

【拓展】

简·方达是20世纪70年代崛起的好莱坞电影明星,两次获得奥斯卡金像奖最佳女主角。简·方达从小并没有天赋的好身材,长到十二三岁时又矮又胖。为了追求苗条的身材,她采用"节食""呕吐"等不良方式,甚至利用药物进行减肥,这样的结果是,体重虽然轻了,但她的体力却在下降。且随着服药时间的增长,药物的作用越来越小,她的服用剂量不得不增大,但长时间服用这种药物会对身体不利。所以,简·方达苦闷至极,她需要找到一种既能减肥又不损伤身体的好办法。简·

方达在痛苦的失败中吸取教训，最终认识到"健康的美才是真正的美，持久的美"。从此，简·方达走上了体育锻炼的道路，通过健美操运动来保持身体的健康和体态的苗条。为了向人们介绍健康减肥的方法，她根据自己通过健美操运动获得健美形体的成功经验，撰写了《简·方达健身术》一书。

图1-2-2　简·方达

1985年，美国首次举行阿洛别克健美操比赛。通过这次比赛，健美操得到了迅速推广和发展，形成了世界范围的"健美操热"。

欧洲健美操的开展也较为深入。法国练习健美操的人数已达400多万，仅巴黎就有1000多个健美操中心。德国人为了形体美不惜重金，而意大利的罗马有40多处健美操场所，每天练操的人从早到晚，从不间断。苏联甚至将健美操列入大、中、小学校教学大纲中，并多次举办全国性教练员培训班，定期在电视台向广大健美操爱好者教授健美操。此外，波兰、保加利亚等东欧国家的健美操也得到了不同程度的开展。

健美操运动在亚洲也同样得到了迅速的发展。早期的代表性人物是日本的佐藤正子，她从1977年开始讲授健美操课程，1980年创办了健美操学校，并出版了《自学健美操》一书。在1982年10月3日的日本"国民体育大会"上有420名50岁以上的老人表演了"健身健美操"；1984年首届远东健美操大赛在日本举办；

1987 年日本成立了健美操协会。同时，健美操在新加坡、韩国、中国香港、中国台湾，以及东南亚的国家和地区也迅速发展、兴盛起来。

2011 年，第二十六届世界大学生运动会中健美操被首次列入正式比赛项目。各个健美操国际组织也单独或联合举办各种世界健美操巡回赛和大奖赛，扩大了健美操运动在世界范围内的影响。

（二）我国健美操运动的发展

在我国，关于强健体魄的身体练习的最早记录，可追溯到两千多年前的医学文献《黄帝内经》，该书中曾有关于"导引养生功"的介绍。早在公元前 679 年，我国出现了一种名为"消肿舞"的特殊舞蹈。1979 年，湖南长沙马王堆墓出土的西汉时期的帛卷上，描绘的人物采用站立、坐、蹲等基本姿势做着屈伸、扭转、弓步、跳跃等动作，这些动作与现代健美操动作相像，这也是迄今为止最早的形象地反映我国体操或健美操的历史资料。在东汉时期，名医华佗曾模仿虎的勇猛扑击、熊的沉稳进退、鹿的伸展奔腾、猿的机敏纵跳、鸟的展翅飞翔，将各个导引动作改编为虎、熊、鹿、猿、鸟五组动作，称为"五禽戏"。有人称"五禽戏"是我国早期具有民族特色的人体健美操的体操形式。

【拓展】

世界上最早的医疗体操出现在我国。很多人都知道，"五禽戏"由我国东汉末期名医华佗发明，比瑞典的医疗体操要早一千多年。其实在华佗发明"五禽戏"之前，我国就已有了医疗体操——消肿舞。

据《吕氏春秋·古乐》记载："昔陶唐之始，阴多，滞伏而湛积，水道壅塞，不行其原，民气郁阏而滞著，筋骨瑟缩不达，故作为舞以宣导之。"说的是 4000 多年前的尧舜时期，由于河道堵塞，大水泛滥，人们心气郁闷，筋骨不畅，当时的领袖尧便教大家跳舞使气血畅通。在实践中，一个叫康阴氏的人编创了一套叫"消肿舞"的医疗体操，用来防治关节炎，可以说是世界上最早的医疗体操。

《黄帝内经》中也有这样一段记载："中央者，其地平以湿，天地所以生万物也众，其民食杂而不劳，故其病多痿厥寒热，其治宜导引按蹻，故导引按蹻者，亦从中央出也。"这里的中央即我国的中部地区，属河南洛阳一带，那里常发洪水，使人们常患"痿厥寒热"之病，当时人们主要用"导引按蹻"的方法来治病。"导引"是一种医疗保健体操；"按"即指现代医疗常用的按摩；"蹻"是手舞足蹈的动作，系跳舞的意思。这段记载说明消肿舞最早产生于中原一带。

1840年鸦片战争之后，西方文化开始流入中国，欧美各国的体操也随之相继传入中国。1905年，徐锡麟、陶成章在大通师范学堂开设了"体操专修科"。1908年，徐一冰、徐傅霖、王季鲁等人在上海创办了我国第一所最有影响力的，以徒手体操、器械体操、兵式体操、音乐体操、舞蹈等为主要教学内容的体操学校。1937年，我国康健书局出版发行了马济翰先生的著作——《女子健美体操集》，此后又继续出版了《男子健美体操集》，为了更加适合男子健身需求，还增加了哑铃等轻器械的练习内容。由此可知，我国健美操运动早在20世纪30年代就已经开展起来了。

【拓展】

《女子健美体操集》这本书分"貌美与健美""妇女健康的运动""中年妇女的美容操""增进肌体美的五分钟美容操"和"女子健康柔软操"共五章内容，详细阐述了人体美的价值、各种操的练习方法和要求；具体介绍了采用站立、坐卧等姿势进行的各种健美操，并附有30多幅照片，如图1-2-3所示。值得一提的是，这些动作与现代女子健

图1-2-3 女子健美体操集

美操有许多相似之处。该书在摘要部分写道："本书所选欧美各国最新发明的体操动作数种，有适于少年妇女者，有适于中年妇女者，皆为驻颜之秘诀，增美之奇效。"

自 1949 年中华人民共和国成立后，我国开始重视人民的身体健康问题。在"发展体育运动，增强人民体质"的号召下，大力推行全民广播体操。1951 年 11 月 24 日，我国首次推广第一套广播体操。到目前我国已经创编到第九套广播体操，都是把肢体活动与音乐节奏融为一体的健身体操。

现代健美操真正在我国的兴起始于 20 世纪 70 年代末 80 年代初。那时，随着我国教育制度改革的不断深入，美育教育逐渐在学校教育中占有一席之地，而健美操的引进和兴起，则为我国美育教育提供了一个重要手段。健美操刚传入我国，曾被称为韵律操、健身操、健美操、健康舞、健力舞、健身术、有氧操或节奏操等。随着这项运动在我国的迅速兴起，不少高校教师纷纷在报刊、杂志上刊登了介绍和探讨美育的文章，并编排了一些健美操的成套动作。1981 年 1 月 4 日，《中国青年报》星期刊上发表了作者陆保钟、牛乾元的特约稿《人体美的追求》。1982 年 2 月，中国青年出版社出版了印数近 29 万册的《美·怎样才算美》一书，选登了陈德星编制的"女青年健美操"和牛乾元编制的"男青年哑铃操"。从此"健美操"一词迅速被广大体育工作者采用。在新闻媒体的大力宣传下，世界性的健美操在我国拉开了序幕。1982 年底，上海电视台录制了娄琢玉的形体健美操、持环健美操等专题节目。1983 年，人民体育出版社出版了体育报增刊《健与美》。从 1984 年起，中央电视台相继播放了孙玉昆"女子健美操"、马华"健美 5 分钟"等节目，为健美操在我国的宣传与普及起到了积极的引导作用。

世界性的健美操热传到我国，其具有吸引力且卓有成效的锻炼价值引起了国内体操界同仁的广泛关注。1984 年，北京体育大学（原北京体育学院）成立了健美操研究室；1985 年，由北京体育大学健美操研究室编排并推出的"青年韵律操"，受到全国各大院校青年学生的喜爱。1986 年，北京体育大学编写的我国第一部《健美操试用教材》出版,并正式在北京体育大学本科学生中开设健美操选修课。从此,健美操作为一项重要的体育教学内容在全国高等院校中获得开展。

20世纪80年代初,我国的部分城市已经有了健身俱乐部的雏形。1987年,"北京利生健康城"是我国第一家规模较大的健身中心,并且面向社会开放。同时,健康城把健美操新颖的锻炼方式、良好的健身效果展示给广大群众,很快就被人们接受并得到喜爱,吸引了大批的健身爱好者。随后,以健美操为主要形式的健身中心在社会上遍地开花,特别是在北京、上海、广州等发达地区,人们的思想观念更加超前,以追求健康、健美作为时尚。同时,人们也增强了为健康投资的理念,越来越多的人开始加入健身的行列,热衷于健美操锻炼,这不仅增强了体质,还娱乐了身心。大量健美操节目的出现,为健美操在社会上的持续发展起到了助推作用。健美操逐渐成为健身市场的一个重要组成部分。

我国健身性健美操发展的同时,以"竞技"为主要目的的竞技性健美操也逐步发展起来。竞技性健美操具有动作美、难度大、节奏快、质量高、编排难等特点。竞技性健美操的出现是项目发展新趋势的要求,而且为现代健美操运动的进一步发展注入了强大的活力。1986年4月6日、7日,我国第一届竞技性健美操比赛"全国女子健美操表演赛"在广州举行,从而拉开了我国竞技性健美操比赛的帷幕。本次比赛共有来自8个省市的9支队伍参加,分集体和个人两项。紧接着同年7月,康华健美康复研究所在北京举办了全国首届"康康杯"儿童健美操友好邀请赛。1987年5月,由康华健美康复研究所、北京体育大学(原北京体育学院)、中央电视台等5个单位联合举办了全国首届"长城杯"健美操友好邀请赛,该比赛吸取了美国艾洛别克健美操的比赛项目并结合我国健美操比赛特点,设置了男单、女单、混双、男子三人、女子三人、混合六人6个比赛项目。全国共有30多个队、200多名运动员参赛。北京体育大学队以优异的成绩囊括了团体及6个项目的全部冠军,并赴日本进行了健美操的表演与访问,使中国健美操走向了世界。1992年6月,广东佛山市举行了第六届全国"长城杯"健美操比赛,正式使用了国家体委审定的我国第一部健美操比赛规则。1992年10月,北京市举行了全国健美操冠军赛,以及一年一度的全国健美操大奖赛,随后中国健美操协会正式成立。1995年12月,我国首次派出3名运动员参加在法国巴黎举行的由国际体操联合会筹办的第一届世界健美操锦标赛,参加了男子单人、女子单人,混双与三人项目的比赛,并圆满完成此次比赛的任务。自1998年后,我国均派出队伍参加每届由国际体操联合会组织的世界健美操锦标赛。1997年和1998年,中国健美操协会先后派出8人参加国际体操联合会组织的健美操国际裁判员培训班和国际健美操教练员培训班。1999年,日本专家受中国健美操协会邀请来中国进行关于国际规则的讲学,同时在全国健美操锦标赛上首次采用了《国际健美操竞赛规则》。此后全国健美操比赛和全国大学生健美操比赛均采用国际竞赛规则,这也预示着我国竞技性健美操运动将出现与国际健美操运动接轨的新局面。

2000年,中国健美操协会推出了《中国健美操协会会员管理办法》;2001年8月,经国家劳动和社会保障部批准颁布了《社会体育指导员国家职业标准》。这些举措对推动我国健美操运动的普及与提高具有重大的意义,不仅推动了我国健美操运动的快速发展,还使得健美操走向了职业化。2004年6月,我国健美操在保加利亚第八届世界健美操锦标赛上,进入集体六人的第三名,这也是我国在世界性健美操比赛中取得的第一枚奖牌。2005年7月,中国队在德国伊斯堡举行的第七届世界运动会竞技健美六人操的比赛中夺取金牌,这是我国健美操队在世界性的大赛中夺得的第一枚金牌。

2006年6月,在我国江苏省南京市举行的第九届世界健美操锦标赛中,中国队取得了男子单人操第一名、六人操第一名,女子单人操第二名、三人操第二名,团体第二名的最好成绩,标志着中国竞技性健美操开始进入世界第一集团。2007年5月,中国队在竞技性健美操世界杯总决赛中取得两金、一银、一铜、团体总分第一名的成绩。2005年六人项目在世界运动会首次夺冠,2006年夺得世界健美操锦标赛冠军,2007年在健美操世界杯总决赛再次夺魁,至此中国实现了竞技性健美操项目的"大满贯",成为世界上第一个在国际三大比赛中六人项目实现大满贯的国家。在第五届健美操国际公开赛暨2015年健美操世界杯赛上,江西师范大学健美操队的运动员代表我国参赛,取得了五项金牌,这些骄人的战绩已经能充分证明我国竞技性健美操水平跃居世界一流的行列。

为了更好地普及和发展健身性健美操,国家体育总局于1998年推出《全国健美操大众锻炼标准(第一套)》,2004年推出《全国健美操大众锻炼标准(第二套)》,2009年推出《全国健美操大众锻炼标准(第三套)》。2001年,国家体育总局体操运动管理中心、中国健美操协会主办了首届健美操大众锻炼标准大赛。随后举行的"浩沙杯"全国万人健美操大众锻炼标准大赛成为国家体育总局立项的大型群众体育赛事,由国家体育总局体操运动管理中心、中国健美操协会主办,每年举办一次。2009年,《全民健身条例》颁布。为了贯彻落实和推动全民健身活动的广泛开展,配合全国学生阳光体育活动,在国家体育总局体操运动管理中心的支持下,中国健美操协会从2011年开始组织开展全国普及组健美操推广活动,并从2012年开始推出"全国全民健身操舞大赛",由各省市举行分站赛,推荐选拔获胜队伍参加总决赛,总决赛的参赛人数由开始的千人发展到近万人。经过多年的发展,赛事模式也由最初的单一健美操模式走向更加开放、融合的"大体操"模式。这些举措有力地推动了我国健身性健美操运动的快速发展;同时,也为健身性健美操的自身定位和发展方向提出更多、更加宽广的思考空间。

三、健美操组织与机构

(一)国际体操联合会

国际体操联合会,简称国际体联(FIG),它是世界历史上最悠久、规模最大的国际单项体育组织之一。1881年7月23日在比利时的安特卫普成立,创始国有比利时、荷兰和法国。当时的名称是欧洲体操联合会(FEG),只有3个协会会员。中国于1956年加入国际体联成为正式会员国。

国际体操联合会成立初期有竞技体操、技巧项目,后增加了艺术体操,目前包括8大项目:大众体操、男子竞技体操、女子竞技体操、艺术体操、健美操、蹦床、技巧、跑酷。主要比赛有:每4年一次的奥运会体操比赛;每2年一次的世界锦标赛；每 2 年一次（单年）的世界艺术体操锦标赛；每年一次的世界杯赛；各大洲的锦标赛、体操节（各年龄组运动员的示范表演）。

（二）国际健美操联合会

1983 年，国际健美操联合会（IAF），成立于美国。它有两个总部：一个设在美国，管理北美、南美、西欧事务；另一个设在日本，管理亚洲、东欧和大洋洲事务。1989 年美国总部的职能被接管，只保留一个设在日本的总部，目前有 30 多个会员国。

1984 年 7 月，国际健美操联合会在美国的旧金山举办了第一届国际健美操锦标赛，此后每年都会举办健美操世界杯赛。1994 年起，国际健美操联合会组织三大洲的健美操锦标赛：亚洲-大洋洲、泛美以及欧洲锦标赛。

1995 年，国际健美操联合会同意与国际体操联合会合作；2003 年 1 月 1 日，国际健美操联合会投票通过决议，从 2003 年第 14 届世界杯健美操赛起，在成人和青少年比赛中采用国际体操联合会规则。

（三）国际竞技性健美操冠军联盟

国际竞技性健美操冠军联盟（ANAC）成立于 1990 年，总部设在美国加利福尼亚州洛杉矶市，是国家会员制机构，负责世界国家健美操的活动、事务和竞赛。它每年举办世界健美操冠军赛，于 2000 年开始采用国际体联规则。

（四）国际健美操与健身联合会

国际健美操与健身联合会（FISAF），成立于 20 世纪 80 年代中期，总部设在澳大利亚。下设技术委员会、教育委员会、商务委员会、提高和发展委员会。除每年举办健美操专业比赛外，还组织各种健美操培训班，并给结业学员颁发国际健身指导员证书。

（五）亚洲康体协会

亚洲康体协会成立于 1991 年，总部设在中国香港，是亚洲地区最有影响力的健身性国际组织。它支持教育、宣传健康，并致力于推动健康和健身教育在亚洲的发展，还有自己专业的出版物，会组织各种健身的宣传和教育活动，如一年一度的"亚洲康体展"和"亚洲康体会议"。自1997年首次举办后，一年一度的亚洲康体展已成为亚洲区内最大规模、最专业及最具国际性的业界展览会。

（六）中国健美操协会

中国健美操协会（CAA）成立于1992年，最初隶属于国家体委社会体育中心，办事机构设在北京。1997年初，它被并入国家体育总局体操运动管理中心，是中国体操协会的下属协会。这一改革理顺了我国健美操组织与世界健美操组织的关系，以及我国内部管理体制。中国健美操协会是中国奥委会承认的全国性体育协会。中国健美操协会为健美操运动的普及和发展做了大量工作，先后制定了《健美操活动管理办法》《全国健美操指导员专业技术等级实施办法（试行）》《全国健美操大众锻炼标准实施办法》，每年举办健美操教练员、裁判员培训班，全国健美操锦标赛等。众多举措对我国健美操运动的普及与提高具有重大意义，为推动我国健美操运动的快速发展起到了积极的作用。

（七）中国学生健美操艺术体操协会

中国学生健美操艺术体操协会（CSARA）成立于1992年，隶属教育部学生体育联合会，主要担负着全国大中小学健美操、艺术体操、动感啦啦队、体育舞蹈、街舞、健身健美等6个项目的全国推广开展、师资培训、资格认证、技术指导及赛事活动的举办工作。协会领导由教育部领导和全国著名大学校长及主要领导担任，协会的委员由全国知名高校体育行政领导担任。协会目前在全国各省市自治区拥有近500所会员学校，有力地推动了健美操在全国大中小学的普及与开展，并形成了庞大的健身群体。该协会理念是："我健康，我快乐，这里是健康活力舞台。"它主要承办中国大学生健康活力大赛，并与韩国、日本的健美操协会建立了良好的合作关系。

第三节 健美操的发展趋势

一、健美操概念的演化

"健美操"英文为"Aerobics",意为"有氧运动""有氧体操"。有氧运动最早由美国人库珀博士于20世纪60年代开始于美国推广。有氧运动原来只强调有氧运动的重要性,通常以训练心肺功能为主要目的,最早以有氧跑步健身为主,后来逐步发展为多维度的有氧运动,并增加了体操配合音乐练习的"韵律操"等健美操前身。随着有氧运动的发展到20世纪70年代末,健美操运动逐渐受到大众的欢迎。

李沛、马鸿韬、孟宪君等人认为:"健美操是在鲜明的音乐节奏伴奏下,以身体练习为基本手段,在保持身体标准姿态的基础上实现身体控制节律性弹动技术,达到提高身体协调能力,实现人类追求以健身、健心与健美为锻炼目的的一门体育学科。"马鸿韬认为:"健美操属于体育表演艺术。"董丽认为:"健美操本质是体育,从学科和专业归属上健美操应属教育学体育类专业。应该正确理解健美操的艺术性,以体育的本质为根本,在此基础上发展它的艺术性,促使体育与艺术的相互融合。"

概括而言,健美操是在音乐伴奏下,以身体练习为基本手段,以有氧运动为基础,达到增进健康、塑造形体和娱乐目的的一项新兴的体育运动项目。

二、健美操的发展及其趋势

（一）健身性健美操的发展及其趋势

1. 健身性健美操的社会需求增加

在知识经济迅速发展的今天，人们的生产和生活方式发生了巨大的变化，体力劳动减少、脑力劳动增加，工作和生活的压力加大。工作状态的变化引发了各种各样的亚健康状况，人们已经意识到健康的重要性，对健身的需求日趋强烈，从而加快了社会体育的发展。

随着生活水平的普遍提高，"给健康投资"的观念逐渐深入人心，健身运动已成为人们的一种时尚消费。健身性健美操作为社会体育的重要组成部分，在时代车轮的带动下不断推陈出新，并且呈现出多元化的表现形式，以其独特的功能和魅力受到人们喜爱。因此，在这种社会大环境下，健身性健美操的市场前景将更加广阔。

2. 健身性健美操练习的科学化程度不断提高

第一，科学化锻炼是保证健身性健美操练习效果的关键。不科学的练习方法不仅导致锻炼没有效果，还有可能引起运动损伤。因此，只有不断提高锻炼的科学性，才能使参加健美操练习的人真正达到有效锻炼身体的目的。

第二，科学化也是健美操运动自身发展的需要。随着健身要求的不断提高，人们不再满足于只是简单活动、出一身汗的锻炼形式，而是寻求更加科学的健身方式。是否科学、是否能真正达到锻炼身体的目的，是人们选择健身项目的一个重要因素。因此，只有不断提高科学化程度，健美操项目才能有所发展，获得更加广阔的市场。

3. 健身性健美操的种类和练习形式更加多元化

为不断满足练习者的各种需求，健身性健美操的种类和练习形式呈多样化的趋势，如各种器械健美操和水中健美操，以及特殊风格的健美操等。新兴健美操的出现，主要是为满足不同年龄、性别、身体状况、健康水平的练习者的需求，以及所要达到的不同的健身目的。因此，健美操要寻求自身的发展，最大限度地适应市场发展的需要，就必须不断地满足人们的不同需求，向多元化发展。

（二）表演性健美操的发展及其趋势

表演性健美操是我国独有的健美操形式。它的特点在于以表演为主要目的，不受竞技性健美操竞赛规则的束缚，对练习者的技能水平也没有过高要求。其发展趋势旨在提高练习者的健美操动作技艺、活跃气氛能力和主题表现力，使表演性健美操在舞台上以活动主题为依托展现风采，赢得观众的认可。

表演性健美操的表演方式多样，可以和不同风格的舞蹈结合，创编出新颖、表现生动的娱乐节目。表演性健美操一般出现在学校、企事业单位等的大型活动中，能够体现生活中的原创精神，并围绕大型活动烘托气氛、表现主题或者理念。因此，今后表演性健美操的主题和风格将更加鲜明，表演将更富有感染力。

表演性健美操突破了健美操注重健身功能和获得最好成绩的局限。表演性健美操在舞台造型等方面融入时尚元素是它特有的发展优势，但其作为独立的运动项目还没有完全从大众健美操和竞技性健美操中分离出来。为了能更好地突出"表演"的效果，表演性健美操除了需要在动作技能上进行不断地创新，还需要在表演的音乐、舞美、服装、道具等方面进行新的尝试。

（三）竞技性健美操的发展及其趋势

1. 动作技术的完成将更加趋于完美

最新的竞技性健美操《国际竞赛规则》虽然对难度动作的完成数量和难度动作的种类要求降低了，但对难度动作的种类要求则更加全面（详见第七章健美操竞赛的组织与裁判方法）。同时，对参赛运动员形象、气质等方面做出了专门的规定，并对动作的完成质量提出了更高的要求。参赛运动员外在的形象以及健美操动作的完美完成，将是参赛运动员技术和竞技水平的具体体现，是取得优异成绩的根本。

2. 难度动作向多样化方向发展

最新的《2022—2024周期竞技性健美操评分规则》将难度动作进行了重新分组，并对各组进行了重新分类，确定了各个难度的分值。新规则缩小了难度动作的组别范围，增加了每组别下的类别分类。同时减少了成套动作的难度数量，重新调整了难度动作分组、分类命名，细化了难度动作归属，并强调组合连接的流畅性。使竞技性健美操更趋向于挑战人体的生理极限，扩大了参赛运动员对高分值难度动作的选择空间，同时也对参赛运动员的身体素质、技能水平和心理素质提出了更高的要求。新规则的出台意味着难度动作的选择将向着更加规范化、创新性、多样化的方向发展。

3. 动作设计更加注重艺术创新

由新规则可以看出，健美操成套动作的完成已成为第一评分尺度。其中，健美操成套动作的创造性占较大分值（详见第七章健美操竞赛的组织与裁判方法）。新规则还明确要求成套动作必须要有创造性。

艺术创新要求成套动作的编排要新颖、多样化，体现音乐的风格和参赛运动员的动作、表现之间的完美结合。而动作的编排、过渡连接及空间的使用和转换的流畅性都是艺术创新的具体表现。艺术创新将是竞技性健美操未来发展极其重要的部分。

思考练习题

1. 简述健美操的概念和锻炼价值。
2. 健美操的组织机构包括哪些？
3. 健身性健美操的发展趋势是什么？
4. 竞技性健美操的发展趋势是什么？

第二章

健美操术语

本章导言

健美操术语是描述健美操动作的专门术语，是用来表达健美操动作名称以及描述动作、技术过程的专门用语和专有词汇。随着健美操项目的发展，健美操理论研究水平逐步提升、风格推陈出新、难度动作不断创新而变化，健美操术语在实践中不断更新与淘汰，紧紧追随项目发展的进程。健美操术语理论是进行健美操教学训练、开展健美操比赛、宣传健美操项目、普及推广健美操运动和提高健美操整体运动水平的坚强后盾，是进行科学研究和经验交流不可或缺的工具。本章节将重点介绍健美操术语的分类和记写符号。

学习目标

1. 明晰健美操术语，能正确掌握并能将其熟练地运用于实践。
2. 理解健美操术语的特征及种类。
3. 掌握健美操动作术语记写方法及要求。

第一节
健美操术语概述

一、健美操术语的含义

每一类体育项目可持续发展的重要因素，是需要统一、规范专有学术术语及衡量尺度，从而形成特殊的代称名词，同时有专门用语，可用于知识方面的交流沟通。健美操术语是描述健美操动作的专门术语，根据项目自身特点，将健美操动作用简练、准确的言语名称及动作技术、运动轨迹、动作关系、动作来源等进行描述的一类语言。正确的术语是对运动技术的解读，对基本形态、基本特征等形象生动地反映出来，具有较为严格的条理性、逻辑性和科学性。健美操术语的形成不仅对项目技术有好的表述性，还能加速技能的形成，对健美操的发展有着较大的影响。

二、健美操术语的特征及种类

（一）健美操术语特征

健美操术语是参加专业理论与实践活动的统一技术用语，便于书写、学习、交流和推广。符合"简练、准确、易懂"要求的术语是传播、交流信息不可或缺的工具，而且在提高教学、促进普及等方面也起着重要的作用。因此要求被运用的术语具有以下特征。

1. 统一性

健美操术语作为一种交流专业思想的工具，无论是讲述动作要领、交流训练体会、制定训练计划，还是编写大纲、教材以及科研等，都需要运用术语。这就要求健美操项目所用的术语必须是统一且规范的。

2. 科学性

正确的健美操术语应能反映动作的基本形态，抽象动作的基本特征，是对所述动作技术的一种理解。这就要求健美操所使用的术语应具有较严格的逻辑性及科学性。科学的术语能加深对动作技术的理解，有利于动作技能的形成，从而在教学、训练中起到重要的作用。

3. 实践性

健美操术语的运用者有广大的教练员、运动员，也有众多健美操爱好者，因而术语的选词就必须通顺达意，以利于运动的表述与开展，更好地为教学、训练及个体练习服务。

健美操术语中，有表述动作技术要点的一般性术语，例如：开合跳、横劈腿跳等；有音译术语，例如：曼巴步、依柳辛等；有以创造并在大型赛事中使用该动作的民族或者运动员命名的专用术语，例如：文森俯卧撑、科萨克跳等；有以文字的象形、会意等方式描述健美操动作技术的术语，例如：小马跳、直升飞机等；也有约定俗成的术语，例如：双飞燕、旋子等；还有专业术语，这类术语以一种规定的符号来记录健美操成套动作的各部分组成，主要用于裁判和科研工作者，例如："↓⼈"表述为依柳辛成垂地劈腿。

(二)健美操术语种类

1. 场地的基本方位术语

为了能够明确练习者的身体面在场地上所处的方位,一般会借鉴形体训练中基本方位的术语。把开始确定的某一面(主席台、裁判席)定位基本方位的第1点,顺时针方向每隔45°为一个点,分别为1—8点,如图2-1-1所示。

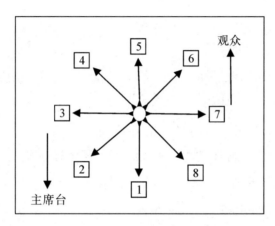

图2-1-1 场地的基本方位

2. 运动方向术语

运动方向术语指身体各部位运动的方向。运动方向一般根据人体直立时基本方位来确定。具体如下:

向前:做动作时胸部所对的方向。向此方向发生位移为向前。

向后:做动作时背部所对的方向。向此方向发生位移为向后。

向侧:做动作时肩侧所对的方向。必须指明左侧或右侧。

向上:头顶所对的方向。向此方向发生位移为向上。

向下:脚底所对的方向。向此方向发生位移为向下。

左前:前和左侧的中间45°的方向。反方向为右前。

左后:后和左侧的中间45°的方向。反方向为右后。

中间方向和斜方向：指两个基本方向之间 45°的方向。例如：侧上、前下。

顺时针：转动过程与时针运动方向相同。

逆时针：转动过程与时针运动方向相反。

向内：指肢体由两侧向身体正中线的运动。

向外：指肢体由身体正中线向两侧的运动。

同向：指不同肢体向同一方向运动。

异向：指上、下肢体向相反方向运动。

3. 动作中连接过程的术语

在描述一个连续动作过程时，也可借鉴体操中的术语，用于说明动作之间的连接关系及先后顺序，具体如下：

由：指动作开始的方位。例如：由内向外。

经：指动作过程中经过的位置。例如：两臂经体前交叉。

成：指动作完成的结束姿势。例如：左脚侧迈一步成左侧点地。

至：指动作必须到达的某一指定位置。例如：两臂打开至侧平举。

接：强调两个单独动作之间连续完成。例如：团身跳接屈体分腿跳。

同时：用以强调身体不同部位的动作要在同一时间内完成或强调一种动作技术必须结合另一种动作技术同时完成。

依次：对称的部位肢体相继做同样性质动作。

同侧、异侧：做动作的方向和做动作的上、下肢相同为同侧，相反为异侧。

交替：指对称的肢体有节奏地连续依次动作。

交叉：两臂或两腿同时向内形成重叠交错的姿势。

4. 动作方法和要领术语

动作方法和要领术语一般用于描述动作形式或技术要求，具体如下：

举：指手臂或腿向上抬起并固定在一定位置。例如：手臂上举、举腿。

屈：身体某一部位形成一定角度。例如：屈腿、体前屈。

伸：身体某一部位形成一定角度后伸直。例如：伸臂、侧伸。

摆：肢体在某一平面内自然地由某一部位匀速运动到另一部位，不超过180°。例如：摆臂、后摆。

绕：身体某部分转动或摆过180°以上（360°以上称绕环）。例如：绕髋、肩绕环。

踢：腿由低向高做加速有力的摆动动作。例如：剪踢、弹踢。

撑：指手和身体某部分同时着地的姿势。例如：仰撑、跪撑。

交叉：肢体前后或上下交叠成一定角度。例如：十指交叉、交叉步。

转体：绕身体纵轴转动的动作。例如：单脚转体、水平转体。

平衡：用一只脚支撑地面，身体保持一定的静止姿势。

水平：身体保持和地面平行的一种静止动作。例如：分腿水平支撑、水平肘撑。

波浪：指身体某部分邻近的关节按顺序做柔和屈伸的动作。例如：手臂波浪、身体波浪、躯干波浪。

跳跃：双脚离地，身体腾空并保持一定的姿势。例如：团身跳、开合跳。

劈叉：两腿分开成直线着地的姿势。例如：横叉、纵叉。

梗：下颌内收、颈部伸直的动作。例如：梗头。

提：由下向上做运动。例如：提臀、提肩。

沉：身体某部分放松下降的动作。例如：沉肩、沉气。

含：指两肩胛骨外开，胸部内收。例如：含胸。

挺：一般指胸部或腹部向前展开。例如：挺胸、挺腹。

振：身体某部位弹性屈伸或加速摆。例如：振胸、振臂。

夹：由两侧向中间收紧。例如：夹肩、夹肘。

收：向身体正中线靠拢或还原到起始位置。例如：收臀、收腿。

推：以手作用于地面或对抗性用力。例如：推起、前推。

倒：身体（肩部）由高向低做弧形运动。例如：前倒、倒肩。

蹬：腿部由屈髋屈膝到伸直发力的过程。例如：蹬地、侧蹬。

倾：指身体与地面形成一定角度。例如：前倾、左倾。

控：身体或肢体抬（举）在一定的高度上，并保持一定的时间。例如：控腿、控水平。

5. 动作表现形式的术语

弹性：健美操中所指的弹性是关节自然地屈伸，给人一种轻松、自然的感觉。

力度：指动作的用力强度，通常以肢体的制动技术来体现力度。

节奏：指动作的用力强弱交替出现，并合乎一定的规律。

幅度：指动作展开的范围大小，一般是动作经过的轨迹越大则幅度越大。

风格：一套动作所表现的主要艺术特色、思想情感或精神内涵特点。

激情：充满健美操特点的强烈兴奋的情感表现。

6. 动作强度术语

无冲击力：指练习者两脚始终接触地面，身体重心在两腿之间，没有腾空的动作。例如：弹动、蹲、弓步、移重心步等。

低冲击力：指练习者有一脚始终接触地面。例如：踏步、踏点步、点步、交叉步、吸腿步、分腿步、分腿弓步、V字步、并步、滑步、恰恰步、桑巴、曼巴步、后屈步、吸踢步、大踢腿等。

高冲击力：指练习者有腾空阶段，对身体有一定的冲击力，一般是指健美操动作当中的跑跳动作。例如：双足跳、蹲跳、开合跳、弓步跳、剪刀跳、锁步、转髋跳、转髋移动、单足跳、摆腿跳、小踢腿跳、后踢腿跑、弹踢腿、足跟跳、侧踢跳、吸腿跳、交叉吸腿、大踢腿跳等。

超高冲击力：有练习者身体腾空，并在空中滞留的时间更长，约占两拍。例如：小分腿跳、分腿弓步跳、小击足跳、踢腿腾起等。

7. 动作之间相互关系术语

同时：不同部位的动作要在同一时间内完成。

依次：肢体或不同个体相继做同样性质的动作。

交替：不同肢体或不同动作反复进行。

异侧：与最初开始动作的肢体不同方向的上肢及下肢动作的配合。

对称：左、右肢体做相同的动作，但方向相反。

不对称：左、右肢体做互不相同的动作。

8. 健美操上肢基本动作及术语

健美操上肢基本动作及术语见表 2-1-1。

表 2-1-1 健美操上肢基本动作及术语

部位	形式	方向
头颈	屈、转、平移、绕、环绕	前、后、左、右
肩部	提肩、沉肩、收肩、展肩、绕环	上、下、前、后
手型	并掌、开掌、花掌、拳、一指、剪指、屈指掌、响指	
手臂	举、屈伸、摆动、绕、绕环、振	前、后、左、右、上、下、斜方向
胸部	含、展	前、侧、后
腰部	屈、转、绕、绕环	前、侧、后
髋部	顶髋、提髋、绕、绕环	前、侧、后

9. 上肢基本动作术语举例

前举：手臂前平举，掌心相对。

侧举：手臂侧平举，掌心向下。

上举：手臂垂直上举，掌心相对。

斜上举：手臂位于前、侧、上三个方向45°之间的位置，一般掌心向下。

斜下举：手臂位于前、侧、下三个方向45°之间的位置，一般掌心向下。

肩侧屈：两臂侧举屈肘时小臂向上弯曲手指触。

胸前平屈：大小臂弯曲成90°夹角，位于胸前的位置，大臂与胸和身体成90°夹角。

屈臂前举：手臂前举屈肘，小臂垂直于地面（肘向下）。

屈臂侧举：手臂侧举，小臂垂直于地面（小臂向上和小臂向下）。

胸前屈臂交叉前举：两臂屈臂前举，小臂交叉。

腰间侧屈：手臂屈肘下举，小臂位于腰间。

10. 健美操下肢基本姿势术语

站立：有直立、开立、点地立、弓箭步、提踵立等。

坐：并腿坐、分腿坐、屈腿坐、盘腿坐。

卧：侧卧、俯卧、仰卧。

撑：蹲撑、坐撑、跪撑、俯撑、仰撑、侧撑、屈体立撑。

跪：跪立、跪坐、单腿跪立、单腿跪坐。

11. 健美操基本步伐名称术语

步伐在特定节奏下的脚步运动方法，包括下肢的各种走、跑、跳及舞步，具体如下：

弹动：膝关节有弹性地屈伸运动。

踏步：在原地两脚交替落地运动。

走：踏步移动身体运动。

一字步：向前一步并腿，向后一步并腿，依次交替进行。

V字步：左脚向左前迈一步，紧接着右脚向右前迈一步，屈膝缓冲，然后左脚退回原位，右脚依次退回原位。

曼巴步：左脚向前踏一步，屈膝缓冲，右脚稍抬起然后落回原处，接着左脚再向后踏一步，右脚同样稍抬起然后落回原处。

并步：左脚向左侧迈一步，右脚前脚掌并于左脚脚弓处，稍屈膝缓冲下蹲。

交叉步：一腿向侧迈出，另一脚在其后交叉，稍屈膝缓冲，随之再向侧一步，另一脚并拢。

半蹲：两腿分开或并拢，屈膝缓冲。

点地：一脚尖或脚跟触地，另一腿稍屈膝。

移重心：一脚向侧迈一步，经过屈膝重心移至一脚支撑，另一脚侧点地。

后屈腿：一腿站立，另一腿后屈，然后还原。

弓步：一腿向前（侧、后）迈步屈膝，另一腿伸直。

吸腿：一腿站立，另一腿屈膝向上抬起。

踢腿：一腿站立，另一腿直膝加速上踢。

弹踢腿：一腿站立，另一腿先屈膝，然后向前下方弹直。

跑：两腿依次经腾空落地，要求小腿向后屈膝折叠。

开合跳：由并腿跳成分腿，然后再跳回并腿。

并步跳：一脚向前侧迈一步同时跳起，另一脚迅速并拢成双脚落地。

点跳：一脚向侧小跳一次，另一脚随之并上垫步跳一次。

12. 竞技性健美操七种基本步伐术语

踏步：传统的低强度步伐，要求练习者以脚尖过渡到脚跟、落地圆滑。

开合跳：分腿时髋部外开，膝关节向同方向弯曲；并腿时，双脚平行落地或外开，注意缓冲落地；分为低、高或超高强度动作。

弓步跳：上体（重心）必须在两腿之间，脚向前或平行，膝关节在主力腿脚的上方，幅度可变化，后腿膝关节伸直，脚后跟无限接近地面，分为高或超高强度动作。

吸腿跳：上体正直、膝关节最低90°，脚尖必须伸直，脚尖过渡到脚跟落地，分为高或超高强度动作。

后踢腿跑：相对于踏步是高强度动作，要求髋和膝在一条线上，踝关节高于膝关节，分为高或超高强度动作。

弹踢腿跳：跳起时，练习者单侧腿由后向前或侧45°以内弹伸踢出，只在髋部运动，膝关节和髋关节伸展动作要有控制，分为高或超高强度动作。

踢腿跳：只在髋部运动，一腿向前或侧踢起（允许一些向外旋转），支撑腿伸直，摆动腿必须伸直，分为高或超高强度动作。

13. 竞技性健美操难度动作术语

竞技性健美操难度动作术语见表 2-1-2。

表 2-1-2　竞技性健美操难度动作术语

A 组 地面难度动作			B 组 空中难度动作			C 组 站立难度动作	
动力性力量	静力性力量	旋腿	动力性跳步	姿态跳步	纵劈腿跳/跃	转体	柔韧（男单禁止动作）
1. 提臀腾起 2. 分切 3. 高锐角腾起	1. 支撑 2. 锐角支撑 3. 水平/分腿水平	1. 托马斯 2. 直升飞机	1. 空转 2. 自由倒地 3. 给纳 4. 旋子 5. 水平旋	1. 团身跳 2. 科萨克 3. 屈体跳 4. 屈体分腿/横劈腿跳	1. 剪式变身跳 2. 交换腿跃 3.（矢状面）纵劈腿跳	1. 单足转体 2. 水平控腿转体	1. 劈腿 2. 依柳辛 3. 平衡

第二节
健美操术语的运用

健美操术语的运用是围绕运动员的身体动作而进行的。人体运动的方式、方法存在一定的规律性，不仅在一定的轴和方位上活动，也在一定的范围内活动。为了更好地让大家运用健美操术语，应掌握有关人体的方位知识、健美操的人体解剖结构以及健美操动作的记写方式。

一、人体运动的面和轴

1. 运动面

按照人体的解剖学方位，人体有三个相互垂直的运动面，也叫基本面，包括冠状面、矢状面和水平面，如图 2-2-1 所示。

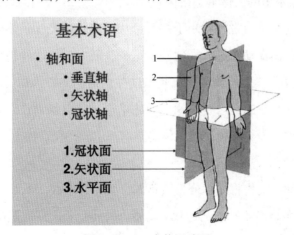

图 2-2-1 人体运动面

冠状面：沿身体左右径所作与水平面垂直的切面。冠状面将人体分为前后两半。

矢状面：沿身体前后径所作与水平面垂直的切面。矢状面将人体分为左右两半。

水平面：横切直立人体与地面平行的切面。水平面将人体分为上下两部分。

2. 运动轴

人体运动时的三个相互垂直的运动轴，也叫基本轴，是描述人体转动时的假想轴。包括冠状轴、矢状轴和垂直轴。

冠状轴：俗称横轴，是左右平伸与水平面平行，与矢状面垂直的轴。

矢状轴：俗称前后轴，是前后平伸与水平面平行，与冠状面垂直的轴。

垂直轴：俗称纵轴，是与人体长轴平行，与水平面垂直的轴。

通过人体运动面、运动轴的了解，希望学生在学习的过程中，能运用健美操专业术语，更为准确、清晰地表述健美操动作技术要点、运行轨迹、角度变化等。

二、健美操术语的人体解剖结构及要求

（一）健美操术语的人体解剖结构

人体的动作变化是由肌肉作用于关节，从而使肢体产生了不同轨迹、不同方位的位置变化。健美操动作是在人体基本结构基础上，将动作趋向于表现人体的"健康美""力度美""气质美"等，是借助体育运动的方法和手段，艺术化地展示人体外在与内在结合的美。要运用专业的术语对健美操动作进行准确解读，则需要按照健美操动作设计特色，将人体的基本部位进行项目特定区域划分。

1. "四大部分"

健美操根据动作变化将人体分为头颈部、躯干、上肢、下肢等"四大部分"，这"四大部分"各自有不同的结构和运动特点（详见第四章健美操基本动作）。

2. "八大关节"

"八大关节"包括颈、腰、髋、膝、踝、肩、肘、腕。在人体运动中，各关节的活动规律、变化路线、动作幅度、动作节奏等，都能够反映出动作风格特色，以及不同专项的特点与要求。

（二）健美操术语的基本要求

健美操专业术语的种类繁多，在实际运用当中需要遵从一定的规范进行记写。

1. 记写单个动作

记写单个动作一般应包括开始姿势（如立正、开立、两臂上举等）、动作部位（如上肢、下肢、躯干等）、运动方向（如前、后、左、右、内、外等）和路线、动作性质（如举腿、绕、绕环、踢腿、体前或体侧或体后屈等）及结束姿势。

2. 记写每节操的动作

健美操的动作以8拍为一单元，应按照动作的节拍顺序记写，一般是先下肢后上肢，再躯干，明确指出动作的方向、路线、方法等，强调每一节操动作的重点内容和核心要点。

3. 记写动作完成方法

健美操技术动作完成过程中，记写技术动作完整完成方法，利于传递正确动作信息，并形成进一步研究及拓展动作的依据。身体各部位先后动作应按照动作顺序记写，若身体各部位同时动作，记写的顺序一般为：腿—臂—躯干—头部。

4. 记写成套动作

一般按照创编者的意图将成套动作的每一节动作按顺序记写完整。在记写成套动作时，除完整清晰地记录每一个动作的细节之外，还要记录每一节动作或每一段落的重点动作及难度动作。在成套动作记录完毕后，创编者可以从宏观的角度总览成套动作设计创编的完整性、布局以及优劣，对成套动作进行微调。

5. 重复动作记写法

如果后若干拍动作与前若干拍动作做法相同，后若干拍动作可以省略不写，但如果动作方向相反，则必须指出，例如：如5—8拍同1—4拍，方向相反。

三、健美操成套动作术语记写形式

（一）动作术语记写方法

1. 文字记写法

单个动作的文字记写方法一般是用文字准确地说明身体动作的方法，根据术语构成的几个方面按动作节拍，用文字详细、准确地说明具体动作的发力、运动轨迹、幅度、动作方法等。通常文字记写法用于编写书籍、专业教材、规定动作等。这种方法较为复杂，但具有描述具体、准确性高的特点。尤其作为竞赛、考核、测验等的规定动作，为了力求统一，不产生误解，在书写时必须完全按照规范术语的要求。

文字记写法通常和照片或动作图示一起使用，图文并茂以达到直观准确、一一对应的目的。采用文字记写法有完整记写和简化记写两种方式。

（1）完整记写法。根据术语记写的要求，按动作节拍，以8拍为单元详细记录动作。示例如下：

预备姿势：面向"1"位，自然站立。

1拍：双手拳心相对，前平举，右脚侧迈至分腿站立，重心移向前脚掌，双膝跪地，注意缓冲。

2拍：双臂斜下举，握拳，拳心向下，面向2点方向。

3拍：左臂保持不动，右臂向前绕环两次。

4拍：同3拍。

5拍：双手收至两肩前侧，左脚前迈步成弓步。

6拍：双臂斜上举，拳心向下，双腿保持不动。

7拍：站立，右腿并左腿，双手贴裤缝，低头。

8拍：同7拍。

要点：跪地动作前脚掌受力，注意缓冲；绕臂时，要求左臂保持不动，运动轨迹由后向前；动作位置准确、幅度大。

（2）简化记写法。大部分健美操动作上肢动作的变化比较复杂也比较灵活，同时可认为是步法的配合动作，因此通常省略上肢动作不写，而以健美操基本步法名称本身直接记写，只用两三个字就可以表明该动作。例如：交叉步、V字步等。动作之间连接过程用加号"＋"表示。这种方法简便实用，但无法准确描述具体的动作过程细节，一般较多用于快速记录、编写教案等。示例如下：

预备：面向"1"位站立。

1拍：双手前冲拳，双膝跪地。

2拍：双手低V，面向2点。

3拍：左手不动，右手向前大绕环。

4拍：同3拍。

5拍：双手触肩，左脚前迈。

6拍：双手高V。

7拍：双手下H，低头，并腿。

8拍：同7拍。

2. 图示法

用点、单线、双线等图示表明成套动作中各类动作的队形变化，完成方法及动作路线等。

（1）点图。点图一般用于表述双人以上的项目队形的变化，如图2－2－2所示。

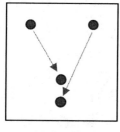
双人队形变化
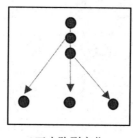
三人队形变化
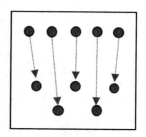
五人队形变化

图2－2－2　队形变化点图

（2）单线图。单线条简图法是指用简单的线条勾画出人体的大致形态，或按照动作节拍将一个个动作形象地勾画出来，起到记录和再现动作的目的。绘画勾线人体有一定的技术技巧，我国自古作画就有立七、坐五、盘三之说，这里度量尺度以一个头颅的高度来衡量人体的理想高度。立七，是指人的理想身高为7个头高；坐五是指人体理想坐姿为5个头高；盘三：是指盘坐理想高度3.5个头高。这种作画过程中的理想高度会表现为人体唯美的状态。在健美操的单线图中，既要表现动作的方式方法，还要表现出身体的修长与美好，一般按照四格线进行绘制，如图2-2-3所示。

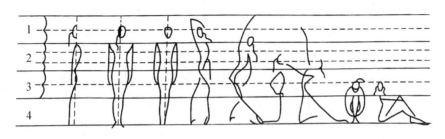

图2-2-3 单线图

绘制单线图时，头部在一线格的正中间位置，躯干占一格，腿占两格，手臂占一格半。单线条简图法能比较简单、直观地再现动作及过程，它的特点是运用方便、快捷，多用于记录动作和编写教案。单线条简图法在健美操的教学、训练中应用非常广泛，是动作术语记写的一项必备技术。

（3）双线图。双线条影像绘图法类似于照片，能够非常清晰地、立体地勾画出动作、服饰及头部的具体形态。但这种绘图方法要求绘图者具有一定的美术基础和专业技术基础，因此不常用，只有在书籍和专业教材中使用，如图2-2-4所示。

图2-2-4 双线图

3. 图文法

文字记写法和图示法各有利弊。文字记写法从文字的角度阐述动作，带给人的是动作的间接印象；图示法能十分生动形象地记录动作，让人一目了然，但要求记写者有一定的绘图技巧，有些细节的地方和表示透视关系的动作不容易画清楚，而且只有图形，没有动作名称。图文法则是把这两种方法合并起来，取长补短。图文记写的方法就是先将动作中文名称或英文名称写出来，按动作节拍，用文字完整记写并配以说明动作的方法。在动作相应的节拍内画出队形图，记写动作时应画出完整动作路线图，以达到图文并茂的效果。对于复杂、不容易表达清楚的动作可标注指示图标，例如：转动的方向、转动的角度等。图文法记录下来的动作标注比较完整，可作为资料长期保存，是记录动作和收集资料的较好方法。图文法常用于编写教材、大纲等，也可采用简化记写法与动作图相结合，常用于编写教案等。

4. 符号表示法

符号表示法是指用统一规定或自创的符号记录健美操展示动作的简便方法，是裁判和科研工作的重要手段。由于规定符号内容较多，并且时有更新，这种方法须日常勤于操作才能熟练运用。

（1）特定动作符号。

①俯卧撑类符号，如图 2-2-5 所示。

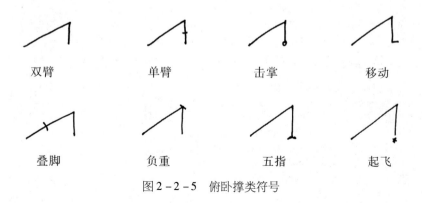

图 2-2-5　俯卧撑类符号

②仰卧起坐类符号,如图 2-2-6 所示。

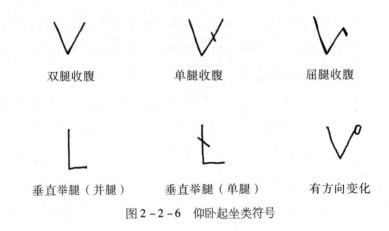

图 2-2-6 仰卧起坐类符号

③高踢腿类符号,如图 2-2-7 所示。

图 2-2-7 高踢腿类符号

④劈叉类符号,如图 2-2-8 所示。

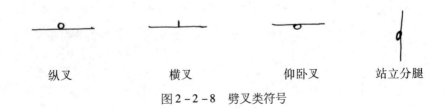

图 2-2-8 劈叉类符号

⑤支撑类符号,如图2-2-9所示。

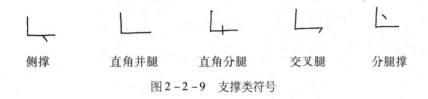

图2-2-9　支撑类符号

(2) 一般动作符号。

①转体类符号,如图2-2-10所示。

图2-2-10　转体类符号

②跳步类符号,如图2-2-11所示。

图2-2-11　跳步类符号

③违例动作符号,如图2-2-12所示。

图2-2-12　违例动作符号

④平衡符号,如图 2-2-13 所示。

图 2-2-13　平衡符号

⑤连接类符号,如图 2-2-14 所示。

图 2-2-14　连接类符号

(3) 完成情况符号,如图 2-2-15 所示。

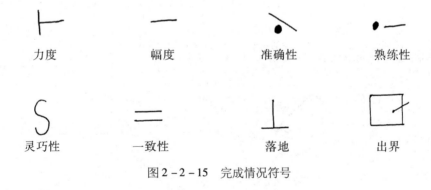

图 2-2-15　完成情况符号

(4) 体型符号,如图 2-2-16 所示。

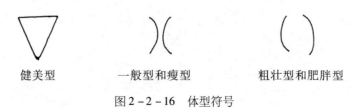

图 2-2-16　体型符号

(5) 组织安排符号，如图 2-2-17 所示。

图 2-2-17　组织安排符号

(6) 其他符号，如图 2-2-18 所示。

图 2-2-18　其他符号

5. 表格记写法

采用表格的形式分列、分类对步伐、手臂、手形、（面向）方向进行记写，条理清晰，方便整洁，示例如图 2-2-19 所示。

动作说明	步伐	1~2	漫步（后两步）
		3~6	V字步
		7~8	后V字步（前两步）
	手臂	1~2	前后摆动
		3~8	3拍右手侧举，4拍左手侧举，5拍左手头上绕，右手放在右侧腰间，7拍右手侧下举，8拍左手侧下举
	手形	1~2	空心拳
		5~8	5~6并掌，7~8开掌
	面向		1点

图 2-2-19　表格记写法示例

思考练习题

1. 简述健美操术语的概念、特征及创建原则。
2. 举例说明低强度、高强度、超高强度的基本步伐。
3. 竞技性健美操规则规定的七种基本步伐的技术要求是什么?
4. 运用简图绘制 2×8 拍的操化动作,并进行简单的文字说明。

第 三 章

健美操音乐与服装

本章导言

音乐是健美操的灵魂,音乐能够烘托健美操的气氛,增强健美操的感染力;健美操服饰能起到画龙点睛的作用。本章以健美操的音乐为主线,详细解读音乐、服装与健美操的关系,健美操音乐的种类、特点、作用,健美操音乐的选配及运用,健美操服装的设计以及音乐与服装的关系。通过学习使同学们能够对健美操的音乐有更深层次的了解,学会运用健美操音乐,深刻理解服装在健美操中的运用,能够更好地把握健美操音乐、服装与动作的关系。

学习目标

1. 学习健美操音乐的特征、种类及选编。
2. 了解健美操服装的特色及设计方法。
3. 理清音乐与服装的关系,并能够进行基本搭配。

第一节
健美操的音乐

一、健美操音乐的特征及种类

音乐是最富情感的艺术。黑格尔曾说:"音乐是精神,是灵魂,它直接为自身发出声音,引起自身注意,从中感到满足。"健美操音乐是指为了配合健美操的练习、表演或竞赛选用的专用乐曲,是健美操运动及成套动作不可缺少的重要组成部分,是服务于健美操动作的功能性音乐。健美操运动是视觉艺术与听觉艺术的结合体,优美的健美操动作带给人直观感受的同时,能够表现音乐的意境,塑造艺术形象,给健美操动作注入生命力,使健美操成为有声有色、有情有形的艺术体育项目。音乐是健美操运动不可缺少的部分,运动员的成套动作通过力度、旋律、节奏等众多音乐要素,完成音乐内涵的外在塑造和表达。健美操音乐是以健美操动作为依据,经过专业的选择、剪接、调速制作而成。多取材于迪斯科、爵士乐、摇滚乐等现代音乐和具有上述特点的民族乐曲,使健美操更加体现出一种鲜明的现代韵律感和节奏韵律感。成套健美操的音乐讲究韵律的变化,要此起彼伏,节奏有强有弱、有快有慢、有抒情有奔放等表现形式。健美操是区别于舞蹈、艺术体操等运动,更强调动作力度的艺术体育项目。因此,健美操的音乐更趋于节奏鲜明强劲,旋律悦耳动听,富有激情、活力与表现力。

（一）健美操音乐的特征

1. 节奏鲜明、节拍清晰有力

音乐节奏的快慢和强弱、音调的优美和谐，关系到动作的快慢、力度、幅度、运动负荷的大小等。在健美操运动中，音乐是健美操练习的口令，是动作的节拍。在乐曲中周期性出现的拍节系列，包括二拍、三拍或四到八拍等，其中一拍为强拍，后为次强或弱拍，强拍和弱拍反复出现而形成有规律的、强弱更替的、富有感情色彩的旋律表现。因此，健美操的动作韵律与音乐的节奏必须相吻合才能协调一致。音乐节奏清晰能使练习者轻松地分辨强、弱的节拍交替，使动作的力度、幅度、收放自如的效果更强烈地反映出来。

2. 旋律优美、热情奔放

健美操音乐具有较高的欣赏价值，在音乐伴奏下的练习，可陶冶练习者美的情操，提高观众对美的欣赏能力。音乐曲调健康、活泼能振奋精神，消除身心紧张和疲劳，并能提高练习的效果，更能激发练习者的情绪，获得心理和生理上的平衡。因此，健美操音乐的旋律应是轻快、优美或浑厚、沉稳、热情、奔放的，而绝不应是哀怨、消沉、伤感的颓废之音。

3. 韵律和谐、具有感染力

音乐的旋律能使健美操练习更具有感染力，动作和音乐旋律协调一致能激发练习者的情绪，能给练习者带来愉悦和美感，可以延缓疲劳的出现，达到健身和陶冶情操的目的。据研究数据表明，当音乐速度达到每分钟 138～180 拍时就能形成明快而强烈的跳跃性节奏，具有催人起舞的巨大吸引力。健美操动作的韵律感、节奏感更加强烈，进而感染、带动的效果也随之加强，练习者随着音乐的旋律进入意境的同时，也使旁观者受到感染而跃跃欲试。

（二）健美操音乐的种类

1. 爵士乐

爵士乐是健美操音乐常用的一种，产生于 19 世纪末 20 世纪初的美国，是欧洲文化与非洲文化的混合体。它主要来源于黑人社会的劳动歌曲，社交场合上演唱或演奏的散拍乐，吸收了欧洲音乐的和声手法，最初以即兴演奏为主，其独特的切分节奏贯穿全曲。

2. 迪斯科

迪斯科音乐源于美国，流行于 20 世纪六七十年代的欧美，是由爵士乐不断演变而来的。多带有唱词，快节奏，重音不断地重复，主要表现的往往不是歌曲的内容。迪斯科音乐的主要特点是它的旋律继承了爵士乐的切分节奏，更强调打击乐，多采用单拍子，重复不断地出现，表现出旺盛的精神力量。

3. 摇滚乐

摇滚乐又称滚石乐，是从爵士乐中派生出来的音乐。它有快有慢，往往重复出现一种节奏，带有摇摆的感觉。它继承了爵士乐演奏的即兴性、打击乐的多样化及其在乐队中的重要位置。

4. 轻音乐

轻音乐种类较多，范畴较广，至今没有一个固定的定义，通常指那些轻松愉快、生动活泼而又浅显易懂的音乐，它一般不表现重大的主题思想和复杂的戏剧内容。轻音乐大致可以分为以下五类：轻松活泼的舞曲，电影音乐和戏剧配乐，通俗歌曲及流行歌曲，日常生活中的舞蹈音乐和民间曲调，轻歌剧。

二、 健美操音乐的表现手段及其功用

（一）健美操音乐的基本表现手段

旋律：音乐的曲调。体现音乐的主要思想或全部思想，用调式关系和节奏节拍关系组织起来的，具有独立的许多音的横向单声部进行，叫作"旋律"。它是音乐的灵魂和基础。旋律的重要基础是调式、旋律线及节奏。它是创造音乐形象的最主要的手段，最能吸引人们的注意力。

句法：音乐像语言一样，旋律必须有合乎条理的清晰的句法。句法是从人们

的生活与对话规律之中产生的。

节奏：音的长短关系。它不但存在于音乐当中，同样也存在于任何运动当中。音乐的节奏给音乐以活力和动感。

上述的三种手段是音乐当中最主要的表现手段，只要有了旋律、句法、节奏，就能组成一个独立的、较完整的音乐形象。它同时还与健美操的成套动作有着密切联系。

旋律的高低起伏为动作编排的高潮、低谷变化创造条件；音乐的句法和段落同样左右着成套的分段与结构；节奏始终存在于两者之间，只有掌握好音乐的节奏才能使动作节奏和音乐节奏相协调。音乐除了上述三种表现手段还有诸多因素，其中非常重要的有以下几个方面。

节拍：音符间隔时值相等的强拍和弱拍有规律地交替出现。

和声：两个或两个以上的音按一定规律同时发声。不同的音高结合和声响效果，在音乐当中起着音乐明暗、浓淡、疏密方面的对比的色彩功能，由于和声的结合有音高的不同，就出现了协和与不协和的对比关系，以及稳定的协和和弦和不稳定的不协和和弦对比所产生的倾向性，这是和声的结构功能。

织体：一首乐曲往往不仅仅依靠旋律与和声来表现，一般我们所采用的伴奏音乐常常是多声部的乐曲，这种多声部的音乐每一声部有自己的方向，彼此不相互联系，这样就产生了织体。

织体是指多声部之间的结合。它分为主调音乐、复调音乐。主调音乐以一个声部为主，旋律性最强，其他声部以长音或分解式的和弦方式衬托而成。复调音乐是由两个或若干个同等重要的旋律同时结合起来的，组成相互关联的有机整体。

曲型：音乐中的结构曲式，乐曲分为一部曲、二部曲等多种形式。

主题：乐曲中具有特征的，并处于显著地位的旋律。它表现出完整或相对完整的音乐思想，为乐曲的核心，亦为其结构与发展的基本要素。

高潮：乐曲当中情感表达的最高点，往往要调动各种表现因素来实现，也是乐曲最感动人心的时刻。高潮分为总高潮与局部高潮，它形成了乐曲的起伏和波峰与波谷。

过渡与衔接：大部分音乐的乐句、乐段是前后对称的，但在一些乐曲的段落中会有衔接或过渡，一般是对称的，也有一些是不对称或特殊处理过的。为了使动作和音乐的节奏完整，可以做调整呼吸之类的动作进行过渡与衔接。

（二）健美操音乐的功用

音乐是健美操的灵魂。健美操的音乐是服务于健美操动作的功能性音乐，用音乐烘托健美操的气氛，表现健美操的特点，二者紧密结合，增强了健美操的感染力。和谐优美、节奏感强的音乐和与之对应的健美操动作，能增加健美操的表演效果，使人得到视觉与听觉的双重享受。

（1）健美操音乐能激发练习者的情绪。

健美操动作的力度、激情、表现力等都是在接受音乐的刺激之后产生的。在不断变化的音乐伴奏下，连续不断地重复和变化练习动作，可使练习者的兴奋程度不断增强，进而达到锻炼身体、陶冶情操的目的。欢快、热烈、富有节奏的音乐，能有效地激发练习者的积极性和练习热情，能够闻声自娱，欲动不止。倘若音乐曲调单一，哪怕是旋律优美的音乐，时间长了也会让人产生平淡乏味的感觉，影响练习效果。因此音乐在成套练习中必须要有适宜变化，才能使练习者保持饱满的情绪。

（2）健美操音乐能加强对动作的记忆，对动作美的欣赏。

音乐是"心灵的体操"。音乐旋律的节奏与动作形象可在大脑皮层形成一定的联系，因此可以引起联想和动作的反应。旋律优美、节奏感强的音乐，有助于练习者牢固地记忆动作顺序和掌握动作；优美动听的音乐可以提高练习者的乐感、美感及表现力，丰富练习者的想象力和创造力，从而达到增进健康、培养正确的体态、陶冶美的情感的目的。当练习者达到一定熟练程度，到达人体机械化熟练度时，在音乐的旋律中，不断出现动作形象，人体自主、自发进行相应的练习，使练习者达到对动作美、音乐美更高的欣赏境界。

(3)健美操音乐具有号召力和感染力,能使人身心愉悦,感到放松。

健美操是在音乐的伴奏下进行的身体练习。音乐使健美操动作充满青春活力,人们在欢快的气氛中进行锻炼,心情愉快,不易疲劳,还可消除精神紧张。无论处于怎样的心情,通过健美操音乐的感染都会给练习者带来良好效果,让其忘记疲劳,消除烦恼,精神和肉体上得到极大的释放与解脱。使人既得到美的享受,又提高了协调性、节奏感、韵律感,同时提升自我表现力。

(4)健美操音乐能影响动作对身体的作用。

实验证明,健美操音乐能与练习者心跳频率产生节奏共鸣,即当音乐节奏加快时心率相应升高,音乐减慢时则心率相应减缓。在有音乐伴奏和无音乐伴奏的情况下练习,每分钟心跳可以相差10~20次。究其原因是音乐的节奏使大脑皮层中枢神经产生兴奋,给情感带来良性刺激而促进血液循环加速,呼吸加快,心跳频率上升。

据测定,在有音乐伴奏和无音乐伴奏的情况下练习健美操,对练习者的身体影响有显著的差别,见表3-1-1。

表3-1-1 音乐对健美操练习负荷影响比较

健身性健美操		竞技性健美操	
无音乐伴奏心率	126.5	无音乐伴奏心率	162.5
有音乐伴奏心率	142.2	有音乐伴奏心率	182.5
心率差	15.9	心率差	20

(5)健美操音乐对设计和完成动作的作用。

节奏是指时间长短的组织关系。健美操动作的节奏一定要遵循音乐的节奏,特别是在重拍的处理方面。通常音乐的节拍是根据健美操步伐来处理的,如"踏步"的动作,当脚触地的那一瞬间,就是重拍出现的一瞬间。练习者应该明确知道动作的重拍在什么地方,这样才能使动作与音乐做到基本的吻合。

通常健美操的八拍组合动作与音乐节奏是相对应的。一般是动作的一拍对应音乐的一拍，如果采用单拍音乐，音乐的八拍与动作的八拍相吻合。但如果采用的是 2/4 的音乐，动作的一个八拍与音乐的四小节相对应，四小节为一个乐句。用相同的办法可以计算出其他节奏与八拍动作的关系。

三、 健美操音乐的选编与制作

优美动听的音乐能使人心情愉快、情绪高昂、精神振奋，产生积极向上的精神力量。因此，对健美操的创编者来说，音乐的选择是成功的一半，加上富有表现力的动作，二者融为一体，使成套动作大放光彩、充满激情。

（一）健美操音乐的选编

音乐有感染力，对健美操起到锦上添花的作用，但并不是所有的音乐都适用于健美操。音乐选编是否适用于全套动作的完成，对比赛的成绩起着非常重要的作用。音乐选编可以使用一首或多首乐曲混合的音乐，也可使用原创音乐加入特殊音响效果。但音乐必须由运动员通过健美操动作、身体表现、感染力和活力体现出来，且必须适合健美操的项目特征、节奏和风格。与此同时，健美操动作按照音乐的结构，不同节奏和风格匹配完成，就会产生不同风格的健美操，如采用拉丁音乐，动作就必须表现拉丁风格，并符合该音乐的结构与节奏。总之，在选择健美操音乐的过程中，需充分考虑健美操运动的特点、节拍及风格、情绪等需要。

1. 音乐的时间要求

以竞技性健美操为例，在音乐的选编过程中，音乐必须符合竞技性健美操规则的时间要求：1 分 20 秒 ±10 秒。在选择音乐时，在考虑规定时间的前提下尽量保持音乐的完整性，切忌不分段落地任意切割。由于选择音乐时很难做到既符合时间要求，又能保持音乐的完整性，还能不破坏创编者的意图，因此必须剪接，在剪接过程中要处理好乐句、乐段、乐章和健美操规则中规定的时间关系。

2. 音乐的节拍要求

健美操运动除自身的项目特点外，还有体能的较量，其中动作速度的快慢就是表现体能的一个方面。动作到位，完成速度要快，因此选择音乐时，除了音乐的旋律、音乐的风格特点以外，还必须考虑音乐节拍的因素。同时，也可以根据需要调整音乐速度，使之符合成套动作需求和规则规定。研究发现音乐的节拍和运动员的训练水平有关，比较合理的安排是在每 10 秒达到 24~28 拍左右，运动员能力较强的可以选择节奏较快的音乐。

3. 音乐的情绪

音乐对气氛有渲染作用，能产生一种强烈的感染力，和观众形成共鸣，达到多方面的艺术效果。音乐的情绪和运动者的心理兴奋状态有极大的关系。音乐不仅起伴奏的作用，更重要的是烘托动作，激发运动员高昂的情绪，使动作和音乐融为一体。因此，在选择音乐时要考虑音乐情绪的作用。各级各类比赛中所选用的音乐多是威猛强劲的爵士舞音乐和迪斯科音乐，这些音乐能较好地体现健美操的特点及情绪。

（二）健美操音乐的制作

根据动作制作音乐。健美操音乐是为了配合健美操的动作而选用的，因此它必须以健美操动作设计为依据。健美操动作是一种对身体具有特殊功效的练习，它具有自身的动作节奏速度，有慢有快，幅度有大小变化，优美且有力度。因此，要充分发挥其效用，除按要求完成动作之外，还必须配合相应的音乐。选择的乐曲在时间、速度或风格等方面与动作不相符时，需将音乐进行对应处理或制作。具体来说，在制作健美操音乐的过程中，需要重视以下几个环节。

1. 音乐的调速

一般的乐曲调速有两种：一种是整首乐曲的调速，另一种是对乐曲的部分进行调速。对乐曲的部分进行调速在实践制作过程中比较困难。实践证明，乐曲由慢到快听起来很自然，但由快突然放慢听起来就不自然了。在具体操作时，采用以下方法效果会好一些：将调速的音乐放完之后稍加停顿，再录制减速的音乐，或在调速的音乐剪接上有特殊效果的乐曲，如海浪、风声等大自然的声音，但不宜过长，特别注意不能超八拍，否则会影响乐曲的完整性。总之，音乐速度的调整需要根据健美操动作的设计、动作与音乐的配合等方面综合考虑。

2. 音乐的剪接

剪接音乐的形式一般有两种：一种是同一首乐曲的剪接，另一种是两首或多首乐曲的剪接。无论是哪一种剪接都应注意剪接的部位要放在乐曲有停顿、空拍或乐曲的结尾处较好。剪接处乐曲的旋律应做到相同或相似，特别是两首或多首乐曲的剪接，其乐曲的速度和旋律要相同或相似，避免在节奏和旋律方面出现卡顿等不流畅、不自然的现象。

3. 成套音乐的制作

为提高成套动作完成的效果，培养练习者健美操成套动作的表现能力，对成套动作的音乐可进行制作。根据成套动作的风格和每节动作的特点及其某个动作的特殊性，进行成套动作音乐的创编和制作。实践证明，结合动作特点在音乐中添加一些特殊效果，能有效地提高练习者的表现力和练习的积极性，对培养练习者的美感意识极为有益。在一些特殊动作中加音乐效果的方法为：在已选择好的乐曲中加入特效，就是将已选择好的乐曲输入电脑，然后和电脑中储存的特殊声音信息进行合成，所产生的音乐即是带有特殊效果的乐曲，此方法称为乐器数字接口（MIDI）制作。请专家谱写乐曲并进行 MIDI 制作，已被越来越多的人所接受，这也是今后健美操音乐的发展方向。一套具有科学锻炼价值的健美操，如果没有精致且贴切的音乐进行伴奏，无论从艺术效果，还是锻炼效果，其功效性因素都将会减弱；反之，将会大大提高练习者对健美操的兴趣和对成套动作的记忆。

总之，制作健美操音乐时要保持音乐和动作风格的一致性，注意音乐的完整性、连续性，突出成套动作的风格特点及结构，过渡连接处自然流畅，在整套动作的高潮处对音乐进行加重处理，这样才能使动作和音乐达到浑然一体的效果，使成套操的音乐成为一个统一和谐的整体。

【拓展】

MIDI 制作的过程

MIDI 音乐制作的过程：

①向 MIDI 音乐制作专家介绍每套动作的风格和每节动作的特点及其所需乐曲的类型。

②介绍成套动作的节数和每节动作占多少拍，以及预备拍是多少拍。

③根据成套动作特点向专家提出具体在哪个节拍上加入特殊效果。

④谱写好乐曲并制作完 MIDI 后，要对成套乐曲及效果乐曲进行检验，把不适合和没有较好表现此套健美操风格的地方进行修改和完善。

（三）健美操音乐的运用

1. 音乐的风格

健美操音乐的风格直接影响并决定健美操动作的风格结构、速度和节奏。音乐选配得好，易激发编操者的创作灵感和练习者的锻炼激情，使健美操的创编和练习充满活力。例如：音乐欢快、活泼，则健美操动作也相应欢快活泼；音乐强劲、奔放，则动作也相应地流畅有力；音乐舒缓平稳，则动作也应抒情大方。因此，在选配音乐时要注意音乐与动作的风格相一致，只有二者的完美结合，才能充分体现健美操的艺术效果，给人以赏心悦目的感觉。又如：竞技性健美操音乐的选配，应根据运动员的特点选配具有个性特点的音乐；而对于大众健身性健美操的音乐选配，则应体现出民族风格或者音乐特色，并突出时代特征和现代文化取向。

2. 音乐的速度

健美操音乐的速度和健美操的动作速度需保持一致。健美操的音乐速度通常以 10 秒钟为单位。健身性健美操的音乐速度：慢速音乐一般为 16~20 拍/10 秒，中速音乐一般为 20~24 拍/10 秒，快速音乐一般为 24 拍/10 秒以上。

不同类型健美操的音乐速度有所不同。例如，竞技性健美操为了表现健美操的特点与风格，音乐速度通常能达到 26~34 拍/10 秒，这类音乐其节奏强劲、快速，具有强劲的感染力，能使运动员在多姿多彩的跳跃中激发情绪，产生兴奋，发挥最大潜能，充分展示竞技性健美操的巨大魅力；而大众健身性健美操的音乐为 18~24 拍/10 秒，这类音乐速度下的动作有条不紊，既有一定的运动量又不是太剧烈，充分体现了大众健美操的健身性目的。

3. 音乐的节奏

健美操音乐的节奏要和动作保持一致。音乐的节奏是通过节拍来表现的。现代健美操的音乐也同舞蹈音乐一样具有 2/4 拍、3/4 拍、4/4 拍、6/8 拍等。只有以不同节拍来创编的动作与不同节奏的音乐节拍相吻合，才能协调一致。因此，创编健美操动作时，要根据音乐的节拍强弱设计动作，或根据动作的节奏配合相应的音乐，使健美操音乐与动作的节奏二者有机结合起来，形成音乐与动作的融合整体。

4. 音乐应体现健美操特点及年龄特点

健美操的项目特点决定了选配音乐的特点。音乐衬托动作，动作表现音乐。选配音乐时要注意体现健美操项目健、力、美的特点，强调美与力的结合。音乐旋律要有特点，动听，力求新颖，富于变化，节奏鲜明、强劲，速度适中。音乐和动作性质一致，使动作与音乐水乳交融。

此外，音乐速度的选择还应该符合练习者的自身条件（性别、水平、体能等）。健美操与其他项目相比，音乐节奏鲜明，速度较快，因此，在选择健美操音乐时，应考虑练习对象的年龄特点。一般来说，青年人应选择速度较快，节奏强劲的迪斯科、摇滚、爵士、霹雳舞等风格的音乐，使动作快速、有力、活泼；而中老年人健身性健美操则多采用节奏较平缓的狐步、伦巴等音乐；对于少年儿童则应选择节奏活泼、轻快、有跳跃性的音乐等。

【拓展】

如何欣赏健美操音乐

音乐使健美操动作产生了新的生命力，促成动作更多发展。无论是健美操练习者、教练员，还是观众，欣赏健美操的音乐，探索健美操美的规律，通过挖掘健美操带给人们的美感，可以激发人们对健美操的喜爱，还可以提高人们对健美操的鉴赏水平。具体来说，可以通过以下几个方面欣赏健美操的音乐。

1. 理解音乐

在欣赏健美操音乐时，应先学会主动去理解音乐，理解音乐想告诉我们什么。通常，大多数健美操的音乐会选择歌曲，而歌曲是音乐与文学的结合体，歌词会直接告诉我们许多具体内容。然而，音乐告诉我们的远远超出歌词的范畴。因此，欣赏健美操音乐时应该认真地思索，音乐真真切切地为我们带来了什么。

具体来说，可以通过音乐旋律的起伏、和声的变化、高潮的迭起来联想，用自身经历体验并感受音乐表达的内在情感、事物的本质与精神。此外，还可以从健美操音乐的结构、音乐高潮制作、音乐的风格和音乐的发展与过渡等因素中，分析健美操音乐想要表达的主题思想和情感。

2. 欣赏音乐

音乐是健美操不可或缺的组成部分。不同风格的音乐使健美操表现出不同的风格，在国际比赛中，由于来自不同国家，所表现的不同民族风格音乐，会让观众在欣赏运动员技术的同时，也感受到音乐的魅力。

3. 享受音乐

音乐是一种完美的艺术形式，有着完整的表达方式，反映的是人们对周围事物的认识与感受。作为健美操练习者，应该主动提高自身的音乐修养，丰富自己的音乐知识，在得到躯体康健的同时获得精神上的快乐。如果健美操练习者既具备完成各种身体动作技能，又具备反映揭示音乐内涵的素养，那么个体的动作将是灵活、强健、感人与细腻的。

除了享受音乐带给我们的美妙之外，还有助于健美操创编者主动地选择那些美妙而恰当的音乐，为创编健美操、积累动作素材、建立灵感、表达情感服务。

第二节 健美操的服装

一、健美操服装的特色及要求

健美操竞赛规则中明确要求:"在实用和道德观念的基础上,健美操服装的审美因素越来越突出,它已成为表现人体形态美和运动美,烘托主题,取得比赛胜利必不可少的条件。"健美操服装是视觉美的焦点之一,也是感染观众与裁判的重要因素之一。

（一）健美操服装

除了材料选用有专门的要求,如弹性、透气性等之外,健美操服装还要具有简洁、美观与突出训练部位的特点,例如:突出女性修长的腿部、无赘肉、比例协调的腰部等;男性能突出其力量特点,且不会对身体产生束缚感。通常健美操服装有以下特点:

(1) 具有艺术性和时尚性,且便于运动。
(2) 符合表演者的年龄特点。
(3) 能突出表演者的个性。
(4) 能加强比赛的艺术效果。
(5) 能掩饰形体方面的某些不足,美化表演者的形象等。

（二）着装要求

健美操服装在服装分类中属运动装范畴，其主要形式为紧身连体。新规则要求运动员的着装必须符合健美操项目所描述的运动着装，禁止采用戏剧、歌剧和马戏的服装。健身性健美操和表演性健美操的服装是根据规则的要求制作的，明显区别于竞技性健美操的服装（竞技性健美操服装详见第七章健美操竞赛的组织与裁判方法），可以不需要紧身，如下身短裤、长裤、裙子，上身背心、T恤、长袖均可，最主要的是服装要与音乐主题吻合。

二、健美操服装的表现手法和功能

服装是一门复杂的边缘科学，它涉及美学、心理学、社会学、人类学、民俗学、宗教学、生理学、历史学、考古学、纺织科学等很多学科。服装的功能也是多方面的，正如美国哥伦比亚大学哲学教授巴尔所述：服装的功能，在生活上，是为了实用、舒适；在艺术上，是为了装饰、美观，具有独特的式样、色彩；在社会上，它反映了人们的思想、社会地位、经济条件、个人兴趣、习俗等。服装的各个方面功能受时代的制约，也是相互联系的。

健美操服装不仅涉及美学，突出健美操成套主题以及运动员美丽的形体，还要发挥形体美的长处，掩饰形体缺陷，并且适合身体活动，需具备以下功能。

1. 能够突出健美操的表现主题

健美操编排者创作的理念和设计的主题，可以通过音乐、动作、服装等元素来展示给观众，其中服装可以起到画龙点睛的作用。首先，服装是体现主题的重要要素，例如：融合了西方圣诞色（红、白、绿）的服装，可以体现出欢庆的圣诞节主题；其次，服装可展现健美操成套动作主题的中心思想，例如：以中国传统纹样（云雷纹、凤鸟纹等）、传统文化（京剧脸谱等）为图案素材所创作的服装，可以展现中华民族特色以及爱国热情等。

2. 能够增强健美操的表现风格

服装是健美操成套风格的重要决定因素之一，对健美操的表现风格起到了引导和提升的作用。观众和评委对健美操风格的第一印象来自运动员出场时的服装，而第一印象将引导观者理解并联想接下来的音乐动作和表演。同时，一套与主题相呼应的服装可起到增强表现风格的作用。服装与音乐风格、动作风格互相融洽，给人一种和谐及美的享受，增强了整套健美操的艺术感染力。例如：在2009"移动杯"浙江省大学生健美操锦标赛中，中国美术学院代表队的白色T恤和黑色背带裤的搭配，对表现年轻画家的形象起到了引导并产生联想的重要作用。

3. 能够提高健美操的表演效果

健美操运动是一类视觉综合艺术，带给人美的享受，这种视觉美主要聚焦点在于动作美和服装美。由于服装有色彩丰富、造型各异的特点，因而健美操在不同风格服装的点缀下，显现出迥然不同、别样的魅力。首先，服装可随动作速度的快慢、幅度的大小而变化，使动作变化具有延展性，增加观赏度，例如：短裙和宽边长裤对身体动作发生变化的反应很灵敏，很适合活力朝气风格的健美操。其次，设计符合健美操风格特色的服装可以突出运动员的个性和表现力，带动观众情绪，调动现场气氛。例如：飘带和长裤流动可以体现民族健身操的显著特色。

三、健美操服装的设计与装饰

健美操是一类体育与艺术相结合的体育项目，健美操服装的设计为提升健美操的艺术性，同样占有重要的地位，在健美操比赛中，服装既要符合健美操竞赛规则，又要能满足审美艺术要求。音乐元素是服装设计的媒介，服装的设计最终要实现的是传递音乐情感。在服装设计过程中，适当运用音乐元素可以将聆听音乐的感受转变为穿着服装的感受，将音乐情感融入服装中，从而进一步强化服装设计的情感体验。与此同时，音乐情感与健美操成套主题情感脉络需要协调一致，这就在诸多方面提高了对服装的设计要求。比赛服装设计中的图案、色彩选择与成套健美操音乐和成套编排的整体风格应保持一致。

健美操的服装在色彩的设计与选用上多使用艳丽的色彩进行搭配，以突出运动员青春、活力、健美的视觉效果。服装图案对服装有着极大的装饰作用，服装设计同时也依赖于图案花样来增强其艺术性和时尚感。

健美操服装的设计须遵循以下原则。

1. 科学性原则

健美操服装在服装分类中属运动装范畴。虽然大众健身性健美操比赛规则中放宽了对服装的限制，但服装是否适合运动，是否符合人体运动规律，是选择和设计时首要考虑的关键。需要考虑运动便利性，不能一味地强调服装的审美性和装饰性，不能过度地强调装饰性及视觉新颖感而妨碍运动员的身体表现。

2. 针对性原则

每一种着装行为表现的都是一种特殊的生命形式，如果有一种服装可被普遍适用的，即便是成本高昂，非常华丽，也已失去了它的特殊性。全国各级各类的健美操比赛和表演中，存在服装与主题不符的现象，有些团队一套健美操服装经常在不同主题的表演中使用。因此，健美操在编排创作阶段也应考虑到使用的服装与主题及动作的匹配度。

（1）针对表现主题的重要要素和风格来选择和设计服装。

（2）针对表现人群的民族、职业、时代特征来选择和设计服装。例如：2009年浙江省大学生健美操锦标赛中，浙江建设职业技术学院代表队在大众六人器械操的比赛中，运动员用橙色的安全帽和灰色的背带工装裤来体现建筑工人的形象特征等。

3. 创新性原则

传统健美操比赛和表演中的服装多为紧身连体或分体的运动服。近年来随着健美操运动的普及，参与的人群也逐渐扩大。因此大众健美操比赛的服装更追求多元化、新颖感和时尚性。这种创新来自对传统服装元素的再设计，把富有职业特点、民族特色、时代特征的服装二次创新，保留重点要素，使之适合健美操运动。例如：河海大学代表队为体现维吾尔族风格的主题，参考维吾尔族传统服装设计了更适合健美操运动的短装。

服装设计主要包括三个内容：首先是创作设计，健美操成套动作依据怎样的主题理念，表达怎样的思想、精神等，设计相应的款式与音乐的主题相匹配；其次是结构设计，具体是指一件衣服各个部位的尺寸大小，服装图案需要如何搭配和表现；最后是工艺设计，简单来说，就是一件成衣的车工流程。一般而言，影响服装效果的因素有以下三点。

（1）结构：尺寸的搭配是否合理，不同的身体部位应该具有不同的尺寸搭配，还要根据运动员活动部位的频率及运动幅度做适当的调整，不能简单地以静止状态作为标准。

（2）面料：面料的材质与薄厚程度，是否有弹力及弹力大小，透气性、速干性、舒适性等。

（3）工艺：不同地方的剪裁要用不同的车法、线迹，以及粗细程度不同的线，对于有弹力的布料进行加工时还要注意手对衣服的拉力等。

第三节
音乐与服装的配搭

一、音乐与服装的关系

音乐与服装之间有着密切的联系，但是音乐与服装隶属于不同的艺术形态，如何将音乐元素运用到健美操服装中仍是关键问题。例如：将音乐风格体现在服装设计中。纵观音乐发展历史，音乐的风格众多，大致可以分为节奏布鲁斯、嘻哈风格、重金属风格、摇滚风格、民谣风格、流行风格等。其中，嘻哈风格的音乐就有专属的服装类型，如宽松的上衣、裤子，酷酷的鞋子等，在健美操服装设计中应根据需求与目的适当加入对应曲风的设计元素。又如：将音乐节奏体现在服装设计中。节奏是音乐作品出现律动的基本特征，是音乐的重要元素。在健美操服装设计中融入节奏元素，往往可以获得令人意想不到的效果。健美操服装设计中的节奏元素可以表现在色彩、图案、造型上，将色彩、图案设计成构成单位，再按照一定的规律进行变化，或色彩的循环往复，或图案的大小变化等，从而使得服装层次丰富、结构合理，形成理想的视觉效果。

音乐是一种听觉艺术，音乐欣赏主要是以具体的音乐作品为欣赏对象，通过聆听或其他方式来感受音乐，从而获得精神上的愉悦。音乐是传递情感的艺术活动，是表达情感的重要媒介。音乐与视觉艺术存在一定的区别，音乐主要利用音乐声调、优美的旋律来刻画情感，传递情绪，相对于有形的艺术形式来说更加深刻。服装用于御寒遮羞、包裹身体，具有御寒、保护、防暑等各类功能，能够起到美化人体、提升生存体验的作用。服装不仅拥有一定的物质消费作用，同时还是精神消费品，具有一定的文化底蕴。服装是人们生活方式与价值观念的传递。在服装设计过程中，适当运用音乐元素可以将聆听音乐的感受转变为穿着服装的感受，将音乐情感融入服装中，从而进一步强化服装设计的情感体验。音乐可以通过联想来传递某种情绪，同时还可以形成丰富的色彩形象与造型形象。在健美操比赛中，运动员也会利用音乐的意境与张力来启发观众对服装形成联想并且感受服装设计者的目的，通过音乐的旋律来展现服装内在的风格。

二、音乐与服装的搭配技巧

健美操动作设计、音乐、服装和表现都与主题密切联系，各种因素完美地结合在一起，使健美操成套具有独特的表现力。音乐选配要具有艺术性，与动作的结构相吻合才能起到锦上添花的作用。

（一）可根据音乐的风格搭配服装

在节奏欢快激烈的音乐中，服饰应多采用热情、鲜艳、俏丽的颜色，如红色、橙色等，男女队员的服装可采用对比强烈的色彩组合，起到相互衬托的作用。在优雅抒情的音乐中，可采用比较柔和的色彩，如淡蓝色、浅黄色等。

（二）可以根据音调和音频对应不同颜色

著名作曲家里姆斯基-科萨科夫与斯克里亚宾，都对音乐与色彩的关系发表过各种见解。譬如，他们都认为调性的色彩是明显的，随着各种调号的增多，它的色彩感由红向紫按光谱顺序移动，这恰巧符合两者自然的联系，可见人们主观感觉和现象，也往往能表现出一定的客观规律性。16世纪以来在欧洲的乐曲中，人们常常用高音区代表"明亮""洁白""白雪""白昼"，用低音区代表"乌黑""阴暗""沉重""黑夜"等。法国的彩色交响乐团对调式和音频进行进一步的研究，找出了相对的色彩，如高音，配以绿色、黄色，中频配蓝色、青色，低频配红色、紫色。各种乐器的不同调式也配一定的颜色，例如：C大调配白色，G大调配黄色，A大调配玫瑰色，E大调配翡翠色，B大调配铁灰色等。利用服装色彩与音乐的结合，可以营造运动员的运动心境和表现力，强化观众和裁判的印象，使运动员和观众充分融入其中。运动员在优美的曲调、鲜明的节奏中，完成流畅而优美的动作，从而达到运动员与观众思想感情上的共鸣，使健美操成套动作的表现更完美。

（三）健美操服装色彩忌很强烈的对比

作为整体的服装配色，一定要把握主要色调。健美操服装忌采用色彩对比强烈的颜色，如红与绿、蓝与黄等。宜多选用华丽色，纯度高一点的色彩，亦忌用灰色等朴实色彩。暖色的红紫与黑色相配总能取得很好的协调效果，与中国人的发色、瞳色、肤色等也很容易和谐。同样，冷色的蓝色与白色也很容易相配。金色富丽堂皇，象征荣华富贵；银色雅致高贵，象征纯洁、信仰，较金色温和，这两种色彩与其他色彩都能配合，几乎被称为"万能色"。

思考练习题

1. 健美操音乐的特征。
2. 健美操音乐的功效。
3. 根据自己的学习经历，谈谈健美操音乐与服装的搭配技巧。

第四章

健美操基本动作

本章导言

健美操基本动作由头颈动作、躯干动作、上肢动作和下肢动作四部分组成。基本步伐是体现健美操练习者下肢动作基本姿态的主要练习手段，完成基本动作时，头颈动作的参与、不同手臂动作的加入、躯干的巧妙配合等使动作变得丰富多彩；或者增强动作的强度和难度，加强基本动作的学习，利于激发练习者的学习兴趣，利于健美操技术、技能的提高。通过本章节的学习，使练习者培养良好的基本姿态的同时，建立基本动作概念并掌握有效方法，建立健美操基本动作技术规范。

··

学习目标

1. 明晰健美操的基本动作概念及其特点，掌握正确的健美操基本动作组合，建立正确的动作技术概念。
2. 掌握健美操基本动作的练习及训练方法。
3. 发展个体的柔韧、协调等身体素质。
4. 培养个体的节奏感与审美意识。
5. 塑造形体美，培养积极向上，热情大方的性格，缓解精神压力。

第一节
健美操基本动作概述

一、概念及其特点

健美操基本动作是健美操运动的基础，是最小单元的元素动作。千姿百态的健美操组合动作都是在基本动作的基础上变化和发展起来的。将健美操基本动作按一定的需要进行不同的组合和编排则会产生不同难度、不同强度、不同风格及不同视觉效果的动作。正确的健美操基本动作是培养良好动作姿态的前提保障，也是建立健美操正确、规范动作的关键保障。健美操基本动作并不复杂，只要我们掌握了元素动作及其变化规律，健美操的学习过程就变得简单多了。

二、健美操基本动作的分类

一套漂亮的健美操成套动作是由人体各部位的基本动作组成。人体各个部位的基本动作的规范性、正确性，是保证健美操成套动作漂亮、潇洒的前提。由基本部位动作开始，逐渐过渡到组合动作，最后发展成整套动作，这需要长期并且具有韧性的训练累积才能形成。健美操基本动作分为以下四个部分。

（一）头颈动作

头颈动作包括屈、转、绕和环绕。颈部连接了头部与上半身，同时也承接了头颈肩的关系。颈部最主要的肌肉就是胸锁乳突肌、肩胛提肌、斜方肌以及头夹肌，这几块肌肉基本构成了颈部最重要的部分，掌握其运动规律有助于我们理解头颈肩的动态关系。我们特别要注意胸锁乳突肌，它分布在脖子的两侧，脖子的运动基本都离不开它，它可以帮助头部转向另一侧，同时在头部不动的时候维持头部稳定。头颈动作的屈、转、绕和绕环等运动，主要是依靠上述肌肉在进行，适当地进行头颈部肌肉锻炼，可以减缓颈部疼痛，预防颈椎病，刺激增强甲状腺，美化颈部的线条。同时，表演过程中适时加入头颈动作，会提升成套动作的表现力。

（二）躯干动作

前面为胸、腹部，后面为背部和腰部。在胸与腰之间有一横的肌肉，叫膈肌，它将躯干内腔分为胸腔和腹腔。胸腔内有心脏、肺等脏器，腹腔内有胃、肠、肝、脾、胰等脏器。躯干部位的肌肉，对内脏器官、脊柱等起到保护的作用；同时，躯干的肌肉力量训练，可以有效地增强肌肉保护能力，预防内脏器官系统的脂肪堆积，起到良好的健身效果。躯干的训练包含动作和韵律两个方面。从动作来说，包含了胸椎、腰椎以及其他延伸部位的训练；从韵律来说，涉及了"提、沉、冲、靠、含、腆、移、旁提""云间转腰""横拧"的躯干元素练习。躯干部分是健美操动作的核心，躯干能力强弱决定了运动员完成难度动作的能力以及整体性。

（三）上肢动作

上肢为肩、臂、手三部分。肩即上肢与躯干相连的地方，它的下面叫作腋窝。臂又有前臂和上臂，上臂和前臂合称为臂，也就是通常所说的胳膊；上臂与前臂相连处的后面凸起部分叫肘；前臂与手连接的地方叫作手腕。

上肢基本动作包括：自然摆动、绕和绕环、臂屈伸等。常用手型：掌（分掌、并掌及花掌）、拳（握拳和半握拳）等。肩部动作：提肩、沉肩、绕肩、肩绕环等。上肢活动范围广泛，动作内容丰富，是所有基本动作中表现力和变化最为多样的部分。

（四）下肢动作

下肢是由骨、肌肉、血管神经及浅、深筋膜和皮肤形成的多层次鞘状局部组织组成，可分为浅、深二层结构。浅层结构由皮肤和浅筋膜构成，在浅筋膜内有丰富的浅静脉、淋巴管和皮神经。深层结构由深筋膜、肌肉、血管、神经和骨构成，并以血管神经及其行径形成了若干重要局部结构及局部核心结构。双下肢又分为臀部、股部（大腿）、胫腓部（小腿）和脚。大腿与小腿相连的部位前面叫膝，后面叫腘窝。小腿和脚相连的地方叫脚踝。下肢承担了身体的全部重量，并且在承担重量的基础上做出各种移动动作，因此下肢的力量训练是必不可少的。

健美操下肢动作包括基本步伐、肌肉的力量和伸展练习。根据动作的完成形式不同，可将基本步伐分为五大类：交替类、迈步类、点地类、抬腿类和双腿类。肌肉的力量与伸展能力在一定程度上决定了运动员完成动作的幅度、高度以及完美程度。

三、健美操基本动作的作用

（一）掌握正确的动作姿势

通过健美操基本动作练习，健美操练习者能够尽快掌握正确的健美操动作。

（二）建立良好基本姿态的有效方法

只有正确的动作才会给人美的感觉，良好的基本姿态能反映练习者的精神面貌及艺术造诣，是美的意识的直接反映。

（三）进行动作韵律"开法儿"较好的手段

在开始进行基本动作练习时，一般多以局部单个动作反复练习，练习者应学会如何发力、用力及控制，体会动作的节奏及内在感觉，使之掌握整个动作的韵律过程，达到真正的练习效果。

第二节 健美操基本动作要点、内容及功能

一、头颈动作

头颈动作由屈、转、绕、绕环等动作组成。

1. 屈

动作要点：指头颈关节角度的弯曲，保证安全性。

动作内容：前屈、后屈、左屈、右屈，如图4-2-1所示。

动作功能：增强头颈关节灵活性，预防颈椎病。

图4-2-1 前、后、左、右屈

2. 转

动作要点：指头颈部绕身体垂直轴的转动。

动作内容：向左转、向右转，如图4-2-2所示。

动作功能：增强头颈关节灵活性，预防颈椎病。

图4-2-2　向左转、向右转

3. 绕

动作要点：指头以颈为轴心的弧形运动。

动作内容：左、右绕，如图4-2-3所示。

动作功能：增强头颈关节灵活性，增强颈部肌肉力量，预防颈椎病。

图4-2-3　左、右绕

4. 绕环

动作要点：指头以颈为轴心的圆形运动。

动作内容：左、右绕环，如图4-2-4所示。

动作功能：增强颈部肌肉灵活性及力量。

图4-2-4　左、右绕环

要求：上体保持端正挺直，头颈移动的方向要准确，颈部被动肌群充分伸展。

二、躯干动作

在健美操运动中躯干主要起连续、保护和固定作用。躯干部位的练习通常是为了发展和平衡躯干前后肌肉群所设计的，特别是躯干中部只有脊柱和腰腹部周围的肌肉、软组织连接并支撑身体的上下部分，当躯干前后肌肉群发展不平衡、力量不足时，易造成损伤和形成不良体态。因此，在健美操练习中发展和平衡这些肌肉群尤为重要。竞技性健美操在竞赛规则中明确要求不得有反自然方向和对脊柱造成挤压的动作，并且将许多对身体不利的动作列为违例动作（具体请参见《竞技性健美操竞赛规则》）。因此，健美操的躯干动作主要是以保护身体的核心部位——中枢神经系统为第一要务，并且在此基础上完成相应的高难度动作以展现身体的能力。

发展躯干肌肉的方法和动作很多，可徒手、可使用轻器械或固定器械，有负荷的肌肉练习效果更好（可参考器械健美操训练法）。这里，我们介绍一些锻炼躯干各部位肌肉的基本方法和动作。

(一) 胸部

当胸大肌收缩时,可使肩关节内收、臂屈和水平内收。

1. 含胸

动作要点:直臂或屈臂做内收动作,可持小重量的哑铃、沙袋或橡皮筋辅助完成。

动作内容:通常与臂的外展动作结合进行练习,如图4-2-5所示。

动作功能:增加胸廓的肌肉控制能力,改善形象与气质。

图4-2-5 含胸

2. 俯卧撑

动作要点:双臂与肩同宽,肘关节弯曲90°以下,与地面平行。做手臂的屈伸动作,屈臂时吸气,伸臂时呼气。

动作内容:根据不同水平,练习者可采取单脚俯卧撑、并腿俯卧撑、双脚分腿俯卧撑、跪撑等姿势,如图4-2-6~图4-2-9所示。

动作功能:增强骨关节的灵活性以及韧带的牢固性,提高静力性和动力性力量素质。

图 4-2-6　单脚俯卧撑

图 4-2-7　并腿俯卧撑

图 4-2-8　双脚分腿俯卧撑

图4-2-9 跪撑

（二）背部

背部肌肉主要包括背阔肌、斜方肌、菱形肌、圆肌等，当背部肌肉收缩时，可使肩关节外展、下沉。

1. 外展

动作要点：屈臂或直接做外展动作，可持小重量的哑铃、沙袋或橡皮筋完成。

动作内容：通常与臂的内收动作结合起来练习，如图4-2-10所示。

动作功能：延展背部肌群，改善形象与气质。

图4-2-10 外展

2. 提肩、沉肩

动作要点：两肩用力上提、下拉。

动作内容：提肩、沉肩，如图 4-2-11 所示。

动作功能：提升肩膀稳定性、灵活性。

图 4-2-11　提肩、沉肩

3. 上举、下拉

动作要点：两臂由侧上举下拉至髋侧，如果利用固定器械进行练习效果会更好。

动作内容：上举、下拉，如图 4-2-12 所示。

动作功能：增强手臂力量与伸展性，消除两臂多余脂肪。

图 4-2-12　上举、下拉

（三）腰腹部

腰腹部肌肉主要是由腹直肌、腹内外斜肌、腹横肌和竖脊肌组成，它们的作用都是为了收紧腹部，保持身体的稳定性。腰腹肌收缩，可使脊柱前屈、侧屈或扭转，使骨盆前倾或后倾，使胸廓、背部向对角线方向屈、伸展。

1. 仰卧起坐

动作要点：仰卧，屈膝，两脚同肩宽，腹肌收缩，上体抬起。

动作内容：如图 4－2－13 所示。

动作功能：有效锻炼腹肌，保持核心力量。

图 4－2－13　仰卧起坐

2. 仰卧抬起

动作要点：屈膝侧卧，两肩接触地面，腰侧部肌肉收缩，上体抬起，腰部始终保持侧卧与地面接触。

动作内容：如图 4－2－14 所示。

动作功能：锻炼侧腰肌，增加核心部位控制能力。

图 4－2－14　仰卧抬起

3. 仰卧提髋

动作要点：仰卧，两腿稍屈膝上举，腹肌收缩，使髋关节向上抬起。注意不要使用惯性。

动作内容：如图 4-2-15 所示。

动作功能：稳固腰间盘，增强核心控制能力。

图 4-2-15　仰卧提髋

4. 站立侧屈

动作要点：分腿站立，稍屈膝，上体侧屈，还原。

动作内容：如图 4-2-16 所示。

动作功能：拉伸侧腰肌及增强核心控制能力。

图 4-2-16　站立侧屈

5. 站立体转

动作要点：分腿站立，稍屈膝，上体向侧水平扭转。

动作内容：如图 4-2-17 所示。

动作功能：增强腰椎、胸椎稳定性和灵活性。

图 4-2-17　站立体转

6. 俯卧两头起

动作要点：俯卧，异侧的手臂和腿同时抬起，还原。

动作内容：如图 4-2-18 所示。

动作功能：提高背部肌肉和臀大肌力量。

图 4-2-18　俯卧两头起

三、上肢动作

上肢动作是由手臂的自然摆动、力量练习以及基本体操的徒手动作和舞蹈组合而成,是健美操动作中最为丰富的基本内容。这里主要介绍有氧健美操常用的上肢动作和手型。

(一)常用上肢动作

1. 自然摆动

动作要点:屈肘 90°前后摆动至 30°,可同时或依次。

动作内容:如图 4-2-19 所示。

动作功能:提高手臂协调性、灵活性。

图 4-2-19　自然摆动

2. 臂屈伸

动作要点:上臂固定,肘屈伸至 90°;可持小哑铃或沙袋进行练习。

动作内容:如图 4-2-20 所示。

动作功能:锻炼肱二头肌和肱三头肌力量;手臂屈时肱二头肌收缩,手臂伸直时肱三头肌收缩。

图 4 - 2 - 20　臂屈伸

3. 屈臂提拉

动作要点：臂由下举提至胸前平屈，可持小哑铃或沙袋进行练习。

动作内容：如图 4 - 2 - 21 所示。

动作功能：增强胸大肌和三角肌前束收缩力量，保持肩部稳定性。

图 4 - 2 - 21　屈臂提拉

4. 直臂提拉

动作要点：臂由下举提至前平举或侧平举。

动作内容：如图 4 - 2 - 22 所示。

动作功能：增强背阔肌力量，增强躯干稳定性。

图 4 – 2 – 22　直臂提拉

5. 冲拳

动作要点：握拳由腰间将拳峰冲至某位置，如向前冲拳、向上冲拳。

动作内容：如图 4 – 2 – 23 所示。

动作功能：增强小肌肉群快速力量及准确性。

图 4 – 2 – 23　冲拳

6. 推

动作要点：手掌由腰间推至某位置。

动作内容：前推、上推，如图 4 – 2 – 24 所示。

动作功能：前推时，锻炼胸大肌和三角肌前束收缩力量；上推时，锻炼三角肌中束收缩力量。

图 4－2－24　前推、上推

（二）手型

健美操中手型有多种，它是从爵士舞、芭蕾舞、西班牙舞、迪斯科、武术等手型中吸收和发展的，手型的选用可以使手臂动作更加生动活泼。常见的手型有以下几种。

1. 立掌式

动作要点：五指伸直，手掌用力上翘。

动作内容：如图 4－2－25 所示。

动作功能：促进手臂内侧小肌肉群的延展性。

图 4－2－25　立掌式

2. 拳式

动作要点：握拳，手指弯曲握住，拇指外扣在食指和中指第二指节处。

动作内容：如图4-2-26所示。

动作功能：刺激手部肌腱爆发力。

图4-2-26 拳式

3. 并拢式

动作要点：五指伸直，相互并拢。大拇指微屈，指关节贴于食指旁。

动作内容：如图4-2-27所示。

动作功能：延展手臂肌群。

图4-2-27 并拢式

4. 分开式

动作要点：五指用力伸直，充分张开。

动作内容：如图 4-2-28 所示。

动作功能：锻炼手指灵活性。

图 4-2-28　分开式

5. 西班牙舞手式

动作要点：五指用力，小指、无名指、中指自掌指关节处依次屈，拇指稍内扣。

动作内容：如图 4-2-29 所示。

动作功能：锻炼手指小肌肉群灵活性。

图 4-2-29　西班牙舞手式

6. 芭蕾手式

动作要点：拇指微屈，后三指并拢、稍内收、拇指内扣。

动作内容：如图 4-2-30 所示。

动作功能：训练手臂及手指延展性。

图 4-2-30　芭蕾手式

7. 花式

动作要点：在分开式的基础上小指伸直向掌心回弯到最大限度，无名指会随小指回弯。

动作内容：如图 4-2-31 所示。

动作功能：训练手臂小肌肉群控制力，提高协调性。

图 4-2-31　花式

四、下肢动作

健美操下肢动作包括基本步伐、下肢力量动作和下肢伸展动作。

（一）基本步伐

基本步伐是健美操动作中重要的组成部分，是健美操练习中提升活跃度和运动量的核心部分，通过基本步伐的练习，能培养练习者的协调性、韵律感，并通过不同类型步伐合理安排运动量。

健美操基本步伐根据人体运动时对地面的冲击力大小分为无冲击力步伐、低冲击力步伐和高冲击力步伐三大类。

1. 无冲击力步伐

动作要点：此类动作是指练习者两条腿始终接触地面的动作。

动作内容：弹动、半蹲、弓步、提踵等。

（1）弹动。

动作要点：双脚弯曲弹动。

动作内容：如图4-2-32所示。

动作功能：预防膝关节损伤，起到动作缓冲及流畅作用。

图4-2-32 弹动

(2) 半蹲。

动作要点：双腿弯曲下蹲至90°。

动作内容：如图 4-2-33 所示。

动作功能：增强膝关节周围肌肉软组织力量。

图 4-2-33 半蹲

(3) 弓步。

动作要点：双腿前后或左右打开，前腿弯曲，后腿伸直。

动作内容：前弓步、侧弓步，如图 4-2-34 所示。

动作功能：锻炼腿部力量与提升伸展性，提高身体平衡能力。

前弓步

侧弓步

图 4-2-34 弓步

（4）提踵。

动作要点：踝关节发力，脚后跟抬起，身体直立。

动作内容：如图4-2-35所示。

动作功能：增强踝关节力量。

图4-2-35　提踵

2. 低冲击力步伐

第一类：踏步类。

动作要点：此类动作是指练习者两脚依次抬起，在下落时膝、踝关节有弹性地缓冲。

动作内容：踏步、走步、一字步、V字步、曼巴步等。

（1）踏步。

动作要点：单腿提膝至90°以上，支撑腿伸直，双臂前后摆动。

动作内容：如图4-2-36所示。

动作功能：锻炼髂腰肌力量，增强身体律动和节奏感。

图4-2-36　踏步

（2）走步。

动作要点：单腿向前依次迈步走，双臂前后摆动。

动作内容：如图4-2-37所示。

动作功能：提高身体控制能力和协调性。

图4-2-37 走步

（3）一字步。

动作要点：单腿向前迈步，另外一条腿跟随上步并腿。

动作内容：如图4-2-38所示。

动作功能：提高身体控制能力及协调性。

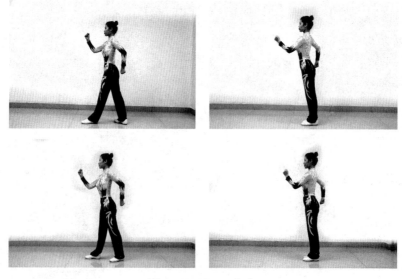

图4-2-38 一字步

(4) V 字步。

动作要点：单腿向斜 45°方向迈腿，双臂自然摆动。

动作内容：如图 4-2-39 所示。

动作功能：锻炼身体移动位置的准确性。

图 4-2-39　V 字步

(5) 曼巴步。

动作要点：单腿向侧迈步，微屈膝，另外一条腿向后踢至腰间。

动作内容：如图 4-2-40 所示。

动作功能：拉伸股四头肌，增强臀大肌收缩力量。

图 4-2-40 曼巴步

第二类：点地类

动作要点：此类动作是指练习者两脚有弹性地屈伸，点地时，主力腿稍屈，另一腿伸直（脚尖或脚跟点地）。

动作内容：脚尖前点地、脚跟前点地、脚尖侧点地、脚尖后点地等。

（1）脚尖前点地。

动作要点：单脚脚尖向前点地。

动作内容：如图 4-2-41 所示。

动作功能：提升身体重心变化的控制能力。

图 4-2-41 脚尖前点地

（2）脚跟前点地。

动作要点：单脚脚跟向前点地。

动作内容：如图 4-2-42 所示。

动作功能：拉伸腓肠肌，提升身体控制能力。

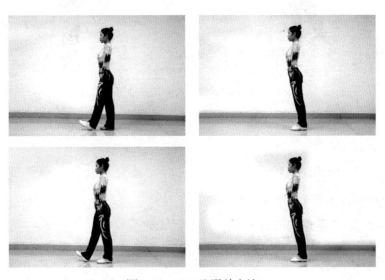

图 4-2-42 脚跟前点地

(3) 脚尖侧点地。

动作要点：单脚脚尖向侧点地。

动作内容：如图 4-2-43 所示。

动作功能：提高身体重心变化，身体侧位准确性和延展性。

图 4-2-43 脚尖侧点地

(4) 脚尖后点地。

动作要点：单脚脚尖后点地。

动作内容：如图 4-2-44 所示。

动作功能：增强腰部肌肉收缩力，增强敏感性。

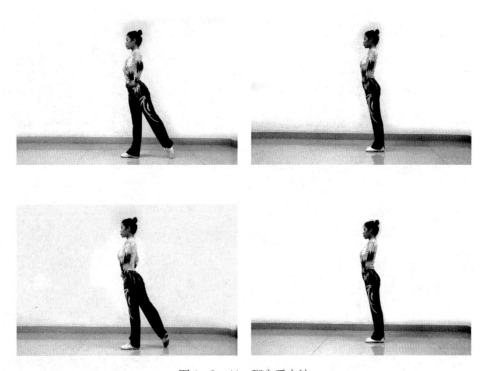

图 4-2-44 脚尖后点地

第三类：迈步类。

动作要点：此类动作是指练习者一脚先迈出一步，同时移动身体重心，另一脚点地、并步或做抬起的动作。

动作内容：并步、迈步点地、迈步屈腿、迈步吸腿、迈步弹踢、侧交叉步等。

（1）并步。

动作要点：单脚侧迈步至分腿，另一条腿收回至并腿。

动作内容：如图 4-2-45 所示。

动作功能：提高关节弹动能力以及身体灵活度。

图 4 – 2 – 45　并步

（2）迈步点地。

动作要点：单脚侧迈步至分腿，另一条腿收回至并腿单脚点地。

动作内容：如图 4 – 2 – 46 所示。

动作功能：增强身体的律动和节奏感。

图 4 – 2 – 46　并步点地

(3) 迈步屈腿。

动作要点：腿向侧迈步，微屈膝，另外一条腿向后踢至腰间。

动作内容：如图 4-2-47 所示。

动作功能：增强腰部力量，提升身体协调性。

图 4-2-47　迈步屈腿

(4) 迈步吸腿。

动作要点：单腿前迈步至弓步，另一条腿提膝 90°。

动作内容：如图 4-2-48 所示。

动作功能：增强髂腰肌力量，提高腿部柔韧性。

图 4-2-48 迈步吸腿

(5) 迈步弹踢。

动作要点:单腿侧迈步,另一条腿向斜45°弹踢。

动作内容:如图4-2-49所示。

动作功能:增加腿部力量及控制能力,预防关节炎。

图 4-2-49 迈步弹踢

(6)侧交叉步。

动作要点:单腿侧迈步,另一条腿向后交叉迈步。

动作内容:如图4-2-50所示。

动作功能:提高侧移动身体控制能力,提升身体协调性。

图4-2-50　侧交叉步

第四类:单脚抬起类。

动作要点:此类动作是指练习者支撑腿有控制地稍屈膝弹动,另一条腿以各种形式抬起,同时收腹、立腰。

动作内容:吸腿、踢腿、弹腿、后屈腿等。

(1)吸腿。

动作要点:单腿提膝至90°,支撑腿膝关节伸直。

动作内容:如图4-2-51所示。

动作功能：增强髂腰肌力量和腿部控制力。

图 4-2-51　吸腿

（2）踢腿。

动作要点：单腿大踢至 90°以上，髂腰肌发力，支撑腿膝关节伸直。

动作内容：如图 4-2-52 所示。

动作功能：增加腿部力量，提升腿部柔韧性。

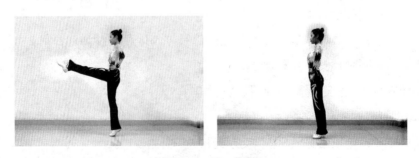

图 4-2-52　踢腿

（3）弹踢。

动作要点：单腿后屈至90°，向前弹踢45°延伸。

动作内容：如图4-2-53所示。

动作功能：提升腿部控制能力，锻炼肢体协调性。

图4-2-53 弹踢

（4）后屈腿。

动作要点：单腿后屈至90°。

动作内容：如图4-2-54所示。

动作功能：增强腘绳肌力量和身体控制力。

图4-2-54 后屈腿

3. 高冲击步伐

第一类：迈步起跳类。

动作要点：此类动作是指练习者做动作时一脚迈出，身体重心随脚步移动，然后跳起，单脚或双脚落地。

动作内容：并步跳、迈步吸腿跳、迈步后屈腿跳等。

（1）并步跳。

动作要点：起跳时，双腿并拢向上，崩脚尖；落地时，双腿弯曲打开，身体保持直立，髋部打开。

动作内容：如图4-2-55所示。

动作功能：增强腿部力量，提升身体整体控制能力。

图4-2-55 并步跳

(2) 迈步吸腿跳。

动作要点：单腿迈步，另一条腿吸腿至90°，支撑腿膝关节伸直。

动作内容：如图4-2-56所示。

动作功能：增强腿部弹跳力量及身体的控制力。

图4-2-56 迈步吸腿跳

(3) 迈步后屈腿跳。

动作要点：单腿迈步，另一条腿后屈至90°，支撑腿膝关节伸直。

动作内容：如图4-2-57所示。

动作功能：增强腰骼部力量和腿部弹动能力。

图4-2-57 迈步后屈腿跳

第二类：双脚起跳类。

动作要点：此类动作是指练习者双脚起跳、双脚落地的动作。

动作内容：并脚纵跳、分腿半蹲跳、开合跳、并腿滑雪跳、弓步跳等。

（1）并脚纵跳。

动作要点：双脚并拢起跳时，绷脚尖，落地缓冲。

动作内容：如图4-2-58所示。

动作功能：增强踝关节力量。

图4-2-58　并脚纵跳

（2）分腿半蹲跳。

动作要点：双脚打开45°，起跳时，绷脚尖，落地缓冲。

动作内容：如图4-2-59所示。

动作功能：增强踝关节、臀大肌力量。

图4-2-59　分腿半蹲跳

(3) 开合跳。

动作要点：双腿弹动起跳至打开微屈，起跳并腿，落地缓冲。过程中髋关节保持打开。

动作内容：如图 4-2-60 所示。

动作功能：增强核心部位稳定性。

图 4-2-60　开合跳

(4) 并腿滑雪跳。

动作要点：双腿向前弹跳，膝关节微屈弹动。

动作内容：如图 4-2-61 所示。

动作功能：提高关节弹动能力，提升心肺功能。

图 4-2-61　并腿滑雪跳

(5) 弓步跳。

动作要点：双腿同时起跳，落地时单腿在前，前腿微屈，后腿伸直，保持后脚掌离地。

动作内容：如图4-2-62所示。

动作功能：增强腿部力量与身体平衡能力。

图4-2-62 弓步跳

第三类：单腿起跳类。

动作要点：此类动作是指练习者先抬起一条腿、另一条腿跳起的动作。

动作内容：吸腿跳、后屈腿跳、弹踢腿跳、摆腿跳等。

(1) 吸腿跳。

动作要点：单腿起跳提膝至90°，并落地缓冲。

动作内容：如图4-2-63所示。

动作功能：增强脚踝、膝关节稳定性。

图 4 – 2 – 63 吸腿跳

(2) 后屈腿跳。

动作要点：单腿起跳后屈至 90°，并落地缓冲。

动作内容：如图 4 – 2 – 64 所示。

动作功能：发展大腿后群肌肉力量。

图 4 – 2 – 64 后屈腿跳

(3)弹踢腿跳。

动作要点：单腿起跳后屈至90°，落地弹踢至前摆45°。

动作内容：如图4-2-65所示。

动作功能：发展腿部控制力，快速收缩伸展能力。

图4-2-65 弹踢腿跳

(4)摆腿跳。

动作要点：单腿侧摆至45°跳，身体保持直立。

动作内容：如图4-2-66所示。

动作功能：增强侧腰肌力量和身体控制能力。

图4-2-66 摆腿跳

第四类：后踢腿跑类。

动作要点：此类动作是指练习者两腿依次蹬地离开地面，轻快跑跳。

动作内容：后踢腿跑、侧并小跳等。

（1）后踢腿跑。

动作要点：单腿起跳后屈至90°，支撑腿伸直，依次后屈跳。

动作内容：如图4-2-67所示。

动作功能：增强大腿后群肌肉力量和控制能力。

图4-2-67　后踢腿跑

（2）侧并小跳（也叫小马跳）。

动作要点：双腿向一侧小腿至单脚点地跳。

动作内容：如图4-2-68所示。

动作功能：增强踝关节力量及身体平衡能力。

图4-2-68　侧并小跳

(二) 下肢力量动作

下肢力量练习动作是指在健美操练习中利用自身重量和轻器械进行的针对主要肌群练习的一些动作。肌群主要有臀大肌、股四头肌、股二头肌及腓肠肌。

1. 蹲起

动作要点：下蹲，髋关节屈，股四头肌收缩，站起时髋关节伸，股二头肌和臀大肌收缩。

动作内容：分腿蹲起、箭步蹲起。

（1）分腿蹲起。

动作要点：左右分腿站立，两脚平行，屈膝下蹲时臀部向后下方，膝关节对准脚尖，蹲起要匀速。

动作内容：如图4-2-69所示。

动作功能：下肢肌群得到锻炼，心肺功能得到强化。

图4-2-69 分腿蹲起

（2）箭步蹲起。

动作要点：前后分腿站立，两脚平行，中心在两脚之间，下蹲时膝关节不要超过脚尖；后腿垂直，膝关节向下，蹲起要匀速。

动作内容：如图4-2-70所示。

动作功能：核心控制练习，强化骨骼、膝关节。

图 4-2-70 箭步蹲起

2. 提踵

动作要点：单脚或双脚站立，脚跟提起，小腿腓肠肌收缩。

动作内容：单脚提踵、双脚提踵。

（1）单脚提踵。

动作要点：前弓步站立，脚尖向前，重心在两脚之间，固定身体，后腿做单脚提踵动作。

动作内容：如图 4-2-71 所示。

动作功能：增强平衡能力和小腿肌肉力量。

图 4-2-71 单脚提踵

（2）双脚提踵。

动作要点：双脚站立，脚后跟提起、落下。

动作内容：如图4－2－72所示。

动作功能：增强踝关节力量。

图4－2－72　双脚提踵

3. 摆腿

动作要点：身体固定，一侧髋关节外展，大腿外侧肌肉收缩。

动作内容：侧摆腿、后摆腿。

（1）侧摆腿。

动作要点：站立或侧卧，一条腿固定，一条腿向侧摆动。

动作内容：如图4－2－73所示。

动作功能：增强侧腰肌、臀大肌力量。

图4－2－73　侧摆腿

（2）后摆腿。

动作要点：站立或俯卧，一条腿固定，一条腿向后摆动。

动作内容：如图 4-2-74 所示。

动作功能：增强腰背肌力量。

图 4-2-74　后摆腿

（三）下肢伸展动作

下肢伸展动作是指练习者在健美操练习的开始、结束及练习中为了活动及缓解肌肉紧张所采取的拉长下肢主要肌肉、肌腱的动作。

1. 股四头肌伸展

动作要点：单腿站立，另一条腿小腿后屈，一手或双手扳住脚面。两脚前后平行站立，重心在两脚之间半蹲，髋关节前倾。

动作内容：如图 4-2-75 所示。

动作功能：拉伸股四头肌，减少肌肉压迫，缓解肌肉酸痛。

图 4-2-75　股四头肌伸展

2. 股二头肌伸展

动作要点：一条腿屈膝站立，一条腿勾脚前点地，上体前倾，腰背挺直。屈膝仰卧，一条腿抬起，双手抱腿膝后部拉向胸部。

动作内容：如图 4-2-76 所示。

动作功能：拉伸股二头肌，帮助肌肉减缓压力，消除痉挛。

图 4-2-76　股二头肌伸展

3. 腓肠肌伸展

动作要点：弓步，两脚前后平行站立，上体前倾与后腿成一直线，双手扶膝。

动作内容：如图 4-2-77 所示。

动作功能：拉伸腓肠肌，预防足底筋膜炎。

图 4-2-77　腓肠肌伸展

第三节　健美操基本动作的练习方法

一、健美操基本动作练习要点

1. 动作的规范性

动作的规范建立在动作的标准性上,因此练习时肢体的位置、方向及运动的路线力求准确。此外,做动作时注意动作速度、肌肉力度和动作幅度,从而达到动作的整体规范性效果。

2. 动作的弹性

动作富有弹性是健美操特点之一。动作的弹性所涉及的身体部位有踝关节、膝关节、髋关节、肘关节、肩关节以及脊柱。在练习时应注意肌肉的收缩与放松要有控制,使动作富有弹性,节奏均匀,避免动作过分僵硬和关节的过度伸展。在进行高冲击有氧练习和力量性的练习时,应注意调整好呼吸,使健美操运动达到完美的锻炼效果。

3. 动作的节奏感

掌握好健美操动作节奏对此项运动非常重要,练习者要想表现出较好的动作节奏感,必须具有一定的肌肉控制能力、音乐节奏感及动作的完成能力。因此,在开始练习时,要重视开发、训练动作的节奏感,在听懂音乐节奏的基础上逐步掌握动作的节奏感,从而能够有能力完成并完美诠释健美操成套作品的整体旋律和节奏。

二、健美操基本动作组合练习法

健美操练习时多以组合动作或者成套动作进行，在不同的阶段可运用不同的练习方法。快速提高健美操动作练习的实效，采用不同的组合练习法有不同的效果，但主要遵循以下三个原则：一是难易度适中原则；二是动作有趣原则；三是强度适合原则。下文通过具体的实例，详细介绍几种常用的健美操基本动作组合练习方法，便于练习者实际运用。

（一）线性渐进法

线性渐进法是一种不会发展成组合动作的最简单的自由式练习方法。这种方法每次只做一个小小的改变，可以是上肢动作，也可以是下肢动作或加入其他变化因素。线性渐进法练习示例见表 4 - 3 - 1。

表 4 - 3 - 1　线性渐进法练习示例

节拍	动作	下肢动作	移动	方向	上肢动作
1 - 32	A	16 侧并步	原地	面朝前	自由摆臂
1 - 32	A	16 侧并步	原地	面朝前	臂屈伸
1 - 32	B	8 侧并二步	侧移动	面朝前	臂屈伸
1 - 32	B	8 侧并二步	侧移动	面朝前	屈肘上提
1 - 32	C	8 交叉步	侧移动	面朝前	屈肘上提
1 - 32	C	8 交叉步	侧移动	面朝前	前伸
1 - 32	D	4 交叉步接后屈腿 3 次	侧移动	面朝前	前伸
1 - 32	D	4 交叉步接后屈腿 3 次	侧移动	面朝前	自由摆臂

注意：在线性渐进中，从上一个动作过渡到下一个动作必须是容易跟上的，加上预先提示、均衡地选择动作类型和身体平面，这样的线性过渡才是有效且实用的。

（二）金字塔法

金字塔法是指像金字塔的形状一样，需重复单个动作次数，既可以逐渐增加也可以减少。正金字塔法是通过逐渐增加重复次数，同时要适合音乐节奏并且进展很轻松；倒金字塔式减少重复次数，组合动作的复杂度要求比较高。金字塔法需要在练习过程中专注于动作、身体姿态、动作技术和练习强度。金字塔法练习示例见表4-3-2。

表4-3-2 金字塔法练习示例

正金字塔	倒金字塔
2个侧点地+2个吸腿至2个侧点地+4个侧点地+4个吸腿至4个侧点地	4个交叉步+4个一字步至2个交叉步+2个一字步至1个交叉步+1个一字步

（三）递加法

递加法是指不断地叠加动作的方法。练习时每次只能加一个动作，如A、A+B、A+B+C、A+B+C+D，以此类推，无论练习到哪一段动作，用递加法都要回到开始的动作，即A动作。值得注意的是在整节中也可用递加法来连接不同的组合，如"组合A+组合B"。

递加法是很简单的练习方法，最大的问题在于加入的动作太多就很难回想起每段动作，很难回到开始一点，即A动作，建议最多用4至8个动作进行组合练习。

递加法练习示例见表4-3-3。

表4-3-3 递加法练习示例

名称	动作
A动作	跑步（向前/向后）
B动作	侧并步（原地）

续表

名称	动作
A+B 动作	跑步（向前/向后）+侧并步（原地）
C 动作	3 侧并步+开合跳 1 次
A+B+C 动作	跑步（向前/向后）+侧并步（原地）+3 侧并步+开合跳 1 次
D 动作	交叉步
A+B+C+D 动作	跑步（向前/向后）+侧并步（原地）+3 侧并步+开合跳 1 次+交叉步

（四）连接法

连接法通常为"部分到整体"的方法，是 A 和 B 动作练习会后连起来，C、D 动作一样，最后把 A+B 动作和 C+D 动作连接，产生一个四个动作的组合段落。还可以进一步连接 E+F 和 H+I 从而发展出一个很长的组合套路。连接法练习示例见表 4-3-4。

表 4-3-4 连接法练习示例

名称	动作
A 动作	向前/后走 4 步
B 动作	侧点地
连接 A+B 动作	向前/后走 4 步+侧点地
C 动作	开合跳
D 动作	侧并步
连接 C+D	开合跳+侧并步
最后连接 A+B 动作和 C+D 动作	向前/后走 4 步+侧点地+开合跳+侧并步

（五）过渡动作法

过渡动作法包括过渡保持法和过渡动作去除法两种类型。

1. 过渡保持法

过渡保持法是在练习复杂动作和新的组合动作之前需要加入一个简单过渡动作的方法。其主要目的是保持心率在练习过程中不下降，或当需要适当休息的时候让其获得时间调整，也给练习者有时间看清楚动作并赶上动作。过渡动作可加入之前所学动作之间。过渡保持法练习示例见表4-3-5。

表4-3-5 过渡保持法练习示例

名称	动作
A动作	2交叉步
B动作	2侧并步
然后加入过渡动作	跑步
A动作	2交叉步
过渡动作	8跑步
B动作	2侧并步
过渡动作	8跑步

注意：过渡动作可供选择的有踏步、侧并步、跑步，在学复杂动作之前过渡动作的选择应基本与复杂动作结构相似。

2. 过渡动作去除法

与上面的练习方法正好相反，在组合时每一个动作之间保留着过渡动作，接下来逐渐去掉过渡动作以便达到最后的成果，即是过渡动作去除法。当练习复杂动作时，过渡动作被看作一个"舒适时段"。但组合中过渡动作太多也会使人感到很累、很枯燥，在最后完成整个组合前必须去掉过渡动作。去掉过渡动作使之动作组合呈现出组合动作的多样性、更紧密性。这样的练习方法会使练习者感觉更有趣、更有吸引力。过渡动作去除法练习示例见表 4-3-6。

表 4-3-6 过渡动作去除法

名称	动作
A 动作	正 V 字步转体 360°接 V 字步（即 A 字步）
过渡动作	4 次 V 字步（面朝前）
B 动作	向前走三步依次抬膝 3 次转体 180°（面朝后） 接向后走三步依次抬膝 3 次转体 180°（面朝前）
过渡动作	4 次 V 字步（面朝前）
去掉过渡动作	A 动作 正 V 字步转体 360°接 A 字步 B 动作 向前、向后三步依次抬膝 3 次并转身 180°

（六）分解变化法

分解变化法是一种单个动作的简化方法，即把复杂的动作分解成最原始的形式进行练习逐渐增加变化的方法。分解变化法是健美操动作练习时"保证练习者能跟上动作"的最基本的练习方法。健美操动作无论其简单还是复杂，首先要辨认出这个动作的原始形式是什么，从这个最简单的动作开始练习，在已经熟练掌握动作的基础上，再逐步加入变化因素并反复练习；之后再加入变化因素并反复进行练习，以此类推直到完全掌握所有编排好的动作组合。分解变化法练习示例见表 4-3-7。

表 4-3-7 分解变化法练习示例

动作	原始动作	教学过程
V 字步	踏步	踏步－一字步－V 字步

续表

动作	原始动作	教学过程
侧交叉步	侧并步	侧并步－侧并步两次－侧交叉步
侧并步 L 形	侧并步	侧并步－侧并步 V 形－侧并步 L 形

注意：在实际练习中，分解变化应和其他方法综合运用。例如，先进行单个动作练习并加入所有变化后，再连成组合动作；或先把基本动作连成组合动作，再在其基础上进行变化。总之分解变化法是逐渐进行的，每次必须只能改变一个动作，改变太多练习者会感到学习困难。

总之，练习方法是多样的，练习者必须通过不断的实践，从每个方法中学到更多的东西。同时练习法可以分为适用于初学者的和有基础的，对初学者应采用的是线性渐进法，因为每次只改变一个动作，容易学会；对于有基础的练习者可以根据掌握情况采用递加和连接法。

（七）记忆法

健美操动作的练习与熟练掌握是需要大脑记忆中枢参与的。健美操动作记忆是一类特殊的身体记忆，是通过对动作的观察，经过神经系统的反馈，在大脑中留下记忆痕迹，然后由大脑输出后由个体的身体进行记忆模仿的过程。此过程存在三个过程：观察→输入；记忆→形成大脑中动作的知识记忆；个体动作→输出。

1. 观察法

观察法是指通过观看示范动作、图片、动作录像等方法获得生动、逼真的动作形象，加深记忆，熟练动作。这是形成健美操动作记忆的关键。

2. 念动记忆法

在健美操动作的记忆中比较常用的是念动记忆法。念动记忆法是指练习者有意识地、系统地在脑海中重复再现原来已经成型的动作表象，熟练和加深动作印象的记忆方法。

运用念动记忆法时，应注意以下两点：

（1）念动记忆法一般在练习者掌握动作的泛化阶段选用，这个阶段主要是以记忆动作为主，因此不要过多强调对动作规格的要求，以保证练习者记忆的连贯性和完整性。

（2）在运用念动记忆法时，练习者需要找到一种记忆动作的捷径。这种系统的脑海中的重复记忆表象，可以根据自身对动作记忆的"特别定桩"来找到更加容易记忆的方式。

3. 简图法

利用画简图的方法，把所练习动作的名称、做法、连接方法等用简图表示出来。这是使健美操动作能够进行长期记忆的保障。

（八）完整法与分解法

完整法是指从动作的开始到结束，不分部分和段落，完整地进行练习的方法。此种方法不破坏动作结构，不割裂动作各部分或动作之间的内在联系，练习者需建立完整的动作概念，迅速地掌握动作。分解法是把结构比较复杂的动作或组合按身体部位合理地分解成几个局部动作分别进行练习，最后达到全部掌握动作的方法。

采用此类方法练习时应注意以下几点：

（1）练习结构比较简单的动作时，采用完整法进行训练。

（2）练习较为复杂的动作时，可采用慢速完整练习方法，即放慢动作的节奏，在每个姿势中停留几拍，以加强练习者对动作的运动轨迹、动作各环节的变化逐步地了解，提高练习者正确完成动作的整体感觉，待建立了正确动作概念之后，再按照正常速度进行完整练习。

（3）对于要求协调性较高的动作，往往按照身体部分预先把它分解成几个动作，每个部分动作分别进行练习，待基本上掌握了分解动作之后，再进行完整动作的练习。例如，把健美操的动作分解成上肢动作、下肢动作、头部动作等，先分别进行练习，然后再配合上肢动作、下肢动作、头部动作等进行完整练习。

（4）运用分解法是为了完整地掌握动作，因此，分解练习时间不宜过长。

（九）激情鼓励法

激情鼓励法是指用直观的手段、幽默风趣的语言、适时的肢体动作等，鼓励练习者树立信心，坚持完成动作，激发学习情绪的一种方法。合理运用此方法，不仅能活跃课堂气氛、激发练习者情趣，还能延伸课堂教学的有效性。

采用此类方法练习时应注意以下两点：

（1）语言应简短、幽默、充满信任。面对不协调的动作时，应该在纠正的同时给予肯定，鼓励和激发学习的情绪，帮助练习者树立信心。

（2）练习者需要在口头鼓励的同时，以身示范带领锻炼者一同完成动作，用特有的表演能力，激发锻炼者的学习欲望和表现欲望。

（十）重复法

重复法是指不改变动作的结构，按照动作要领进行反复练习的方法，可重复单个动作，也可重复组合动作和成套动作。这种方法既有利于练习者在反复练习中掌握和巩固动作技术，又有利于指导和帮助锻炼者改进动作技术，并对锻炼身体、发展体能等有较好的作用。

采用此方法练习时应注意以下几点：

（1）要防止错误动作的重复。在练习过程中，一旦发现有错误动作出现，练习者应立即给予纠正，以防形成错误动作的动力定型。

（2）在动作初学阶段采用重复法时，应避免负荷过大及疲劳的过早出现，以免影响掌握动作及改进动作。

（3）练习时要合理安排重复次数。所重复的次数既能保证练习者在每一次的练习中都能达到动作的要求，不降低练习质量，又能适合锻炼的负荷能力。重复次数少，达不到锻炼效果，也不易掌握和巩固动作；重复次数太多，容易造成动作变形，也易失去练习的兴趣。

总之，上述几种练习方法都有各自的特点和功能，但它们是彼此联系的。在健美操练习过程中，应根据练习者不同的学习需求以及练习内容的不同有所区分，并灵活地、相辅相成地融合运用各种方法，使每一种方法的运用都成为整个练习过程有效的一环。

此外，我们简单介绍一种健身房常用的方法——层层变换法，从原有的组合中每次顺序只改变一个动作，使之逐渐过渡到另一个动作组合的方法。通过层层变换的方法重复进行练习，同样可以取得较好的练习效果。

例如：4×8拍的动作组合，练习示例见表4-3-8。

表4-3-8　层层变换法练习示例

名称	动作
动作 A	8 踏步
动作 B	4 并步
动作 C	4 后屈腿
动作 D	2 漫步
改变动作 A 后	
动作 A	2 一字步
动作 B	4 并步
动作 C	4 后屈腿
动作 D	2 漫步
改变动作 B 后	
动作 A	2 一字步
动作 B	2V 字步
动作 C	4 后屈腿
动作 D	2 漫步

续表

名称	动作
改变动作 C 后	
动作 A	2 一字步
动作 B	2V 字步
动作 C	2 交叉后屈腿
动作 D	2 漫步
改变动作 D 后	
动作 A	2 一字步
动作 B	2V 字步
动作 C	2 交叉后屈腿
动作 D	4 开合跳

注意：层层变换法是逐步进行的，改变一个动作后，必须重复这个组合。这种方法可以使练习者较容易地从简单组合过渡到新的或复杂的动作组合。

三、健美操基本动作创编原则

1. 科学合理

首先，健美操基本动作内容安排上要合理、有计划地进行。基本动作要循序渐进，由单个动作到组合动作，由原地到移动并增加方向的变化，由大肌群到小肌群。动作组合的设计要科学，连接要合理。

2. 全面系统

健美操基本动作包括了身体的各个部位和主要肌群，在实际练习过程中，必须耐心细致地进行每一部位的基本动作练习，从而达到全面锻炼身体的效果。此外，练习内容要注意逐步扩展，循序渐进，同时加强动作规格、肌肉控制的要求，从而全面、系统地掌握基本动作并建立健美操技术概念。

3. 趣味多样

在设计健美操单一和组合动作时,注意动作本身以及组合动作连接上的巧妙设计。往往不同的步伐和方向、节奏以及不同的手臂动作配合,会给人带来意想不到的效果,如可提升练习效果、提高练习积极性等。

四、竞技性健美操基本动作练习法

竞技性健美操的基本动作主要是指竞技性健美操所包含的操化动作(详见第六章健美操创编)。

(一)竞技性健美操操化动作组合定义

竞技性健美操操化是指以健美操基本步伐与手臂动作结合的形式,伴随音乐,创造出动感的、有节奏的、连续的包含高低不同强度的一连串动作。其中,上肢动作与健身性、表演性健美操中操化动作一致,只是动作类型多,复合型动作多,动作重复次数少,动作速度快,练习时间短,练习强度大、密度较大。

(二)竞技性健美操七种基本步伐

踏步:单腿依次抬至90°提膝,从脚尖到脚跟落地,换另一条腿。传统的低冲击力步伐。

开合跳:高冲击或低冲击力步伐。分腿时髋部外开,膝关节在同方向弯曲。并腿时脚可平行落地或外开,并腿,动作不可以突然落地,要有控制,落地必须缓冲。

弓步跳:高、低冲击力步伐。上体重心必须在两腿之间,脚向前或平行且不外翻,膝关节在主力腿的脚上面,幅度可变化,如脚后跟不需要着地等,更加强调身体姿态。

吸腿跳:高、低冲击力步伐。上体保持标准姿势垂直吸腿,膝关节至少呈90°;脚尖必须伸直,脚尖过渡到脚跟的正确落地技术,强调身体的挺立。

后踢腿跳:高、低冲击力步伐。上体控制,做后踢腿跳时髋部和膝关节在一条直线上,脚在后,强调身体的控制。

弹踢腿跳:高、低冲击力步伐。腿的膝关节和髋关节运动伸展,要有控制且不生硬,强调弹踢力度。

踢腿跳:高、超高冲击力步伐。指在髋部前或侧运动,支撑腿可轻微弯曲,踢起腿必须伸直,强调腿部的力量和柔韧性。

1. 基本步伐组合练习

要求:两臂控制于体侧。一般 4×8 拍为一组合,逐渐减少加速度变换,锻炼协调灵敏性。

(1) 第一遍,见表 4-3-9。

表 4-3-9 基本步伐练习 1

基本步伐	八拍
踏步	$(2 \times 8) + (2 \times 8)$
开合跳	(4×8)
弓步跳	(4×8)
吸腿跳	(4×8)
后踢腿跳	(4×8)
弹踢腿跳	(4×8)
踢腿跳	(4×8)

(2) 第二遍,见表 4-3-10。

表 4-3-10 基本步伐练习 2

基本步伐	八拍
踏步	$(1 \times 8) + (1 \times 8)$
开合跳	(1×8)
弓步跳	(1×8)

续表

基本步伐	八拍
吸腿跳	(1×8)
后踢腿跳	(1×8)
弹踢跳	(1×8)
踢腿跳	(1×8)

2. 基本手位组合练习

基本手位组合练习，见表 4-3-11。

表 4-3-11　基本手位练习

基本手法	八拍
体侧上/下举（握拳）	2 拍×（1×8）
体侧上/下举（开掌）	(1×8)
胸前平屈+侧平举+上举+侧平举（握拳）	(1×8)
左手斜上举、右手摸耳（并掌）	(1×8)

注意：可根据所学基本手位动作进行更换。

3. 七种基本步伐变换练习

（1）七种基本步伐变换练习一，见表 4-3-12。

表 4-3-12　变换练习类别

第一类	第二类（加基本手位组合）
a. 原地练习	a. 原地练习+基本手位组合
b. 行进间练习（面向1点）	b. 行进间练习（面向1点）+基本手位组合
c. 行进间转身变动练习（面向1点和5点转换）	c. 行进间转身变动练习（面向1点和5点转换）+基本手位组合
d. 步伐移动（前、后移动、正方形移动）	d. 步伐移动（前、后移动、正方形移动）+基本手位组合

(2) 七种基本步伐变换练习二,见表 4-3-13。

表 4-3-13 变换练习组合

组合 A+B	八拍
吸腿跳 + 开合跳	4 拍 + 4 拍
弹踢腿跳 + 吸腿跳	4 拍 + 4 拍
弹踢腿跳 + 弓步跳	4 拍 + 4 拍
后踢腿跑 + 弹踢跳	4 拍 + 4 拍
后踢跑 + 踢腿跳	4 拍 + 4 拍

(3) 七种基本步伐变换练习三。

①基本手位练习 +7 个基本步伐练习。

②基本手位练习 + (A+B) 组合。

思考练习题

1. 健美操基本动作概念是什么?
2. 健美操基本步伐分几类?每一类都有什么步伐?
3. 基本动作练习时应注意哪些问题?
4. 健美操基本手型有哪些?

第五章
现代健美操运动的科学理论基础

本章导言

本章选取了与健美操课程密切相关的一系列可量化指标,从健美操运动的生理基础、心理基础、医务监督,以及健美操运动常见损伤的处理、科学训练等几个方面,介绍了健美操运动。本章内容从课程理论和教学实践两个方面进行详细的介绍,内容设置兼顾理论与实践,通过具体的学习过程使练习者进一步理解基础理论,加深对健美操课程的认识,做到科学健身,理性运动。

学习目标

1. 了解健美操课程的基础科学知识。
2. 了解健美操课程的运动生理学基础,了解生理学、心理学意义以及社会适应过程,根据自己的身体、心理状态和需要,均衡发展,共同促进身心健康。
3. 掌握常见运动损伤的急救处理,加强自我义务监督,养成安全运动的理念,科学参与健美操练习,降低运动伤害,促进体质,发展体能。

第一节
健美操动作中人体肌肉活动的基本原理

一、肌肉增长与年龄的关系

人体的肌肉增长分为快速增长期、相对稳定期和明显下降期三个阶段，并随着年龄的增长而发生变化。男子在 25 岁时肌肉增长达到最高值，之后开始逐年下降；女子在 22 岁左右时肌肉达到最高值。青年时期，由于人体的肌肉增长已相对稳定，这时进行高强度、大运动量的肌肉训练才能取得最好的效果。在进行健美操训练时，要注意根据自身的实际情况和人体肌肉的发展阶段来合理安排肌肉负荷的强度，以避免出现过度训练或者训练不足的情况。

二、肌肉增长的解剖学基础

一般来说，人体肌肉力量的大小取决于其自身肌肉纤维的粗细，而肌肉的生理横断面是衡量一个人肌肉发达程度的重要指标。肌肉主要是由蛋白质构成的，肌肉中肌纤维的数量多且粗壮，肌肉的生理横断面大，肌肉就发达。健美操训练能够刺激肌肉并使肌肉内部的蛋白质合成代谢更加旺盛，有利于肌肉的不断生长，经常参加健美操训练，能够使人体肌纤维增粗、增多，使肌肉生理横断面增大。

三、肌肉增长的生理学基础

坚持长期的运动训练是促使人体肌肉不断生长的重要条件。在训练的过程中,人体的组织细胞会消耗较多的能量物质,而这些能量物质的恢复要等到训练结束之后,通过休息和补充营养物质使人体的合成代谢超过分解代谢,能量物质就可以在一定时间内恢复或者超过原来的水平,出现"超量恢复"的现象。人体肌肉活动的剧烈程度对运动员运动中能量消耗的多少和运动后恢复的快慢有重要的影响。在一定范围内,人体肌肉活动量越大,运动中消耗能量的过程越激烈,"超量恢复"现象就会越明显。运动员在进行健美操训练时,只有遵循适量的原则,掌握好超量恢复的规律,才能促使肌肉的不断增长。

四、肌肉增长的生物化学基础

一般来说,一个人的训练水平越高,其身体内部的能量储备就会越多,肌肉中新毛细血管也会越多,其在运动中所表现出的忍耐力就会越强。毛细血管的增多,不仅能够加快人体的新陈代谢,增加人体肌肉中的血流量,同时还可以增加人体肌肉的体积。与普通人相比,经常参加健美操锻炼的人肌肉里所含的磷酸肌酸、三磷酸腺苷等能量物质也比较多,无氧酵解能力和耐酸能力也相对更强。因此,只要长期进行健美操训练,才能提高人体肌肉的能量储备,促进肌肉的物质代谢,从而使人体肌纤维增粗、增多,增大肌肉力量(见表5-1-1)。

表 5 – 1 – 1　健美操运动功能

功能系统	应用	强度	持续时间
ATP – CP 系统	竞技性健美操开场力量造型	大	短
	高难度动作完成		
糖无氧酵解	竞技性健美操训练	大	短
	准备活动不充分下的强度训练		
糖有氧氧化	健身性健美操活动	小	长
脂肪有氧氧化	健身性健美操表演操	小	长

资料来源：马鸿韬《健美操运动教程》。

第二节 健美操运动的生理学基础

一、健美操锻炼的生理负荷的概念

取得最佳的锻炼效果是运动员参与健美操运动锻炼的最终目的。从生理学角度来看,适宜的负荷刺激是运动员增强自身体质的关键。如果负荷过小,就难以引起人身体上的适应性变化,达不到强身健体的效果;而负荷过大时,对身体的刺激量又会超越人体所能承受的范围,反而对身体产生不利的影响。因此,运动员在进行健美操运动训练时,要根据自身的身体状况来决定锻炼负荷,以获得锻炼的最佳效果。

二、常见生理负荷的指标

健身者可以依据以下两种方法来确定锻炼负荷。

(一)用锻炼时的心率确定运动负荷

1. 极限指标

在运动中心脏所能承受的强度会直接反映在心率指标上,所以用心率可以间接反映运动强度的大小。运动强度的极限指标计算有以下两种。

(1)没有训练基础的人:

220 次/分 − 年龄 = 最高极限心率

这个公式是由美国空军医生库珀提出来的，他将运动强度具体量化，这也是运动进入科学量化的一个里程碑。

例如：45 岁的人其最高心率为 220 次/分 − 45 = 175 次/分，即 45 岁的人最大心率为 175 次/分。

（2）有训练基础的人：

205 次/分 − 年龄的一半 = 最高极限心率

例如：45 岁的人其最高极限心率为 205 次/分 − 23 = 182 次/分，即 45 岁的人最大极限心率为 182 次/分。

2. 健身指标

极限指标并不适用于健身指标，健身的适宜心率范围有以下几种。

（1）美国健身研究协会推荐的健身指标区是：最大心率 ×（65% ~ 80%）。

（2）美国人心脏学学会推荐的健身指标区是：最大心率 ×（60% ~ 75%）。

（3）美国运动医学院推荐的健身指标区是：最大心率 ×（65% ~ 90%）。

属于上述指标的心率范围是有氧运动，因此，也可以称为健身指标区。百分比的指数越高，对人自身的身体影响就越大，进而就会有越明显的锻炼效果。然而，如果百分比高于上述指标的心率范围则属于无氧训练，对于一般的健身没有太大的益处，反而会造成潜在的运动风险；如果百分比过低，又不会对身体产生有效的锻炼效果。因此，健身者在进行运动锻炼时要先确定自己身体适宜的锻炼负荷，然后进行相应的对应指标训练，这样才能取得最佳的锻炼效果。

（二）用锻炼时的身体感觉确定运动负荷

由于在锻炼中进行心率自测比较麻烦，为此，瑞典生理学家博格提出了一种确定运动负荷的新方法，即用锻炼时的运动感觉来确定。这种方法是用主观体力感觉等级量表（简称 RPE）作为运动时心理负荷的标志（见表 5 − 2 − 1）。该表将自我感觉分为 6 ~ 20 级，并以 RPE 值乘以 10 为当时练习者的近似心率水平。通过对运动实验时的 RPE 与人体血乳酸、心率、最大吸氧量等具体指标做比较,发现人体主观用力的感觉与上述生理指标有着密切的关系,其中,RPE 与人体心律(R)之间的相关系数为 0.80~0.90。因此,健身者在参与健美操运动的锻炼时,也可以参照此量表来进行。

表 5-2-1　主观体力感觉等级量表(RPE)

自我感觉	RPE 等级
非常轻松	6、7、8
很轻松	9、10
尚轻松	11、12
一般	13、14
累	15、16
很累	17、18
精疲力竭	19、20

资料来源:普通高校非奥运特色项目系列教材《健美操》,浙江大学出版社。

不可否认的是,运动中的自我感觉是一个很不稳定的动态平衡过程,很容易受到当时诸多主观和客观因素的影响,比如参与者的主观情绪是主观因素中最大的影响因子,周围环境和气氛也是客观因素中影响比较明显的因子。所以对一些有目标的专项训练来说,体感可以作为一个运动员的自我调整的指标,同时也可以作为教练员调整训练计划的参考指标。

三、健美操运动的物质代谢

物质代谢是合成代谢和分解代谢两个相互联系的过程。人体摄取的糖、脂肪、蛋白质等营养物质经合成代谢构筑人体的组成成分和更新衰老的组织,经分解代谢释放出其中蕴藏的化学能，这些化学能经过转化成为人体活动所需的能源。因此，我们把在物质代谢过程中所伴随着的能量释放、转移和利用的现象称为能量代谢。

人体不能直接利用太阳的光能，也不能利用外部供给的电能、机械能等能量，人体唯一能够利用的是摄入体内的糖、脂肪、蛋白质等营养物质中所蕴藏的化学能。

（一）健美操运动的糖代谢

1. 运动与糖代谢

糖是人体组织细胞的重要组成成分，以肌糖原和肝糖原两种方式在体内存在，人体的肌肉和肝脏中糖原储备总量为350~400克，其中肝糖原贮备为5%，肌糖原储备为1%~2%。人体每天所需能量的70%以上是由食物中的糖提供的，并且糖在氧化时所需的供氧量较脂肪和蛋白质少，成为肌肉和大脑组织细胞活动所需能源的首选，是人体最经济的供能物质。丰富的糖原储备是维持人体工作能力的重要条件之一。肌糖原既是高强度无氧运动时机体的重要能源，又是大强度有氧运动时的主要能源。许多研究表明，糖原储备量（特别是肌糖原）的增加，是耐力性运动成绩提高的关键。

2. 运动对血糖的影响

正常人安静状态下血糖浓度的变化范围在3.9~5.9毫摩尔/升。长时间的运动可引起血糖水平下降，练习者会出现运动能力下降的现象。

有研究结果表明，人们进行不同类别的健美操训练时血糖浓度的变化趋势是不一样的。例如：在一套健身性健美操和竞技性健美操练习后，练习者的血糖水平呈现出上升的趋势，而在一节健身性健美操课和竞技性健美操练习后，练习者的血糖水平呈现出下降的趋势，而且在竞技性健美操练习后下降得更为明显（见表5-2-2）。

表 5-2-2　不同类别的健美操训练前后血糖浓度的变化

类别	血糖浓度（mmol/L）	
	训练前	训练后
一套健身性健美操	5.15	5.20
一套竞技性健美操	5.10	5.25
一节健身性健美操教学课	5.15	4.85
一节竞技性健美操教学课	5.10	4.25

资料来源：马鸿韬《健美操运动教程》。

产生上述不同血糖浓度变化的原因主要是由于训练内容、训练强度的不同，以及由此而引起的神经系统兴奋性的不同。竞技性健美操所引起的神经系统兴奋性高，强度大，内容丰富，促进了肝糖原分解进入血液。竞技性健美操的时间较短，消耗的葡萄糖量少于从肝糖原动员的量，因此血糖水平比运动前有所升高，并且高于一套健身性健美操。同时由于竞技性健美操的强度大，在完成一节训练课后，所消耗的糖量大于健身性健美操所消耗的量，同时也大于糖原转化为葡萄糖的量，其结果表现为血糖下降。

3. 补糖对健美操训练的影响

由于竞技性健美操的运动强度和量都较大，能量消耗较多，训练前和训练过程中科学合理地补充糖，可以大大提高竞技性健美操的训练效果。研究结果表明，血糖水平的变化与训练前服糖时间的关系较为密切。训练前两小时服糖的效果较好。在训练前 1 小时之内，不要大量补糖；在训练过程中，最好饮用低浓度的含糖饮料；训练后恢复期，可以高糖补充。

（二）健美操运动的蛋白质代谢

1. 运动与蛋白质代谢

肌肉组织的主要成分是由蛋白质组成的。蛋白质主要由氨基酸构成，氨基酸主要用于制造、修补和重新合成细胞成分以实现自我更新，也用于合成酶、激素等生物活性物质，并可作为机体的能源物质。蛋白质在代谢过程中，不像糖和脂肪那样能在体内储存。正常成人每日摄取蛋白质的量与其每天消耗的量几乎是相等的，不论是健身性健美操还是竞技性健美操训练，都会促进蛋白质分解和合成代谢。因此，健美操训练必须要有针对性地增加一些蛋白质的补充，如谷氨酰胺、α-酮戊二酸以及由多种氨基酸共同组成的蛋白粉等，以保证健美操训练的效果和健美操练习者的肌肉质量。

2. 补充蛋白质对健美操运动的影响

补充蛋白质一定要考虑补充蛋白质的成分。大量实验研究表明，比例为 2∶1∶1 的亮氨酸、异亮氨酸和缬氨酸三种氨基酸的混合物，是促进肌肉力量增长最基本和最关键的物质，尤其可以满足大强度负荷后机体对蛋白质的需求。因此，它们常被作为大强度运动后较为理想的营养补剂，可以最大限度地减少蛋白质在体内的分解和破坏，补充后可以大幅度增长肌肉力量。由于其促进蛋白质合成的作用，最佳的服用时间是在训练后的恢复期（见图 5-2-1）。

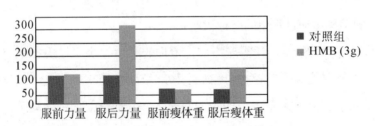

图 5-2-1　日服 HMB（β-羟基-β-甲基丁酸，亮氨酸衍生代谢物）对力量和瘦体重的影响
　　资料来源：美国运动医学年会。

健美操运动员的肌肉力量与质量十分重要，大量实验证明，必须在进行渐进性的力量训练前提下，合理地补充蛋白质营养，才能使肌肉力量增长。对于只在赛前或赛前调整期才大量补充氨基酸，甚至采用静脉输入大量氨基酸的方案，均会导致体内酸碱平衡失调，反而引起身体机能水平下降。

3. 健美操运动的脂肪代谢

一般脂肪占体重的 10%~20%，肥胖的人可达到 40%~50%。脂肪大部分贮存在皮下结缔组织、内脏器官周围、肠系膜等处。身体内贮存的脂肪会周期性进行更新。脂肪的来源除了由食物中获得外，还可以是体内过量的糖或蛋白质转变而成。脂肪一方面是能量储存库，另外一方面还要承担起保护器官、减少摩擦、防止体温散失等作用。人体内的脂类分为真脂和类脂两大类，食物中常用的动、植物脂肪都是真脂，是甘油及脂肪酸组成的甘油酯，其主要生理功能为供给机体热能和机体必需的不饱和脂肪酸。类脂是组织和细胞的组成成分，在运动员营养中有特殊的作用，可以改善机体无氧阈（抗缺氧）能力。

四、健美操运动的能量代谢

物质代谢和能量代谢是两个紧密联系的过程，能量代谢过程可使糖、脂肪、蛋白质等能量物质中所蕴藏的化学能释放出来，供运动时所利用。

（一）健美操运动过程中的能量代谢

健美操训练时，能量消耗明显增加，增加的幅度取决于健美操训练时的强度和持续时间以及健美操练习者的训练水平和对新动作的掌握程度。健美操训练的直接能量来源于三磷酸腺苷（ATP），它也是人体其他任何细胞活动（如腺细胞的分泌、神经细胞的兴奋过程中的离子转运）的直接能源。

健美操训练主要由肌肉活动来完成，在训练过程中贮存在肌纤维中的 ATP 在 ATP 酶的催化下迅速分解为二磷酸腺苷（ADP）和无机磷（P1），同时释放出能量，牵动肌丝滑动，使肌纤维缩短，完成做功。

1. ATP－CP 系统

磷酸肌酸（简称 CP）是贮存在肌细胞中与 ATP 紧密相关的另一种高能磷化物，分解时能放出能量。当肌肉收缩且强度很大时，随着 ATP 的迅速分解，CP 随之迅速分解释放能量。肌肉在安静状态下，高能磷化物以 CP 的形式积累，故肌细胞中 CP 的含量为 ATP 的 3~5 倍。尽管如此，其含量也是有限的，随着运动时间的延长，必须有其他能源完成供应 ATP 再合成才能使肌肉活动持续下去。CP 供能是 ATP 再合成的重要意义，不在其含量，而在其快速可动用性又不需氧参与且不产生乳酸。CP 和 ATP 不能直接用作营养补充，因为其分子过大，不能被人体吸收，肌酸能被人体直接吸收，肌酸吸收进入肌细胞后能合成 CP，进而为合成 ATP 所用。

2. 糖无氧酵解供能

竞技性健美操一般是运动时间较长且强度很大，运动者机体所需的能量已远超出磷酸原系统所能供给的，同时运动者的供氧量也远远满足不了需要。这时运动所需 ATP 再合成的能量就主要靠糖原无氧酵解来提供了，因此，它是机体处于缺氧情况下的主要能量来源。糖无氧酵解以肌糖原为原料，在把葡萄糖分解成乳酸的过程中生成 ATP。无氧酵解所产生的乳酸在氧供应充足时，一部分在线粒体中被氧化生能，部分合成为肝糖原等。乳酸是一种强酸，在体内积聚过多会破坏内环境的酸碱平衡，使肌肉工作能力下降，造成肌肉暂时性疲劳。无氧酵解供能的特点是不需要氧参与但产生乳酸，因此，竞技性健美操在缺氧情况下仍能产生能量，以供体内急需。那么，了解竞技性健美操的糖无氧酵解能力的影响因素，能够帮助运动员提高自身的健美操技术水平。

3. 糖和脂肪的有氧氧化供能

在有氧健美操运动中氧的供应能满足机体对氧的需求时，运动所需的 ATP 主要由糖、脂肪的有氧氧化来供能。有氧氧化能提供大量的能量，从而能维持肌肉较长的工作时间。例如，由葡萄糖有氧氧化所产生的 ATP 为无氧糖酵解供能的 19 倍。虽然磷酸原系统和乳酸能系统在运动过程中都供应一定的能量，但 ATP 和 CP 的最终再合成以及糖酵解产物乳酸的消除却都要通过有氧氧化来实现。高水平的健美操训练有氧能力可更快速、有效地消除无氧代谢过程积累的乳酸，因此，可以说有氧健美操的训练能力是竞技性健美操训练能力的基础。总而言之，肌肉活动的直接能量来源是 ATP，而肌肉活动所需能量的最终来源是糖和脂肪的有氧氧化。因此，进行有氧健美操训练非常重要。

（二）健美操训练对能量代谢的影响

系统的健美操训练，可以提高人体的供能能力，表现为在完成同样强度的健美操套路时，需氧量减少，能量消耗量也减少。也就是说，在完成同样的运动负荷时，有练习者基础的消耗能量较少。系统的健美操训练，可使练习者进一步熟练掌握健美操的动作技巧，完成动作过程中更协调自如，减少了多余动作，从而使能量的利用更加经济；同时，系统的健美操训练也提高了呼吸、循环等系统的机能水平，工作效率的提高减少了消耗在供能器官本身的能量，所节省下来的能量可更好地发挥在强度的保证和难度动作的开发上。健美操运动供能系统的特点及应用见表5-2-5。

表 5-2-5 健美操运动的供能系统

	供能系统	应用	特点	
			强度	时间
健美操	ATP-CP 系统	竞技性健美操开始的力量性造型	大	短
		高难度动作的完成		短
	ATP 糖无氧酵解	竞技性健美操训练	大	长
	糖/脂肪有氧氧化	准备活动不充分下的强度训练	小	
		大众健身操活动		

资料来源：马鸿韬《健美操运动教程》。

第三节 健美操运动的心理学基础

一、健美操运动的心理学特点

（一）健美操运动对心理过程的影响

参加健美操运动的心理过程是指参加者参与健美操的心理活动从产生、发展变化到完善的过程。这个过程比较复杂，我们用行为哲学的方式可以把这个复杂的心理过程分为确定的领域，即认识过程、情感过程和意志过程三个方面。

1. 认识过程

（1）运动表象成熟。

健美操运动是以身体锻炼为基本手段，在音乐伴奏下进行的一项增进健康、娱乐身心的体育运动项目。人们在参加健美操运动时对健美操运动的音乐、练习的环境、指导员的指导水平（语言、表情等）等均表现出一种好奇，这种好奇在一定意义上使人们主动、积极地参加锻炼，使锻炼者产生正效应，经过长时间锻炼，使锻炼者在锻炼时肌肉有了动力感、速度感、加速度感、方位感和节奏感，这就是运动表象成熟的体现。

（2）想象力丰富。

人们在认识健美操和参与健美操运动的过程中，感觉器官的刺激直接就可以体验到，并且在共同参与下还能在头脑中进行思维重构，创造出之前没有经历过的动作，重新创造出新颖的技术。还可以根据预定的目的、任务创造出新的动作形象，这种丰富的想象力可以使练习者产生对健美操运动的理解，激发练习者在健美操练习中的积极性和创造性，拓展思维。同时，这种在运动中产生的创造想象能力，也可以培养练习者在其他科目学习中的发明创造能力。

(3) 动作思维敏捷和形象思维丰富。

动作思维是需要凭借实际动作才能进行的一种运动思维过程。健美操运动的主体是人，在整个活动过程中，身体四肢、躯干、头等部位不停地进行着不同的活动。作为一个整合体，人体在进行不断地调整和适应，进行一种组合式的动作思维，这种借助动作进行的思维形式构成了丰富的动作思维，可以解决健美操中的许多实际问题。

形象思维的结果是具体的，并以此来反映健美操的科学健身的本质和规律。在健美操运动中，环境、音乐、场地、指导员等都是以丰富多变的具体形象为特征来介入练习者思维的，这些多变的具体形象刺激练习者不断调整和适应动作思维，使得练习者的形象思维也需要不断地调整和适应，这种连续的刺激，对练习者的动作思维、形象思维有直观积极的作用。

2. 情感过程

情感是人对事物是否符合自己的需要而产生的体验。在此过程中我们主要介绍健美操运动对情绪的影响。情绪一般被归类为心境、激情和应激。

心境是具有感染的、比较微弱而持久的情绪状态。激情是迅速的、猛烈的、爆发的、短时的情绪状态。激情往往伴随明显的外部表现，如人们在进行健美操活动时，可以很高兴地去发挥自己，表现为各式各样的状态。应激是出乎意料的紧张情况所引起的情绪状态，在突如其来的十分危险的条件下，必须迅速地、几乎没有选择余地地采取决定的一种人体反应状态。经常参加健美操练习者在应激的状态下，进行非常迅速的反应，利用过去在动作中积累的经验、集中意志力、果断做出判断和决定。应激情绪状态触发了整个有机体的预警系统，它能很快地改变有机体的激素水平，使心率、血压、肌肉紧张度发生显著变化，从而引起行动的积极化。

健美操锻炼是情绪的调节剂。有报告指出,心理紧张、压抑和烦恼的生活方式是引起人们心脏病的首要危险因素。另有资料报道,健美操锻炼影响人的情绪进而影响人的性格。研究人行为的心理学家认为,有氧健美操练习,以及系统的健美操锻炼,对生理功能有明显的促进作用,可以改善整体的情绪状态,而且从全方位的角度来调整人的心态,促进心理健康。

3. 意志过程

健美操运动对人意志品质的影响表现为坚强的意志品质。坚强的意志品质是克服困难、完成各种实践活动的重要条件。坚强意志的基本品质是:自觉性、果断性、自制性。

(1)意志的自觉性是对行动目的有明确而深刻的认识,并使自己的行动符合于行动目的。

健美操运动能改善运动系统的机能,比如关节的灵活性,肌肉力量的增长,肌腱韧带更富有弹性。对青少年来说,这种良好的刺激,可促进大腿骨骺软骨的生长,有助于身体增高,并且使骨质更为致密。

有计划的健美操运动对呼吸系统的改善最为明显,肺通气量成倍增长,使肌体组织得到更多的氧气供应,进一步促进有氧代谢的功能。

在循环系统,长时间有氧运动使心输出量增加,促进心血管健康,延缓脑疲劳,提高大脑的思维能力。

健美操运动与身体各个系统之间的相互作用是一个良性循环的过程,这是人们的共识,参加锻炼者通过活动使身体众多系统受益,产生良性循环,积极主动参加健美操活动,自然而然就会成为一种自觉行为。

(2)意志的果断性是善于明辨是非,并能迅速而合理地采取决定和执行决定。

健美操练习中通常有动作力度和动作幅度的练习,不同动作组成多种动作类型,并在方向、路线、幅度、力度、速度等因素上有一定的变化。这种迅速变化的节奏可以给练习者的中枢神经系统给予一定程度的刺激,改善神经系统的灵活性、均衡性,提高人的动作记忆和再现能力,提升人的神经协调能力,在运动神经与思维神经之间建立更加迅速的反应通道,对当下的某些意料之外的情况采取自动化式的应激措施,并能迅速采取最佳的行动方案,从而有利于培养参与者意志的果断性。

(3) 意志的自制性是善于控制或支配自己的行动。

健美操运动能焕发参与者的精神面貌,不仅陶冶情操,还使其心情愉快、不易疲劳。在健康的娱乐消遣活动中,人的精神状态和气质修养都会得到改善,在缓解生理性不适感的同时,还能舒缓心理压力。参与者的心灵和情操在健美操运动中得到陶冶和净化。在集体配合练习中,同伴之间的互动和帮助还有助于增进友谊,建立相互协作的团队关系,培养团队意识。个人与团体之间的荣辱与共意识使个人既能严格要求自己克服个体困难服从团队要求,又能要求团队所有成员之间相互包容、互助互帮,这种身心双修的功效又可以催化他们以坚韧的毅力达到身体健美的目的,并以此形成一个良性的循环。

二、健美操运动对个性心理的影响

(一) 双亲对待体育运动的态度会影响下一代体育态度与行为的形成

家庭是社会的基本单位,既是社会的经济单位,又是社会中各种道德的集中点。双亲的态度与儿童性格形成的影响见表 5-3-1。

表 5-3-1 双亲的态度与儿童的性格

双亲的态度	儿童性格与行为
支配	服从、无主动性、消极的、依赖的、温和
照管过细	神经质的、被动的、胆怯的
保护的	深思的、亲切的、情绪安定、缺乏社会性
溺爱的	任性的、反抗的、幼稚的、神经质的

续表

双亲的态度	儿童性格与行为
顺应的	无责任心的、不服从的、攻击的、粗暴的
忽视的	冷酷的、攻击的、情绪不安的、创造力强、社交的
拒绝的	神经质的、反抗的、粗暴的、企图引人注意的
残酷的	冷酷的、神经质的、逃避的、社交的
民主的	独立的、爽直的、协作的、亲切的、社交的
专制的	依赖的、反抗的、情绪不安的、自我中心、大胆的

资料来源：（美）罗杰霍克（Roger R. Hock）《改变心理学的40项研究》。

很多的实例可以证明，双亲性格的影响是巨大的，这种影响可能是终生的，也很容易给儿童带来终身体育的观念。

（二）健美操运动能使人性格开朗、大方

人的性格具有极强的可塑性。如果通过长期的实践锻炼、陶冶，人的性格特征是可以发生变化的。如对北京体育大学体育系健美操专选的学生进行的四年跟踪调查发现，胆小或是比较内向的人经过长时间的健美操训练和比赛，其性格发生了较大的变化，由原来的不爱说话到能流畅地表达自己观点、主动评述等的人数比例增加了26%。

实验也证明了女性健美操锻炼能促使个性的形成与发展，见表5-3-2、表5-3-3。

表5-3-2 妇女参加锻炼前后对体育活动态度的比较

	身心健康	社交	刺激	审美	精神解脱
锻炼前	58.43 + 3.30	25.30 + 4.07	37.52 + 3.30	42.26 + 4.17	27.87 + 2.60
锻炼后	62.00 + 4.45	34.56 + 5.85	40.16 + 5.95	51.75 + 5.65	31.04 + 5.79

续表

	身心健康	社交	刺激	审美	精神解脱
p 值	*	**	*	**	*

资料来源：马鸿韬，北京三所大学 30~40 岁女教师体育锻炼的现状及有氧健美操锻炼方案的研究。*代表 $p<0.05$，**代表 $p<0.01$。

表 5-3-3　妇女锻炼前后对吸引力和身体评价的比较

	吸引力	身体评价
锻炼前	19.2 + 4.3	9.8 + 3.6
锻炼后	21.4 + 3.5	12.5 + 3.2
p 值	*	**

资料来源：同上。*代表 $p<0.05$，**代表 $p<0.01$。

研究表明，经过三个月有氧健美操的锻炼，妇女对审美、社交的追求分值提高了，对吸引力和身体评价的分值都有所提高。健康、长寿、充满活力，是妇女乃至全人类共同的愿望，妇女的身心健康意味着社会的文明程度进入一个较高的境界，是促进社会发展良好运转的"工具"，也是人与人交流的重要条件。

三、健美操运动对生命价值观的影响

焦虑和抑郁是普通人的两种最常见的情绪困扰。从 1990 年到 1992 年间，诺瑟、彼特鲁茨罗、拉方丹等一系列实验研究表明：一次性运动和长期的体育锻炼均能有效地降低抑郁，这种作用在需要得到特殊心理照顾的被试者身上体现得最为明显。有氧运动可降低焦虑、抑郁；有氧运动对长期性的轻微到中度的焦虑症和抑郁症有治疗作用。这提示我们：如果希望改善整体的情绪状态，最好采用有氧运动，而有氧健美操就是一项不错的选择。系统的健美操锻炼不但对生理功能有明显的促进作用，还可以改善整体的情绪状态，而且从全方位的角度来调整人的心态，对心理健康也具有同样的作用。

健美操锻炼会影响人的情绪表现。有资料报道，90%以上头痛的人得的是一种叫"紧张性头痛"病，可见，人的情绪和精神状态对人健康的影响非常大。每个人体内都有一种最有助于健康的力量，这就是良好的情绪力量。美国心理学家德里斯考发现，有氧运动能成功地减轻大学生们在考试期间的忧虑情绪。比如：有紧张情绪的人，只要散步15分钟后，紧张情绪就会松弛下来。研究表明女性的性格与运动能力有关，一般来看，运动能力高的女性比运动能力低的女性有"活动性""从容不迫""支配性大""社会外向性"等特点。

四、健美操运动对人际关系的影响

随着社会生产力的发展，社会分工越来越细，人们之间的协作关系越来越紧密，人与人之间联系和交往越来越密切。但是与此同时，随着现代化的发展，人与人的社会隔离和生活孤独感也在逐步增长，这种看不见的不良情绪对人们的健康有着严重的危害。实践证明，健美操运动的特殊性在解决这些现代病中有着独特的作用。健美操运动强烈的感召力能使人们打破隔离状态，增加人与人之间的交流，消除个体孤独感。健美操运动的各种层次的比赛，几乎消除了地位、肤色、贫富、职业、年龄等界限，可以使人们建立平等、亲密、和谐的竞争关系，让人们平等而真诚地为一个目标而共同努力，为一个共同的目标而运动、呐喊、兴奋、激动，也可以建立起"赛场上是对手，赛场下是朋友伙伴"的良好人际关系。在活动中，每个人所进行的都是生命个体的自由发挥，是生命活动和创造力的尽情展示。健美操运动能使人重新认识自己是独立的个体，同时又是庞大的社会关系网中的一员，重新成为有个性的人，进而平衡各方人际关系。

第四节 健美操运动的医务监督

一、健美操运动医务监督的概念

健美操运动医务监督是指运用运动医学和生理学的知识和方法，对健美操运动练习者的身体进行全面检查和观察，并进行科学评定，预防运动实践中各种有害因素可能对身体造成的危害，便于科学合理地安排运动负荷，使之符合人体生理和机能发展规律，实现增进健康、增强体质为目的的一系列监护措施。

二、健美操运动医务监督的作用

（一）预防健美操运动实践中的生理和病理问题

健美操运动实践中的生理和病理问题是健美操运动医务监督的重要部分，主要包括人体对运动适应的生理规律的科学研究及其在训练中的实际应用。运动医学工作者了解过度训练的早期病理表现以研究这类生理和病理的诊断方法，能有效预防健美操运动实践中的生理和病理问题。

（二）评定运动员的身体机能

通过医学检查，应用生理、生化方法和相应的指标，综合评定运动员的一般适应能力、专项适应能力、训练状态和机能潜力，为合理地安排和调整训练计划提供科学依据。对多数练习者进行一般医学检查和机能评定时可采用较简单的方法和指标,如测量身高、体重、血压、脉搏、体脂、血红蛋白、尿蛋白、心电图、肌张力测定等指标的简易初步检查来评定练习者的身体机能,确保训练的科学性。

(三)运动性疾病的预防与处理

运动性疾病是指由于运动训练或比赛安排不当而引起的机体疾病或异常。常见的运动性疾病有运动中腹痛、肌肉痉挛、运动诱发心绞痛、运动性疲劳、运动性焦虑、疲劳性骨膜炎、运动性蛋白尿、运动性血尿、运动性低血糖症、运动性贫血、中暑、肝脏疼痛综合征及停训综合征等。

1. 运动中腹痛

症状:运动中出现的腹部各种疼痛。

运动中腹痛的预防与处理措施:餐后,胃排空之后进行训练;在训练中,注意掌握呼吸节奏,不要迎着冷风张口呼吸;在锻炼的前、中、后可以分多次饮水;训练时要认真做好准备活动等。发生腹痛时,应适当减慢速度,及时调整呼吸节奏,加深呼吸,同时用手按压疼痛的部位或弯腰做几次深呼吸;也可立即休息,热敷腹部并饮用适量热水。如上述措施不起作用,则应停止运动,请医生处理。

2. 肌肉痉挛

症状:运动中肌肉发生的持续性收缩或者强直收缩。

肌肉痉挛预防与处理措施:首先,不要在室内外温差过大的环境中进行训练,如在北方的冬季,锻炼时间最好安排在上午9~10点或下午3~4点钟。其次,在低温环境中进行训练时准备活动尤为重要,在训练中要注意动作的多样性,避免单一动作。再者,天气炎热、大量出汗时,在锻炼的前、中、后要注意及时补水,可以适当补充淡盐水,多吃水果蔬菜。

3. 运动性中暑

症状:轻度中暑可出现面部潮红、头晕、头痛、胸、皮肤灼热、体温升高;

严重时，将出现恶心、呕吐、脉搏快而细弱、精神失常、虚脱抽筋、血压下降，甚至昏迷。

运动性中暑预防与处理：在高温炎热的季节，应适当减少运动量，缩短运动时间，避免在烈日下长时间锻炼。夏天在室外锻炼时，宜穿浅色衣服，戴遮阳帽；在室内锻炼时应有良好的通风，注意饮用低糖含盐饮料。发生运动性中暑时，应迅速将练习者移至通风阴凉处，揭开衣领，冷敷额部，用毛巾浸冷水或50%酒精擦拭四肢，尤其是腋下、大腿根等部位，并给予含盐清凉饮料，数小时后即可恢复正常。严重情况下，经临时处理后应迅速转送医院治疗。

4. 运动性低血糖症

症状：运动性低血糖症一般是在饥饿情况下，参加体育活动时间过长引起的。轻者感觉饥饿、疲乏、头晕、面色苍白、出冷汗；严重者神志不清，语言含糊，四肢发抖、烦躁、呼吸急促以致昏迷。

运动性低血糖症预防与处理措施：运动前要进食一定量的高糖饮食，在长时间运动过程中还需要适量补充含糖饮料；尽量不要突然参加长时间的激烈运动。出现轻度症状时，平卧休息，口服温热糖水或少量含糖流质饮食，症状短时间便可消除。症状较重或出现昏迷，应迅速请医生前来处理，迅速进行静脉注射葡萄糖，同时点掐人中、涌泉、合谷等穴位，配合按摩。

5. 运动型昏厥

症状：运动型昏厥是指练习者突然感到全身软弱、头晕目眩，晕厥后，面色苍白、手足出冷汗、心率快、血压下降、呼吸缓慢、瞳孔缩小等。

运动型昏厥的预防与处理措施：运动前要做好充分的准备活动，运动时，量和强度要控制好，久蹲后要慢慢起立，疾跑后不要马上站定，应继续慢跑，运动后做好调整，并配合做深呼吸。身体饥饿、虚弱或患病时不要参加较剧烈的运动。当晕厥症状出现时，应减轻或停止运动，进行慢走蹲下或平卧休息，症状可逐渐消失。如果晕厥比较严重，应让练习者安静平卧，抬高足部，注意保暖，松解衣领腰带，用热毛巾擦脸，做向心方向按摩来加速回心血液流动，一般休息片刻就可恢复。如果症状继续加重，应速请医生治疗。精神过分激动、长时间下蹲后突然站起的情况下，都可能发生晕厥；胸内和肺内压增加并持续时间延长（比如过度憋气），可能会引起晕厥；如果跑后立即停止不动，容易造成回心血流量和心输出量的减少，使脑供血不足，就可引起晕厥，也称"重力性休克"或"体位性休克"。

（四）合理安排疾病后的运动训练

患病后是否可以参加健美操训练，或什么时候可以参加训练，怎样控制训练强度，是否可以参加健美操比赛，有何不良后果，等等，这些都是我们经常遇到且需解决的问题。

例如：感冒时，练习者应暂停运动训练，积极治疗，在感冒症状完全消失后还应休息 1~2 周。恢复期间运动量从小逐渐增大，避免发生并发症。

健美操运动的医务监督员运用专业知识，对患病后的练习者进行合理安排，无疑为其快速恢复体能提供了保障。

（五）解决运动性疲劳的有效方法

运动性疲劳是运动训练中经常遇到和必须面对的问题，练习者疲劳消除的途径有医学、生物学的恢复手段（如水浴、蒸汽浴、按摩、红外线照射等），营养手段，训练学、教育学手段，心理恢复手段，活动性休息，整理活动。机体如果经常处于疲劳状态，即在前一次运动产生的疲劳还没消除的情况下又继续训练，疲劳就可能积累，从而产生机体机能紊乱，影响练习者的身体健康和运动能力。在健美操训练中，加强练习者与教练员之间的交流，合理安排训练，积极促进疲劳恢复，能最大化地利用时间，使机体经常处于良性的机能状态，保证训练效益的最大化。

三、健美操运动医务监督的内容

健美操运动医务监督的内容包括主观监督和客观监督。

（一）主观监督的内容

健美操运动的主观监督是练习者在训练和竞赛期间采用自我检查和自我观察的方法，是对自己的身体健康状况所进行的主观监测。它有助于练习者在发现其身体发生不良现象时，及时调整运动量和运动强度，预防运动伤病的发生。

1. 运动心情

运动心情是反映练习者有无训练欲望的指标，训练欲望取决于练习者身体的机能状况。如果练习者身体机能正常，则会精神饱满、体力充沛，渴望训练。如果练习者健康状况不佳，就会出现心情不佳、厌烦训练的征兆，尤其会惧怕参加紧张的训练和比赛。

2. 不良感觉

不良感觉是指人们在参加剧烈运动中或比赛后，出现除疲劳（如肌肉酸痛、乏力）以外的其他不正常感觉，如身体某处疼痛或者感到恶心，甚至头晕、呕吐等。在健美操运动中，如果训练量超出练习者身体负荷，可能会导致练习者出现不良感觉。

3. 睡眠

较高的睡眠质量和充足的睡眠时间是练习者取得良好训练效果和比赛成绩的基本保证。良好睡眠的表现是入睡快、睡得熟、少梦或无梦，醒来后精力旺盛、体力充沛。如果练习者出现入睡慢、失眠、易醒、睡眠不深、多梦，醒后头晕、精神不佳、易感疲劳等现象，很可能是对运动负荷不适应或过度训练的早期表现，需要及时调整。

4. 食欲

食欲是反映中枢神经系统是否疲劳的较敏感指标之一。练习者在参加体育运动过程中，机体的新陈代谢旺盛，能量消耗较多，故食欲较好。正常情况下突然出现食欲减退、容易口渴等现象，提示练习者有可能健康状况不良或运动量过大，需要检查锻炼方法是否科学和运动量是否适宜并及时作出调整。

5. 排汗量

运动时人体排汗量的多少与气温、湿度、风速、衣着量、饮水量有关，也与运动量、训练水平、身体机能状况、神经系统紧张程度等因素有关。若其他因素相同，人体的排汗量与运动量的大小成正比，与运动水平成反比。训练状况良好的练习者在同样的条件下出现大量排汗现象，可能是极度疲劳或过度训练的征兆。

6. 主观体力感觉

运动时，来自肌肉、呼吸、心血管系统各方面的刺激都会传入大脑，大脑分析综合传入的信息，必将对其本身工作能力做出相应的反应。练习者对自己疲劳与恢复的主观评定并不是凭空的，而是有实在的物质基础的，所以也把这种主观体力感觉称为"自我内在的呼吸"，它对判断疲劳程度，进行自我监督，有重要的参考价值。

（二）客观监督的内容

1. 脉搏/心率

每分钟动脉搏动的次数称为脉率，正常情况下脉率与心率一致，反映人体心脏功能状况，受年龄、性别、体温等因素的影响，也与练习者的体能水平、训练水平和生理状况有关，训练水平越高，体能状况越好，基础脉率越低。通常我们用晨脉（即清晨清醒即刻静卧状态的脉率）来评定练习者的机能状态。正常情况下，晨脉较为稳定，且随训练年限延长，训练水平提高而适当减慢。如果晨脉突然加快或减慢，则提示练习者可能身体过度疲劳或有疾病存在。

2. 体重

一般情况下，人的体重不会出现很大的波动。练习者在训练期间，体重出现"进行性下降"现象，并伴有其他异常征象（睡眠失常、情绪恶化等）时，可能是早期过度训练综合征或者身体有慢性消耗病变（肺结核、甲亢、热能不足等）的表现。科学合理的运动训练方法和适宜的运动负荷，可以使练习者很好地完成训练任务。

3. 运动成绩

经过科学系统的运动训练，练习者竞技水平应该维持在一个较高水平上。如果运动成绩持续下降或不稳定，可能是人体机能状况不良或过度训练引起的运动性疲劳。由此可见，运动成绩对于练习者的运动训练状况和身体健康水平是一个很好的客观监督指标。

4. 肌力检查

肌力即神经冲动的强度。在机能良好时，肌力不断增加或稳定在一定水平上，如果练习者的肌力明显下降，说明练习者处于疲劳状态。肌力的测定可根据具体情况选择不同的方式，如握力、背力及计算机测力等。

5. 心肺功能

常用的评定心肺功能的指标有心率、最大摄氧量、肺活量等。常用心率有安静状态下的心率，Polar 表监测的运动中、运动后的即刻心率。最大摄氧量常采用台阶试验和跑台试验测定。肺活量一般测安静时的肺活量或时间肺活量。如果练习者在训练一个阶段后，安静心率减少、最大摄氧量增加、肺活量增加，则是心肺功能增强的表现，表明在接下来的训练阶段可以增加运动强度。

6. 血乳酸

血乳酸是体内糖无氧酵解的代谢产物，其水平越高，即训练强度越大，说明机体无氧代谢程度越高。实践中常用血乳酸监测无氧训练的无氧阈值，指导制订训练计划，还可通过测定脉搏次数找到与血乳酸值的相关值，然后以脉搏次数作为无氧阈值来了解运动负荷情况，以监测运动量与指导训练。

7. 尿蛋白

正常尿液中不应该出现蛋白，练习者在训练后尿液中出现蛋白是机体产生明显应激的表现，因此可以用其作为机体产生明显反应的指标。尿蛋白定性检查，用"+"表示定性及粗略的定量，次日晨尿蛋白消失判定为恢复标准。尿蛋白定量分析，用尿蛋白试纸较简单的测量方法可得到较为粗略的数据，用微量分析检查可得到精细的数据。

四、健美操运动医务监督的应用

（一）教学课的医务监督

运用运动人体保健学的内容和方法，根据人体生理机能活动能力的变化规律对健美操教学课进行医务监督，能更有效地促进学生的生长发育，增进健康、增强体质，更好地预防和减少运动损伤，保证健美操课的科学性和完整性。健美操教学课的医务监督可分为课前医务监督、课中医务监督和课后医务监督。

1. 课前医务监督

（1）了解学生身体情况，为课程的顺利进行做好准备。

（2）选择合适的运动场地上课，场地太小不利于组织课堂；场地凹凸不平容易导致摔跤、扭伤、挫伤等；地板过硬不利于学生运动，容易引起下肢关节的劳损。

（3）根据天气情况和课程内容合理选择室内室外。夏天注意防暑遮阳，冬天注意保暖。

（4）教师在上课之前需检查学生服装是否适合运动。学生以选择舒适合身、柔软弹性好、吸水性好、不妨碍身体活动的运动服为宜，根据气候变化选择服装上课。炎热的夏季可穿轻而薄，透气性良好的运动服，便于散热、防止中暑。寒冷的冬天可穿质地厚的运动服以利于运动和保暖，并备上更换衣服，避免感冒。健美操运动的特殊性，对鞋子的要求比较高。专业的健美操鞋子是最佳选择，如果没有专业鞋子,选择其他运动鞋,应注重运动鞋质地的好坏、鞋码是否合适,这直接影响足部及下肢的健康,所以应选择尺寸合适、透气性好,柔软而又轻盈,鞋底有一定厚度且富有弹性的运动鞋。

(5)教师应合理地安排当次课的见习生,不能参加运动的学生可以减少运动量或者安排其他适宜的活动。

2. 课中医务监督

(1)准备部分的医务监督。

做准备时学生身体还未完全进入运动状态,可能会因此造成运动损伤,所以教师应做好准备部分的医务监督,防止学生出现运动损伤。

合理安排准备活动时间。一般准备部分的时间以 10~30 分钟为宜,根据季节、气候的变化有所不同。例如,天气较冷的时候,关节、肌肉僵硬,进入工作状态会比较缓慢,应适当延长准备活动。

准备部分的运动强度要适中。一般认为,准备活动以心率达到每分钟 100~120 次、时间持续 10~30 分钟为宜,并根据年龄、季节、运动竞技水平等因素的不同而加以调整,一般以身体发热、微微出汗为宜。

(2)基本部分的医务监督。

合理安排课的密度和运动负荷。如果练习的密度过小、时间过短,不利于学生掌握和提高运动技能,对增强学生体质的效果也有影响。如果练习密度过大,时间过多,缺乏必要的休息和恢复,不利于学生的身心健康。教师可以通过观察学生某些外部表现(如脸色、神情、出汗量等)和测量脉搏等指标,对课的密度和运动负荷进行调整。

(3)结束部分的医务监督。

做好课后放松活动,通常会采取节奏较慢和练习较轻松的动作进行整理放松。在进行全面放松的同时,根据课堂练习内容进行对应的肌肉放松和拉伸,以保持肌肉的弹性和柔韧性。例如:教学过程中上肢练习内容较多,就多安排上肢放松内容;下肢练习内容多,就应多采取放松下肢的练习活动。另外,可以采用语言、音乐、意念的放松方法来进行心理放松。

3. 课后医务监督

教学课结束后，一般采用主观监督的方法对自己的身体状况进行监督。由于教学课的人数较多，常常以解决共性问题为主，运动量的安排一般不会很大，对自己课后的情绪和主观感觉实施适当调控即可。

（二）训练期间的医务监督

健美操运动训练是通过有目的、反复的身体练习，有意识地对人体各器官系统施加一定的负荷刺激。健美操训练包括健美操基本动作训练、健美操身体能力训练和健美操基本难度训练。健美操训练中的医务监督主要是对身体能力训练、基本难度训练以及训练量的医务监督。

1. 身体能力训练的医务监督

身体能力训练是健美操训练的重要内容，是练习者提高竞技运动能力、取得优异成绩的前提和基础。健美操身体能力训练的监督主要是指对提高机能水平的力量、柔韧、耐力等运动能力训练的监督（基本操化动作组合的协调性和规范性训练不在此中）。在运动训练过程中，应当遵循体能训练的原则，在科学理论的指导下运用正确的理论方法进行体能训练。

力量训练：力量素质是健美操运动中的重要素质能力，是其他各项身体素质的基础，它的训练主要有难度动作力量训练、操化力量训练和托举配合力量训练。竞技性健美操是抗重力的运动，健美操力量的发展以相对力量为主，应注意，强度与重复次数成反比，练习组之间的间隔时间要充足，交替训练各肌群。

柔韧训练：柔韧练习是一个循序渐进的过程，而且需要长期坚持，不能急于求成。在其练习过程中，肌肉酸痛时可以减轻用力强度；肌肉胀痛时可以坚持一下；肌肉出现麻木感时，则应当停止训练。做静力性拉伸时，要尽最大能力使关节停留在最大伸展幅度的位置上，一般时间为30秒左右。在每组的间隔做肌肉放松练习和按摩。

耐力训练：竞技性健美操规则规定成套动作时间为 1 分钟 20 秒左右，练习者在高质量、高强度下连续完成难度和健美操动作步伐组合，机体容易疲劳。例如：运用持续训练法进行有氧耐力训练时，持续时间不少于 30 分钟，负荷强度控制在平均心率每分钟 140~160 次之间，运用重复训练法进行无氧耐力训练持续时间为 30~120 秒，负荷强度控制在平均心率为每分钟 180 次或以上。

2. 难度动作训练的医务监督

高难度动作的出现，使得练习者在训练中由于技术动作错误或失误而引起受伤的概率增大。根据健美操运动的特点，练习者在训练过程中应当循序渐进，加强自我保护意识，合理安排运动负荷，防止在过度疲劳、过度训练和有伤病的情况下进行高难度或具有一定危险性的动作。在训练前要对运动场地、个人服装和防护用具进行安全检查；训练中，练习者的注意力要高度集中，最大限度预防运动损伤的发生。

3. 训练量的医务监督

训练量的医务监督可参考本章的健美操医务监督方法，运用主观监督与客观监督的要求来检查与调整训练量，以获得最佳的训练效果。

（三）竞赛期间的医务监督

竞技性健美操运动属于难美项群运动，练习者高速度、高质量地完成成套动作时容易引起一些运动性疾病和运动性损伤。练习者在参加竞赛期间，机体为了适应比赛的需要，神经系统处于高度紧张的状态，心血管系统、呼吸系统、内分泌系统等功能状态也都处于较高的活动水平，体能消耗很大。由于比赛期间的特殊性，我们不可能像平时那样进行常规的运动医务监督，只能根据比赛时的具体情况制订适宜的运动医务监督计划。

（1）赛前医务监督：了解练习者身体状况，保证其正常参加比赛。

赛前体检。如发现有感冒、发烧、过度疲劳、心动过速，心脏听诊有病理杂音、心电图有异常改变，外伤未愈或各种内脏器官的病变期，一律不允许参加比赛。

医务人员要帮助教练员了解练习者身体情况，为比赛期间训练安排提供科学依据。

做好赛前场地、服装、人员的安全和检查工作。

赛前的膳食安排和调配应与健美操比赛项目、能量消耗的特点相适应，并合理安排一日三餐的时间。

调整时差，保证练习者顺利参加比赛。

（2）赛中医务监督：保证练习者正常参加比赛，发挥出正常水平。

在赛点单位建立现场医疗急救站，配备医务人员，准备好必要的药物器材。竞赛中出现的常见伤病，如韧带拉伤、关节扭伤、肌肉痉挛以及挫伤等做好急救和治疗的准备工作。

做好竞赛期间的饮料供应，加强饮食、饮水卫生监督，在炎热的气候条件下注意防止中暑。

（3）赛后医务监督：通过赛后的医务监督可以及时了解练习者机体的生理功能状况和疲劳程度，为安排下阶段的训练和比赛提供依据。

做好赛后体检工作，根据需要测定某些机能指标，如脉搏、血压、体重、血红蛋白、心电图、机能实验等，以观察练习者机体机能状况。

安排好赛后营养，赛后应补充丰富的营养，食物的发热量要高，维生素和蛋白质要丰富。

采取必要的赛后恢复措施，让练习者尽快消除疲劳，促进体力的恢复。

做好体格检查、膳食调配和卫生工作，既要注意休息、保证睡眠，还要适当进行训练，以防止产生停训综合征。

（四）女性经期的医务监督

月经是伴随女性子宫内膜在卵巢激素作用下发生的周期性子宫内膜脱落及出血，是女性的正常生理现象。不同的人在月经周期中的表现及运动能力有所不同，大致可分为四类。

第一类：月经期间自我感觉良好，心血管系统运动试验正常，运动成绩不变，称为正常型。

第二类：月经期间体力降低，出现全身无力、动作迟钝、嗜睡、易疲劳等现象，称为抑制型。

第三类：月经期间各项生理指标趋向增高，练习者出现异常的激动，动作较僵硬，肌肉不容易放松，下腹出现痉挛性疼痛，伴有头晕、失眠等症状，称为兴奋型。

第四类：月经期间出现全身不适、恶心、头痛、头晕、失眠、腰酸背痛等症状，运动成绩明显下降，称为病理型。

根据上述四种类型，安排训练和比赛的原则是：对第一类型者，若训练情况良好，可以参加训练和比赛；对第二、三类型者，在适当的准备运动后也可以参加比赛。实践证明，有些兴奋型练习者，月经期间的运动成绩比平时更好；对第四类型者，应按病人处理，经期不得参加训练和比赛。经期训练还要注意避免做剧烈的、强度大或震动大的跨跳动作（如跨跳、科萨克跳、屈体跳等）以及使腹内压明显增高的动力性力量和静力性力量的动作（如提臀起、静力性支撑、耐力训练等），以免造成经血过量或子宫异位等伤害。

为了在参加重大比赛时，不让月经期间的身体反应影响练习者运动水平的发挥，可以采取推迟或提前月经来潮的方法来改变月经周期，这种方法叫作人工月经周期。采用人工月经周期应在医生指导下进行，在实施的过程中，应对练习者的月经变化及身体反应状态进行严密的观察。由于人工月经周期是人为地改变正常的月经周期，对机体可能带来某些不利影响，所以不宜经常使用，通常一年不要超过3次。

第五节
健美操运动与运动损伤

一、运动损伤和健美操运动损伤的概念

运动过程中受到机械性和物理性方面因素所造成的伤害，称为运动损伤。健美操运动损伤就是指健美操运动员或健身练习者在进行健美操训练、比赛、练习过程中所发生的各种身体损害或损伤。

每一个运动损伤的发生，绝对不是偶然的，都是一个逐渐积累的过程。一些大的伤害事故造成的后果轻则失去一次比赛机会，重则会留下终身遗憾，所以容易引起人们的重视，而相对应地，对训练和练习中一些比较轻微的损伤，并未引起大家的重视。这些普遍存在的轻微损伤有一部分会随着身体机能和技能的增长逐渐修复直至康复，而有的轻微损伤并没有自动修复，反而呈现了持续存在的一种状态。这些轻微损伤在短时间内不会产生很明显的影响，久而久之，很容易积累成陈旧性劳损或者一些不可逆的机能退化，进而发展成为运动成绩提高或者身体健康的障碍。所以，了解并掌握运动损伤发生的机制和原因，可以最大幅度预防、减少运动损伤的发生，从而提高运动训练或者身体锻炼效果。

二、健美操运动损伤的分类

运动损伤的分类依据比较多，可以按照身体部位来分，可以按照损伤的病程来分，可以按照损伤等级来分，也可以按照损伤的组织器官来分。最常见的两种分类方法如下。

(一) 按损伤后皮肤和黏膜的完整性划分

按损伤后皮肤和黏膜的完整性划分,运动损伤可分为开放性损伤和闭合性损伤两种。开放性损伤即受伤处皮肤或黏膜的完整性遭到破坏,出现创伤面,如擦伤、撕裂伤等。闭合性损伤即皮肤或黏膜没有被破坏,仍然保持完整性,没有出现创伤面,如肌肉拉伤、肌腱拉伤、关节韧带扭伤、关节错位等。常见的健美操的损伤一般以闭合性软组织损伤和挫伤为主,如肌肉拉伤、肌腱拉伤、关节扭伤、关节错位、腱鞘炎、骨膜炎、滑囊炎等。

(二) 按损伤病程划分

按损伤病程划分,运动损伤可分为急性损伤和慢性损伤两种。急性损伤是指在健美操运动中身体瞬间遭受到直接冲力或间接冲力而造成的身体损伤。慢性损伤指运动员身体的某个局部结构或者组织由于长期过度负荷,或者多次微细损伤积累而成的受伤,或急性损伤处理不当或者没有完全康复转化而来的陈旧性损伤。

据资料统计,在竞技性健美操运动中,急性损伤的占比高达55%以上,慢性的占25%,其余的20%基本属于急性和慢性损伤两者并存。

在身体不同部位发生的损伤的概率也不同,大腿部的损伤率最高;踝关节损伤和腰部的损伤率紧随其后,在身体部位中高居前三位;其次是膝关节损伤。健美操关节韧带的损伤以腕关节、踝关节的损伤更为常见。运动损伤发生的身体部位与概率比例如表5-5-1所示。

表5-5-1 运动损伤发生的身体部位与概率比例

身体部位	大腿部	踝关节	腰部	膝关节	其他部位
占比例	69.2%	53.8%	53.8%	38.5%	30.7%
排位	1	2	3	4	5

资料来源:匡小红《健美操(2版)》。

三、健美操运动损伤产生的原因

(一) 客观(外在)原因

1. 训练方式方法

因教练员训练水平和认知能力有限,对动作内部用力方式理解不充分,或者训练方式与练习者身体技能不匹配,很容易在一些高难度的动作训练或者教学中,直接造成练习者受伤的病案,特别在年轻(新)练习者中最为突出。主要表现在不能正确解决练习者的技术动作存在的不规范、不合理、不协调的根本问题,对潜在的运动损伤缺少预见性。

2. 场地气候

活动场所环境在训练中占有很重要的地位,也是运动损伤发生的一个重要客观因素。地面湿滑粗糙、地毯不平整或者打滑,光线昏暗或者刺眼,场地周围缓冲空间狭小,都是造成练习者摔倒和扭伤的重要影响因素。

3. 训练要求

一般在训练中必须穿着合适的训练服装和鞋子。但是在某些原因下,练习者会忽略这一点,教练员也忽略了检查,这就为后面的训练埋下了隐患。据不完全统计,因服装与鞋袜不合适所造成的损伤,在运动损伤中占有的比例不少,几乎等同训练器械不合格引起的运动损伤,所以必须引起足够重视。

4. 训练负荷

合理安排运动量是安全训练的原则之一。对练习者来说,训练量不足和超负荷都是训练失误。训练量的增加原则是基于练习者的身体恢复状况,需要科学量化监控。应该遵循循序渐进的原则,逐步增加—适应—再增加—再适应,形成一个良性的超量恢复的循环。如果急于求成,想在短时间内达到较高的目标,而盲目增加每次练习的运动量,不考虑练习者的身体恢复,很容易造成疲劳的积累,严重的进而发展成劳损。

（二）主观（内在）原因

1. 保护意识不强

练习者缺乏必要的安全运动有关知识，缺乏对运动损伤的预见性，运动中的自我保护意识缺失或者保护意识淡薄，同伴之间互帮互助的意识淡薄，这些都可能会造成运动损伤。在运动损伤发生时难以采取各种行之有效的保护措施，致使练习中一些完全可以避免的伤害事故发生，这也是训练中运动损伤发生比较多的原因之一。所以在日常训练中反复提醒，并做好保护与帮助，做好伤害预案，很有必要。

2. 专业知识匮乏

专业基础理论知识匮乏，致使很多练习者对动作理解仅仅是停留在教练的讲解上，并不能深入了解动作发生的机制和生物力学原理，动作的练习就停留在简单模拟和自我体感之中，事倍功半不说，不正确的躯体内部用力，以及单纯追求动作极限幅度，不仅会造成局部运动损伤，也会对动作技术造成错误认识。动作技术错误，就从动作原理上违背了人体结构的特点，也就破坏了器官功能活动的规律，破坏了人体运动时的生物力学原理，机体组织的损伤在所难免。

一般来讲，大多数运动损伤是可以预防的。例如：椎间盘的基础知识，如何在后弯或者后展中保护腰椎。正确的发力顺序应该是：吸气，先沿着脊柱的方向延长躯干，创造出椎间盘的空间，同时启动腹横肌，保护腰椎和腹部脏器，再去做后展或者后弯，这样形成保护之后的后弯就不会挤压到腰椎。而错误的做法是什么呢？常见的就是吸气，直接进入后展或者后弯，久而久之，椎间盘的压力越来越大，也会越来越变形，腰椎的稳定性越来越差，形成腰部的劳损。

3. 准备活动和整理活动不足

准备活动的意义和功能对练习者来说几乎都可以做到耳熟能详，但是在比赛和训练前能否认真做好准备活动，这不仅是关系着比赛或者训练能否顺利进行的前提，更是预防运动损伤的一个重要步骤。

4. 疲劳累积

运动损伤的发生与疲劳有着密不可分的直接关系。据资料显示，肌肉收缩力引发的损伤在年轻练习者的伤病中较为常见，受伤较多为撕裂（拉）伤，发生的身体部位多为肌腱过渡部位以及肌腱附着处。健身性健美操对练习者的体能要求较低，不论在力量、柔韧、耐力还是速度方面都没有很高的要求，它是以提高练习者心肺功能和身体塑型为主要目的的一项健身运动。但是在健美操的练习中如果技术动作错误、练习方法不当、运动环境不适也会造成一定的损伤，健身性健美操发生损伤的部位多集中在膝、踝、腰背等部位，其中慢性损伤发生的比例更高，相对来说急性损伤发生的比例较小，以踝关节扭伤、韧带拉伤为主。

四、健美操运动损伤的预防

"最好的治疗就是预防"，这个原则适用于所有运动项目。具体到健美操项目，针对项目特点，为了减少运动损伤的发生，预防措施的实施也应该遵循以下几个原则。

（一）遵守科学合理的训练原则

科学安排训练与练习是预防损伤的最基础的前提条件。提高教练员的个人业务素质水平，在运动过程中能根据实际情况及时预防或者预见导致损伤的因素，并做出正确的处理，尽可能避免运动损伤的发生。同时，能够制定严格科学的训练计划，循序渐进增加运动负荷，密切关注练习者体能与运动负荷的适应，能做出适当及时的调整方案，避免练习者过度负荷和过度疲劳而造成运动损伤。

（二）重视准备活动和整理活动

1. 准备活动

科学而积极的准备活动是开始训练或者练习的第一步。一个充足的准备活动可以适度提高身体温度,降低肌肉的黏滞性,刺激关节腔滑液的产生,改善关节的运动幅度,克服内脏器官的生理惰性,调节运动神经的兴奋性,调整练习者的情绪,调整注意力,为顺利完成随后的活动任务奠定一个良好的身体基础。

全面合理的准备活动都是由一般性和专项性两种类型准备活动组成。一般性的准备活动包括常见的慢跑、小跳、拉伸、小力量练习等针对全身而设定的一些肢体活动内容。而专项性的准备活动是指从事特定项目训练和活动所涉及的人体特定关节部位的身体活动,如竞技性健美操运动员在比赛前和训练前的个别难度动作习惯性练习,以及个别失误较大动作的重复性练习。

一般健身者准备活动以简单的健美操的基本步伐为主,需要 15 分钟左右,感觉到身体微微发汗,身体不沉重,关节活动自如就可以;而竞技性健美操练习者的准备活动一般要保证在 30 分钟以上,有轻微出汗但不感觉到疲劳,肢体舒展,情绪饱满。

2. 整理活动

有效的整理放松活动是一种积极地清洁身体内环境的方式,是消除疲劳、促进体力恢复的良好方法。放松一般有两种方式:积极放松和消极放松。消极放松就是几乎什么都不做,以躺下、坐下的方式让身体机能从活动方式中解脱出来,运动中产生大量代谢垃圾的代谢,尤其是乳酸的代谢,进入机能的自我休整过程。积极放松一般会在活动结束以后,为防止断崖式机能代谢,进行一些运动量较小的慢跑、拉伸、按摩等,将身体机能由较高水平逐渐过渡转入较低、较柔和的机能运作水平,运动中产生的代谢中间物,能够依然保持一个较高水平的代谢速度,防止产生乳酸堆积。

整理活动一般都是小运动量练习,如慢跑以及低强度的有氧健身操或者瑜伽拉伸。不同序列的瑜伽深度拉伸不仅可以缓解身体不同部位肌群的紧张度,消除局部肌肉的轻微痉挛、改善肌肉血液循环、消除局部疲劳,还可以减轻肌肉酸痛,避免肌肉僵硬和慢性劳损的发生。从生化角度来说,还可以加速运动中中间物质的代谢,清洁机体内环境。

3. 提供安全的运动训练与健身环境

竞技性健美操训练对场地要求比较严格，为了减少运动性损伤与慢性劳损的发生，最好能够在设施完善的健美操场馆进行。在个别高难度动作的练习中，要有合适的防护器材和正确的保护与帮助。

如果没有专业场地，也注意应选择硬度和光滑度合适的场地进行练习，防止坚硬的场地严重损害练习者的膝关节和踝关节，防止光滑的场地发生摔倒事故。同时，对练习者的服装鞋袜也要注意，做到专业防护，减少运动损伤。

4. 加强医务监督

（1）定期体格检查。

所有的运动都必须有一个健康的身体来支撑。健美操运动属于有氧代谢比较高的运动，竞技性健美操的比赛几乎属于无氧运动过程，所以对心肺功能的要求比较高。练习者严格执行赛前体检，监控自身身体状态。在健身性健美操活动中，尤其是对一些患有心血管疾病和特别体弱的练习者，应该根据个体机能特征以及健美操专项特点对易发病个体进行筛选检查，预防和杜绝伤害事故发生。

（2）加强自我监督。

每个人都要对自己所从事的运动基础知识有所了解，并对自己的身体状态有充分的了解。建议练习者可以做一个简单持续的自我健康监控记录。练习者在了解自身身体状况的情况下，听从教练员或者自行安排运动训练和健身活动，并记录运动过程中的身体反应，包括量化指标，最简单的 R 指标，自我体感指标，备注气候、温度等外界自然条件，并及时将记录结果反馈给教练员、健身指导员或教师，进而双方可以及时调整训练计划和健身计划，提高训练效果，预防伤害事故。

五、健美操运动中的常见损伤及处理

运动损伤的分类比较多，我们将常见的健美操运动损伤按照损伤的组织器官和身体部位来分类,分别讲述运动损伤产生的机制、症状,以及处理方法。

(一) 肌肉痉挛

1. 发生机制

运动中最常见的轻微损伤就是肌肉痉挛。肌肉痉挛,俗称抽筋,是肌肉持续不自主地强直收缩,最易发生痉挛的肌肉是小腿腓肠肌,其次是足底的屈拇肌和屈趾肌。肌肉痉挛的发生原因一般有:炎热天气或者大量出汗导致的体内电解质和无机盐代谢异常;其次,在重复性练习中,局部肌肉快速而连续收缩,导致肌肉紧张僵硬;最后一点不容忽视的就是损伤或者劳损的肌肉,在恢复期也容易引起该肌肉痉挛。

2. 症状

肌肉发生痉挛时,局部肌肉坚硬或隆起,发生持续不自主的强直收缩,会伴随着剧烈疼痛,且短时间不易缓解。

3. 处理措施

预防为主。做好充分的准备活动和拉伸练习可以有效地预防肌肉痉挛。寒冷环境下训练和健身要注意保暖,夏季锻炼时要注意及时补充淡盐水及维生素 B_1 等。此外,要科学安排训练和健身时的运动负荷,防止过度疲劳。

4. 具体办法及手法

比较常用方法是缓慢而持续地牵拉该痉挛肌肉,使之放松并拉长,并进行适当的手法或者借助按摩球按摩,如重推、揉、揉捏、按压等以促使痉挛解除。例如:腓肠肌痉挛时,先让伤者平坐或仰卧,尽可能伸直痉挛一侧腿的膝关节,牵引者双手握住伤者足部并抵于牵引者的脚掌和脚趾缓慢地向上扳,切忌用力过猛。如果没有他人帮助,伤者需要自己解痉,同样平坐在地上,伸直痉挛腿的膝关节,脱掉鞋子,用手指抓住大拇指,同时配合呼吸,在呼气时候将大拇指同侧腹股沟的方向牵拉,同时足跟向远离腹股沟方向逐渐用力蹬。急剧的痉挛刚解除时,可以轻轻按揉或者敲打小腿肌肉,持续放松,不要急于将膝关节弯曲收回,否则同一位置很容易再次发生痉挛。

（二）擦伤

1. 发生机制

肌体表面与粗糙的物体相互摩擦而引起的皮肤表层损害，叫作擦伤。

2. 症状

主要症状为表皮剥脱，有小出血点和组织液渗出。

3. 处理措施

（1）一般较轻、较小的擦伤，可以用生理盐水冲洗伤部，用碘酒消毒，保持创面干燥，不需进行包扎处理，一周左右就可痊愈。

（2）面部擦伤宜涂抹0.1%新洁尔溶液（面部创面不可以使用红药水消炎，可以用紫药水），并尽可能作专业处理，以免出现疤痕。

（3）通常较大的擦伤伤口易受污染，需用专业清创术。碘酒或酒精在伤口周围消毒，如果创面中嵌入沙粒、炭渣、碎石等，应用生理盐水棉球轻轻刷洗，消除异物，消毒后可以撒上云南白药或纯三七粉，盖上凡士林纱布，适当包扎（主要是阻挡灰尘），每天换药。若不发生感染，两周左右即可痊愈。

（4）关节周围的擦伤，在清洗、消毒后，最好用磺胺软膏或青霉素软膏等涂抹，创面要保持湿润。否则随着关节活动，创面结痂后易重复破损，引起创面反复感染，恢复缓慢。

（三）挫伤

1. 发生机制

肌体某部位受钝性外力作用，导致该处及其深部组织的闭合性损伤，称为挫伤。在跑、跳等动作中易发生挫伤，最常见的部位是大腿的股四头肌，小腿前部的骨膜和后部的小三头肌、腓肠肌，此外，腹部、上肢、头部的挫伤也时有发生。

2. 症状

挫伤后，以疼痛、肿胀、皮下出血和功能障碍的症状为主。

3. 处理措施

（1）受伤后应马上进行局部冷敷、外敷新伤药等，适当加压包扎，并抬高患肢，以减少出血和肿胀。

（2）股四头肌和小腿后群肌肉的严重挫伤多伴有部分肌纤维的损伤或断裂，组织内出血形成血肿，应将肢体包扎固定后，迅速送医院诊治。头部、躯干部的严重挫伤可能会伴有休克症状，应认真观察呼吸、脉搏等情况，休克时应首先进行抗休克处理，使伤员平卧休息、保温、止痛、止血，疼痛甚者，可口服可卡因或肌肉注射止痛剂，并立即送医院诊治。

（四）肌肉拉伤

1. 发生机制

肌肉受到强烈牵拉所引起的肌肉微细损伤、部分撕裂或完全断裂，叫作拉伤。体育运动中，大腿后群肌肉和小腿后群肌肉的拉伤最为常见。

2. 症状

拉伤后局部疼痛、压痛、肿胀、肌肉发硬痉挛、功能障碍。如果肌肉断裂，伤员受伤时多有撕裂感，随之失去控制相应关节的能力，并可在断裂处摸到凹陷，在凹陷附近可摸到异常隆起的肌肉断端。

3. 处理措施

（1）拉伤时应立即采用氯乙烷镇痛喷雾剂等进行局部冷敷，加压包扎，并把患肢放在使受伤肌肉松弛的位置，以减轻疼痛。通常拉伤48小时后才能开始按摩，但手法一定要轻缓。

（2）肌纤维轻度拉伤及肌肉痉挛者，用针刺疗法会取得良好的治疗效果。

（3）肌肉、肌腱部分或完全断裂者应在局部加压包扎，固定患肢后，马上送医院诊治，必要时还要接受手术治疗。

（五）关节扭伤

1. 发生机制

关节扭伤是指关节发生异常扭转，引起关节囊、关节周围带和关节附近的其他组织结构损伤，包括关节脱位等情况。

2. 症状

关节扭伤后，关节及周围出现疼痛、肿胀，腕部软弱无力，有明显的压痛感，局部肿胀、皮下淤青，关节活动幅度受限，部分严重受伤者会伴随皮下骨头隆起，合并骨折。

3. 处理措施

仔细检查韧带是否部分撕裂或完全断裂，功能是否受限等。以包扎或固定为主，外敷活血止痛的药物，并马上送医院做进一步的专业处理。

（六）韧带损伤

1. 发生机制

韧带具有保护关节正常活动的作用，但持续挤压、牵拉或外力使关节活动超出韧带所能承受的范围时，容易导致韧带损伤。韧带损伤是指用力过大、过度牵伸而导致不同程度的韧带纤维附着处的断裂。健美操运动中的韧带损伤多发生在肩关节、腕关节、髋关节、膝关节和踝关节。

2. 症状

轻度损伤，韧带有小部分被拉长或拉断，产生轻微的疼痛和局部水肿；中度损伤，大量的韧带纤维被撕裂和分离，有一定程度的功能丧失，有明显的疼痛、水肿，可能发生肌肉僵硬；重度损伤，多发生在竞技性健美操进行动力性力量类难度和柔韧类难度的时候，韧带过度牵伸超过极限，韧带完全撕裂和分离，并完全丧失其功能，由于神经可能受损，疼痛很快会消失，伴有严重的水肿。

3. 处理措施

总体原则，受伤后应立即制动，冷敷，局部加压包扎，抬高患肢，24 小时后可对伤处进行按摩及热疗。如果伴随严重的韧带撕裂或者断裂现象，可用绷带固定伤肢后立即送往医院进行手术治疗。

（1）对于轻度韧带损伤，治疗主要是止痛与加快消肿。进行局部冷敷、加压包扎、抬高伤肢，24~48 小时后对受伤部位周围进行热敷或按摩。

（2）中度损伤的治疗关键是制动，使韧带处在避免牵拉的位置，其他同轻微治疗加速愈合。

（3）一般早期手术修补者经过 6~8 周才能完成良好的愈合。损伤 2~3 周时淤血、肿胀基本消退且稳定，无疼痛感，但是韧带并不如受伤前有力，此时进行运动和训练很容易引起韧带再次断裂。

（4）对于重度损伤，则应在损伤早期通过手术将韧带断端良好对合，以确保其愈合。

4. 韧带损伤的预防

多加强踝关节、腕关节、膝关节等周围的肌肉力量的练习和关节活动范围练习。在进行难度动作练习时，可以用保护带、护腕、护踝等进行保护帮助。另外运动前做好充分的准备活动，牵拉需要练习的肌肉与韧带，提高肌肉与韧带的弹性。

第 六 节
现代健美操运动的实践训练

一、身体素质训练

（一）力量素质

1. 速度力量训练

肌肉的收缩力和收缩速度是速度力量的关键因素。在训练中，只有肌肉的力量和速度都增加，速度才能得到最好的体现。速度力量训练过程中，处理好速度和力量的紧密关系，应遵循以下培训原则：第一，最大可能提高肌肉的力量，必须着眼于提高动作完成的速度，严格控制力量的训练时间和训练间隔。第二，一个单独的动作或组合动作的完成，需要一定的时间限制，用极限的力量来完成训练。第三，进行力量训练时，注意保持速度和力量训练组合的最佳时机，根据不同的要求，选择不同的速度训练强度来配合训练的手段和方法。在练习中，要求动作舒展、自然、协调和连贯。

2. 力量耐力训练

力量耐力是在克服一些外来阻力的同时，能保持较长时间或多次重复的能力。力量耐力分为短时力量耐力、中时力量耐力和长时力量耐力，一般来说可以增加最大的是短时力量耐力。专业健美操运动员力量耐力的水平，受到很多因素的制约，其中最重要的是保证工作肌肉耗氧量和血液循环系统的功能，肌肉的无氧代谢能力和工作肌群协同有效工作的能力。

3. 最大力量训练

健美操练习者的最大力量对运动成绩的影响是至关重要的。在对练习者进行最大力量训练时，要考虑到健美操的项目特点：属于技能类项目，所以在发展和提高最大力量的同时，要注意尽量避免使肌纤维的横断面有明显的增粗，从而有效地控制体重的增长，使练习者所具有的相对力量（每公斤体重所具有的力量能力）水平得到明显的提高。这样才能真正使最大力量训练有效果，起到促进健美操运动员专项力量提高的效果。

（二）柔韧素质

在一定的柔韧能力练习基础上，必须结合健美操的动作和技术要求进行专门的柔韧性练习，如各类分腿大跳、大跳落成劈叉、支撑劈叉、控腿落成劈叉、纵横劈叉转换以及不同方向高踢腿等。除了采取以上的柔韧练习外，也可采用柔韧操形式进行练习，如关节活动操、拉伸操等。在优美的音乐旋律和节奏下做动静结合的拉伸操，速度由慢到快，幅度从小到大，从而不知不觉地、愉快地达到提高柔韧性的作用。

（三）耐力素质

耐力是指有机体长期工作抗疲劳的能力。耐力训练首先必须结合健美操项目的特点要求，掌握好有氧耐力和无氧耐力中负荷强度、负荷量、持续时间、间歇时间的不同特点，科学合理调控好运动负荷。因此，在训练中，要注意培养运动员刻苦顽强、奋力拼搏的精神以及良好的心理承受能力。

（四）协调素质

音乐节奏与动作协调训练方面，可以选择与健美操动作节奏相同的伴奏乐曲进行训练，建立定型，使动作与音乐协调一致，还可以用各种不同节奏、不同风格的音乐练习同一组动作；动作与空间感觉的训练方面，选择躯干的含挺、振胸、身体波浪至复杂有节奏变化的动作，髋部前后、左右、扭、绕以及脚步复杂变化的练习，还可进行同侧与异侧、上肢与下肢协调配合的动作进行练习。

（五）速度素质

竞技性健美操规则规定音乐速度一般在每 10 秒 26 拍以上。健美操中的速度素质主要是指动作速度，要想动作和音乐速度配合一致，就必须注重动作速度。动作速度主要体现在动作节奏和肌肉松紧程度的迅速变化上，并善于使身体各个部位随音乐节奏和节拍的变化而做出相应的快速变化，还体现在用最快的速度熟练地完成整套动作。为了发展动作速度素质应结合健美操的有关动作进行训练。

二、运动员的心理训练

心理素质的训练旨在训练练习者为完成专项运动所需要的心理素质，使其练习效果得到稳定的提高，并能调节心理状态的一种方法。心理训练是贯穿在练习者整个训练过程中的重要组成部分。心理训练可分为：用于日常运动的一般心理训练和为参加专项比赛而采取的专门心理训练。现代健美操的心理训练可分为一般心理训练和赛前心理训练。

（一）一般心理训练

一般心理训练是指在平时的运动训练中加强对练习者的心理训练。根据练习者的生理、心理特点，制订出详细的运动技能训练与心理训练的计划。首先是要培养练习者对健美操的直接兴趣，让他们在快乐的运动中产生浓厚的兴趣，并由兴趣产生热爱，保证正常练习、训练的顺利进行。其次是在平时的练习、训练中培养练习者的审美感受，激发练习者的训练动机。再次是培养练习者顽强的战斗意志品质。在练习、训练中采用各种方式、手段及变换情境，提高练习者对挫折的忍受力，培养练习者战胜困难、顽强的战斗意志品质。

（二）赛前心理训练

1. 心理训练的内容

心理训练旨在完成训练和比赛任务。此外，还帮助练习者形成和完善作为参加比赛所需的基本心理素质和技能。心理训练主要包括道德培养、意志培养，有效地完成竞技性健美操动作所必需的心理机能和心理品质、心理教育。

2. 赛前心理训练方法

（1）模拟训练法。

模拟训练是针对比赛中可能出现的实际问题，进行相似的训练，提高运动员临场应变能力，使之能正常发挥技术水平。模拟训练可分为语言图像模拟和实景模拟两类，其内容应根据比赛情况、特点来确定。

（2）表象训练法。

表象训练法是在暗示语的指导下，在头脑中反复想象某种运动动作或运动情境，从而提高运动技能和情绪控制能力的方法，并贯穿于整个运动训练周期，但在不同的阶段，表象训练具有重点。

（3）成功情景表象法。

成功情景表象法就是通过想象或回忆某次成功的情景，引起神经、肌肉相应的适应性变化，形成最佳动作的定势，以消除恐惧，增强自信。此方法一般在比赛前后进行，练习时可采用静坐的姿势，在教练员的暗示语的引导下，按程序进行训练。

（4）自我暗示法。

自我暗示训练就是采用一定的"套语"进行自我暗示，并配合相应的深呼吸，放松肌肉，使练习者进入安静催眠状态，进而调节植物性神经系统的机能及心理状态。通过积极的言语暗示，可以使练习者镇静情绪，提高自信，此方法适宜在比赛前进行。

三、健美操的技术训练

（一）专项基本技术训练

1. 弹动技术训练

弹动技术训练包括踏步训练，弹踢训练，吸腿跳和跳踢腿训练，开合跳训练，原地髋、膝、踝关节弹动性训练，原地连续小纵跳训练。

2. 身体控制技术训练

身体控制技术训练包括身体姿态控制训练，操化动作控制训练，难度动作控制训练，与同伴的配合与交流技术训练。

（二）难度动作技术训练

竞技性健美操中的难度动作有多样性、复杂性、精确性、艺术性、规范化惊险性的特点。为了高质量地完成动作，我们将难度动作的训练过程分为3个阶段，即准备阶段、学习掌握阶段和动作实用阶段。

根据教育学、运动训练学、心理学等理论，结合训练实践加以分析总结。难度动作的训练可由动作技术教学法、体能技能训练法和专门训练法构建而形成其训练方法体系。其主要内容有动作技术教学法、体能技能训练法、专门训练法。

（三）过渡与连接动作的训练

竞技性健美操成套动作中，必须通过过渡与连接动作灵活流畅地展示空中、站立、地面的相互转换。过渡与连接必须体现成套动作的整体连续性。

（1）简单的空间地面过渡训练。注意身体重心转换的控制。进行跳跃类难度动作的特殊过渡动作训练：并步跳接一步，跑两步，一步接双脚起跳。

（2）进行体现爆发力及力量与柔韧的过渡动作训练。起跳时注意两手臂动作的不同训练。

(3) 难度动作的起跳逐渐向无准备过渡。

(4) 过渡动作体现身体平面变化的训练。

（四）集体项目配合的训练

集体项目成套动作的训练首先要突出集体项目的一致性训练。

1. 口令训练法

一致性训练多采用教练员口令训练，所以要求教练员掌握一定的口令运用训练技巧，能够灵活自如地运用口令。同时，也要求练习者一切行动听教练员的口令指挥。教练员一开始运用口令时速度应缓慢，一拍一拍地细化每位练习者的动作规格，然后才逐步加快口令速度。而练习者在做动作时应尽力将自己的动作与每拍口令相吻合。

一致性训练的内容包括：目光的一致性训练、动作幅度和角度的一致性训练、动作速度的一致性训练、位置的一致性训练、手型脚位的一致性训练、腾空高度的一致性训练、转体速度的一致性训练等。

2. 电视、录像分析法

训练方法：这也是训练练习者动作一致性的一个重要方法，运用录像机将练习者进行成套动作训练时的情景拍摄下来，然后组织练习者们一起进行观看，让练习者了解自己的动作情况，了解自己与其他人的动作差别，知道自己的不足，以及在以后的训练中有针对性地进行某些动作的训练。教练员也应运用自己的专业知识分析练习者们在集体项目中的表现，分析每位练习者与其他练习者动作不一致的原因，包括动作角度、动作速度、动作幅度、腾空高度、转体速度等。

四、健美操运动的训练注意事项

（一）建议和参考

科学的运动训练，不仅需要掌握训练理论，更要掌握训练理论背后的生理学基础。合理地安排运动训练的各个要素（负荷强度、持续时间、运动量、恢复方式等），可使机体产生最佳的反应与适应，带来最大的运动训练效果。这样，不仅有助于更准确地把握训练过程中的各种因素及其相互作用，更合理地组织训练过程，而且有助于选取最适宜的训练方法与手段，从而获得最理想的训练效果。

（二）训练原则

美国运动医学的库珀制定了人体有氧代谢能力的训练原则，具体如下：

（1）在最初训练时必须使大肌肉群也参加运动，如腰部肌肉。

（2）保持大肌肉群持续不断的、有节奏的、数十分钟以上的运动时间。

（3）为了达到有氧训练的目的，运动必须达到足够的强度，心率和呼吸频率能达到本人最高值的50%~70%，身体要出汗。

（4）如果参加博格体力感知等级量表测试时，运动的主观感应达到12~14之间。

（5）每次参加训练时，必须遵守先做准备活动，再做剧烈运动，最后进行恢复运动的训练程序。

（6）有氧代谢锻炼的次数，每周进行3~4次是比较适宜的。

（7）每次训练的时间，开始时每次训练5~12分钟比较适宜，逐渐地延长到20~30分钟。

（8）提高有氧代谢的训练项目，最好是快走、跑、游泳、骑自行车。

思考练习题

1. 常见生理负荷的指标包括哪些？
2. 健美操运动对改善人际关系有哪些积极作用？
3. 健美操运动医务监督的内容包括哪些？
4. 常见的造成健美操运动损伤的原因包括哪些？
5. 科学进行健美操运动训练的注意事项包括哪些方面的内容？

第六章

健美操创编

本章导言

健美操运动是以提高人体各种机能及身体能力，增进健康水平，提升人们的生活质量为目的开展的一项运动，创编是这一活动的开端。随着时代的进步，健美操已形成多学科交叉、多任务、多内容、多方法的综合性体育运动项目。本章通过多维度学科视角，较为全面地介绍了健美操成套动作的创编知识，希望对大学生的健美操学习和创编有一定的帮助。

学习目标

1. 了解健美操成套动作创编的基本原则。
2. 了解影响健美操创编的重要因素。
3. 了解健美操的创编方法。
4. 了解健美操的创编过程。

第 一 节
健美操创编的原则

健美操,是运用具备健美操规定特征的肢体动作,用运动轨迹表现思想,通过合理的肢体筹划及运行,将练习者的肢体动作在时间、空间及想象空间等的充分运用和发挥,加上审美意识的主导,用一种令人愉悦或者亢奋的方式,彰显练习者的健美操技术与身体技能,表达一种思想、一份意境和一种积极向上的健康、快乐情绪。因此,健美操创编是关乎人体科学、文化传承、审美意识、物理空间、心理控制等多种学科的综合体,需要从多级、多维度视野关注其创编。

依据不同种类健美操的运动强度及运动目的的不同,下面我们重点讲述三种不同类别的健美操的创编原则。

一、健身性健美操的创编原则

健身性健美操的宗旨在于提高人体的健康水平,发展人的运动基本素质,改善形体,愉悦身心。健身性健美操核心思想是"健身",其设计与创编围绕这一指导思想进行。针对这一目的,主要有两方面的创编原则。

(一) 健身性健美操的基础性原则

健身性健美操的基础性原则即在进行创编时满足一些具有普遍意义的基础设计规定。在这些规定的根基与导向下,使得健身性健美操的创编真正为"健身"

服务。

1. 目的性原则

一套健身性健美操的创编，必然有其应用的靶向性。明晰的目的性，是保证创编指向性的关键。

（1）明确的年龄层次区分。不同的年龄层次，人体的运动状态有不同的运动等级安全需求。例如：婴幼儿健身操，主要从促进生长发育、注意力发散方式等方面进行考虑和设计；青少年健身操，主要从促进身体素质发展、协调性培养等方面进行设计与创编；中老年健身操，主要从延缓衰老、促进健康水平等方面进行规划和设计；等等。因此，不同人群的年龄及其身体特点需要有清晰的界定。

（2）明晰的练习目的性。针对不同的练习目的，综合考虑健身科学性。例如：以塑造形体、改善不良体态为目的进行的形体健身操；想要进行局部减脂或者增肌，达到自己理想局部塑形的"××部位"健身操；全面锻炼身体，增加身体灵活性的健身性健美操；针对人体某一伤病部位的功能恢复性健身操；以减肥为目的的燃脂健身操；等等。针对不同的健身目的，设计和创编不同的健身操，以期实现其目的。

2. 安全性原则

安全是所有运动需要遵循的首要原则。健美操的动作是借助身体本身这一道具来展示的，因此其肢体动作的内容非常丰富。在如此丰富的肢体语言的演绎和表达中，合理运用安全性原则是关键。

（1）符合人体运动规律性。人体在完成各类动作时，需要一定的身体素质，诸如力量素质来展示动作的力度；速度素质来显示动作变化的频率；耐力素质来展示长时间展示的能力；柔韧素质来展示动作的开度和幅度；灵敏素质来显示对动作的深层演绎和解读；等等。每一种身体素质共同构建了健身性健美操在演绎过程中，其展示的优美度以及对于身、心的愉悦程度。而这些能力的提升也需要遵循循序渐进，在确保不受伤的状态下不断累积而提升。因此，符合人体规律的设计对健康的促进作用是关键。

（2）确保有氧运动负荷。界定健身性健美操关键因素之一即为有氧运动负荷，因此，对于健身性健美操的设计，其头颈动作的幅度、肢体动作的变化、躯干动作的配合、音乐的速度与节奏等方面，共同构成了健身性健美操成套动作的运动负荷。有氧运动负荷的心律界定值在最高心率的 60%~80% 范围内，健美操成套动作的运动负荷须确保处于有氧区域范围内，以保证健身安全性。

（3）确保健身理念的健康性。健身性健美操设计的总体健身理念应该是积极的，给人一种朝气蓬勃、健康向上的精神状态和面貌，而不是一种颓废的、消极的或者低级趣味的健身方式或者创编。健康理念的表现与表达，主要体现在伴奏动作的设计、音乐的选择以及成套的主线贯穿，在设计时要关注动作设计的潮流和高雅性，伴奏音乐的内涵表达以及成套主题理念的统一性与健康性。

3. 全面性原则

（1）身体各部位的全面锻炼。健身性健美操的动作设计要考虑作为道具来体现的身体各个部位的协同配合，在进行头颈、躯干、上肢、下肢等的动作设计中要体现人体各部位锻炼的均衡性，使人体这一有机整体得以全面发展。

（2）身体素质的全面发展。在保证身体各部位全面锻炼的基础上，考虑身体各项素质的全面发展，包含力量素质、柔韧素质、速度素质、灵敏素质以及耐力素质，通过人体生理机制以及生活、运动需求，健身性健美操的动作设计考虑身体素质的全面发展。

4. 娱乐与艺术性原则

（1）娱乐性原则。健美操是在音乐的伴奏下进行舞蹈，具有较强的娱乐性。优美、激情、充满活力的音乐可以陶冶人的情操，舒展大方的动作使得参与者与观赏者身心愉悦。在健康、积极的音乐、舞蹈中，释放压力，缓解精神疲劳。

（2）艺术性原则。健美操是一类具有表演性质的体育类舞蹈。设计过程中不仅仅要考虑动作设计全面性、多样性，还要考虑动作的美感、审美意识等艺术性要求。在设计创编中考虑动作优美、舒展的同时，选配音乐的旋律、节奏以及活力，也是需要考虑的艺术性因素之一。成套设计中的艺术性原则在考虑整体主线的艺术性设计基础上,合理添加情节、动作、音乐、服装等辅助性表现手段,提升成套设计的艺术性。

(二)健身性健美操的技术性原则

1. 鲜明的针对性

创编成套健身性健美操之前,要了解针对的人群,其年龄分组情况,并且针对不同年龄阶段的人群,区分其健身的目的性,合理设计,选择适宜的肢体动作和节奏音乐,合理规避一些不利于目标实现的动作、音乐、服装等,有效地做好前期规划与总体设计。

2. 合理的成套结构

一套健身性健美操的结构一般分为三个部分:准备部分、基本部分、结束部分。准备部分的主要目的是使身体从相对静止状态开始,关节和肌肉得到一般性活动,加深呼吸,防止运动损伤,为接下来的基本部分打好基础。基本部分是进行锻炼的主要部分,这一部分涵盖肌肉的练习、耗能、操化动作、地面动作、步伐、跑跳动作等。这一部分的主要目的是加强运动负荷、提升身体基本素质、锻炼内脏器官系统等。结束部分主要以放松、伸拉为主,其目的是逐步降低运动负荷,逐渐放松身体,恢复至安静时的身体状态。各部分的运动负荷不尽相同,需要重点把握各阶段的过渡与连接。

3. 动作的有序流畅性

动作的有序流畅性,是指身体活动部位的有序以及动作与动作前后连接的流畅性。如按照人体的生理解剖位置由上至下或者由下至上,由外向内或由内向外,由简单步伐到复杂步伐,由局部至全部,由单一至综合等。需要在健身性健美操的设计中通盘考虑动作的运动负荷及复杂性,合理、有序安排,流畅设计。

二、表演性健美操的创编原则

表演性健美操的目的在于表演,针对某一特定领域、场合进行的具有烘托气氛、展示团队精神的表演。其主导思想即是"表演",在这样特定的环境中展示表演者所代表群体的"精、气、神",在创编时要从以下两个方面的原则进行设计。

(一)表演性健美操的基础性原则

创编表演性健美操基于表演的目的,为了确保健美操表演的效果,其动作创编要遵循以下基础性原则。

1. 主题性原则

表演性健美操的展示场景,是一套表演性健美操设计的依据与关键。

首先是表演所在的活动背景,例如:公司庆典,为了彰显公司团队合作的精神,以及团队作战的能力,可以选择一些打造精致的、具有特色的,并且能够显示团队理念的一些表演性健美操;年终总结,可以选择一些热烈的、烘托气氛的,并且具有收获意味、鼓励再接再厉的表演性健美操;大型体育赛事开幕,则可以选择一些具有激励性质的、力量性的,鼓励拼搏意识的表演性健美操;等等。也就是说围绕活动背景进行主题性设计才能达到预期的表演效果。

其次,依据所要表演的主题内容,根据场地的具体情况、灯光背景等设计相应的具有良好表演效果的动作,并配以和活动主题相关的服装,以及具有相应特色的音乐。在这样的表演性健美操设计中,显示出整体与部分的统一性。

2. 安全性原则

安全性原则在表演性健美操中的运用尤其重要。表演性健美操在特定的场景下进行,各方面的安全因素需要重点考虑及核查。

(1)场地设施的安全性。场地的大小、平整、弹性等都是需要提前核查与适应的。同时,场地音响设备的效果需要保证,灯光等辅助设施都需要确保安全性。

(2)成套难度动作设计的适宜性。表演性成套动作为了达到一定的表演效果,在成套动作设计中,会加入一定的难度动作及团队配合,在考虑团队整体能力基础上,保证所设计的难度动作及团队配合动作有效完成,达到预期表演效果并且不出现伤害事故。因此,适宜的难度和配合设计是需要重点考虑的。

3. 展示性原则

展示性原则是表演性健美操所要遵循的终极性原则。一套好的表演性健美操,其内容的设计应紧扣活动主题,展示本次活动的理念与精神的。与此同时,表演者用另外一种形式展示了团队的力量、合作精神与作战能力。围绕活动的主题,烘托气氛,外向性地表达团队的文化和氛围,进一步推动了对本团队的宣传以及知名度的提升。

(二)表演性健美操的技术性原则

1. 针对性原则

表演性健美操的目的性明确,主要围绕活动主题,对主题的展示起到载体和外放性表达的目的。因此,一套好的表演性健美操其针对性是非常强的,且其展示和表演的效果均是围绕主题进行。其靶向性、针对性需要非常明确,把握这一原则将会事半功倍。

2. 完整的主题性成套结构原则

一套完整的表演性健美操,围绕主题进行设计,需要注意以下方面。

(1)音乐的巧妙选择。音乐的选择要符合所设计的主题理念的要求。音乐的旋律与节拍,其所蕴含的主题意义,在变化的旋律中体现。把握音乐的主旋律,切合活动背景下所要展示的主要思想内容和精神理念,用身体语言——表演性健美操动作进行诠释及演绎,将音乐主题带给人的联想表演出来,为欣赏者带来深层次的满足感。

(2)动作的主题式设计。主题式表演性健美操的骨架——动作,就是表演性健美操的血肉支撑。在活动主题设计的引导下,遴选符合主题意境、思想、情景以及理念的动作，充分运用身体道具进行展示和表达，使得一套动作的主题式设计能够无限接近地被舞蹈语言所展现。

（3）服装道具的主题式配合。服装在表演性健美操的成套中起到画龙点睛的作用。在一定的主题框架设计中，配合一定的场景、动作进行演绎，再配合相应的符合主题理念的服装、道具，从观者的视角方面进行鉴赏联想推进，使得成套动作的设计创编维度更加饱满。

3. 适宜的表演性难度设计原则

表演性健美操在表演过程中，可以运用灯光、音响、舞美设计等进行表演效果的提升。在难度的选择上，可以依据视觉效果的物理错觉、难度动作的空间错位、情景音乐的移情换位等方法，巧妙地选择和设计具有相较于实际难度，具有更高的舞台表演效果的难度动作。同时，在选择相应难度动作时，要考虑完成性，即在团队表演能力保证安全、顺利完成的基础上，合理选择。

三、竞技性健美操的创编原则

竞技性健美操是健美操的高级形式。相较于健身性健美操的有氧运动负荷设计，表演性健美操的主题性、娱乐性规划，竞技性健美操是在一套具有严格意义的竞技性健美操规则的规定下，在赛场竞技中展示身体姿态控制技术、表现基本能力基础上有节律的弹动控制技术等，体现动作的难度与配合、动作形式的多样性与连贯性、运动负荷的高强度性等多方面能力的一项竞技项目。由此可以看出，竞技性健美操已经是一项无氧运动项目。运动员的综合能力，直接反映出竞赛中的竞技能力。因此，竞技性健美操的竞技能力的集中体现是进行创编成套竞技性健美操的核心原则。

（一）竞技性健美操的基础性原则

竞技性健美操以竞技并获得好成绩为终极目标，其要遵循的创编原则围绕竞赛而进行。要想在竞赛中获得好的成绩，竞技场中的各种硬性原则成为竞技性健美操的基础性原则。

1. 遵循规则性原则

作为一项比赛项目，必然遵循竞技比赛的相关规则——竞技性健美操规则。规则是衡量一套竞技性健美操主题表现、动作设计、完成情况的标尺，它判断成套动作在表演过程中所给予的成套完成、艺术效果、难度完成、表演能力等各方面的水平。与此同时，规则又起到导向作用，规则的规定为所有的参赛者指明方向，研究并遵循规则的设计和创编才是正确的方向。

目前采用的竞技性健美操规则是国际体操联合会健美操分会颁布的《2022—2024年竞技性健美操评分规则》，这是最新出台的阶段性规则。规则中，对于竞技性健美操的项目分类、场地大小、参赛要求，成套动作中的完成、艺术、难度等方面，裁判员等的要求都做了相应的规定，在此规定基础上，设计相应的成套动作，会满足参加竞赛的最基础要求。

2. 保持项目特色原则

竞技性健美操起源于传统的有氧健身运动，在展示的过程中必须通过健美操基本的七种步伐来作为基础进行。为了竞技的需求，需要在较为快速的音乐伴奏下，比较完美地完成连续、复杂、高强度的操化动作，难度动作以及过渡与连接，展示练习者的柔韧素质、力量素质、灵敏素质、柔韧与平衡等综合性的身体控制能力。因此，在竞技的过程中，对于健美操的特色与风格的把握成了较为重要的一部分。

3. 竞技性原则

竞技性原则是竞技性健美操的核心基础原则。秉承奥林匹克"更高、更快、更强"的项目发展理念，竞技性健美操规则的四年一更新，新的难度动作层出不穷，练习者的全面培养，为健美操项目的"更高、更快、更强"打下了坚实而科学的基础。通过各级各类比赛竞技，不断地进行交流、学习，遵循项目的发展方向并努力推动项目发展。

（二）竞技性健美操的技术性原则

竞技性健美操的创编想要在大型赛事中获得佳绩，所要考量的技术性原则是重中之重。技术性原则在健美操成套创编中，也可以称为细化原则。在此原则下，裁判员会仔细考察每一个项目、每一个练习者、每一个团队，因此趋利避害地设计和创编，才能让练习者在优中出众，获得佳绩。

1. 比赛项目特色原则

项目特色具有两方面的要求，首先是竞技性健美操的主要特征与比赛内容。健美操的特色是在身体姿态的控制技术基础上有节律地展示弹动控制技术，它的竞技特征表现为动作的难度与配合、动作形式的多样性与连贯性、运动负荷的高强度等。练习者在运动场上的竞技，都是围绕着以下内容进行的：体现练习者的身体素质——力量、耐力、速度、灵敏、柔韧、平衡等能力；独特的吸引力——主题内容、动作设计、动作表现、表情与表演等能力；智慧——战略战术、成套内容不同层次的表演力等；心理素质——稳定的发挥、情绪的控制能力等方面综合进行比拼的。在比赛中表现出来的综合能力，直接反映出练习者的竞技能力，竞技性健美操的竞技能力的突出展现是竞技性健美操创编的重要指导思想。

其次，针对竞技性健美操项目组设置，考虑项目人数以及所参与的练习者性别以及能力差异，有差别进行创编是必要的。目前，国际上进行的竞技性健美操比赛项目包含女子单人操、男子单人操、混合双人操、三人操、五人操、有氧舞蹈、有氧踏板操七大项目。不同的比赛项目，要进行有针对性的设计，才能有机会取得好成绩。

（1）女子单人操。女子单人操的设计，需要展现女性优美形体、优雅气质，超强综合全面的身体素质，竞技性健美操风格的展示以及融合在成套中的完美表现力等。

（2）男子单人操。男子单人操的创编，需要体现男性的阳刚之美、儒雅气质，超强综合全面的身体素质，竞技性健美操风格的展示以及融合在成套中的完美表演能力等。

（3）混合双人操。混合双人操的编排，类似于情侣之间的生活、工作、学习或者相互爱恋的场景。在混合双人操的成套动作中，既需要体现男女表演者性别迥异，又要体现双方精神的融合性、内在的默契性所展现出来的统一性。在成套中，既要表现男女练习者不同的技术、能力特点，又要在相互的配合中展现各自的能力张力，以达到更加强大的表演效果。

（4）三人操。三人操的人员构成是多成分的，可以是男子三人、女子三人、女子两人男子一人、男子两人女子一人。三人操在于展示具有特色的三人强大实力，需要体现三个人共同展现的能力与主题的一致性，并且体现多样性和多变化性。

（5）五人操。五人操的人员构成则更加复杂，人员组成有男子五人、女子五人或者其他男女不同的组合模式。人数的增多，为团队的人员能力构成增加了难度，也使团队成套动作的一致性展示提高了要求。团队五个人在完成成套动作的过程中，要体现每个练习者能力擅长的外显张力，回避每个练习者的弱势能力；同时要在总体上显示出团队集体凝聚在一起的力量与能力。这些不仅仅是个体能力的简单叠加，而是取长补短形成大于或者高于个体综合的能力和水平。

（6）有氧舞蹈。有氧舞蹈是一类集体项目，由八名选手共同完成。八名参赛练习者的组成也是随机的，男女的比例可以根据团队的具体情况而决定。人数的增多提升了有氧舞蹈成套动作展示的复杂性和多样性，但也增加了团队个体出错的可能性，增加了团队中每个个体无法保持一致性的风险。因此，需要针对有氧舞蹈的主题设计，让团队的每一个人为团队的整体意境做出贡献，既要体现每个个体的自我能力，又要使个体的特点及团队的整体展示都能最大化展现。同时，成套动作的难度系数要控制在规定的范围内，这在一定程度上为创编提出了更高的要求。

（7）有氧踏板操。有氧踏板操也是一类集体项目，由八名选手共同完成。其具体的要求同有氧舞蹈的要求类似，但增设了器材的使用，这就要求合理、巧妙地使用器材，并结合器材的特点，展示团队的优势，避开弱项。由于踏板具有一定的高度和长度,在表演踏板操的过程中,练习者借助上下踏板身体重心的变化,增加或减小运动负荷,通过围绕踏板前后左右的方位变化,体现动作多样性。将身体重心的变化结合方位的变化,体现人体和器械相结合的完整性与融合性,这在某种程度上又进一步增加了舞蹈展示的难度。

2. 动作多样性原则

成套竞技性健美操中体现艺术性创编的核心点在于多样性。多样性体现在成套动作的风格变化、动作与音乐节奏变化、操化动作的多样性、难度动作的选择等方面,需要依据成套竞技性健美操的主导方向进行不同的设计与编排。

首先,在操化动作及其组合动作、难度动作的选择中尽量不设计重复动作,也就是在 1 分 20 秒 ±5 秒的时间范围内,大约 240 拍的动作均是由不同的动作所构成。规则中指出,动作的多样性并不意味着不允许重复基本步法或其变化,而是练习者应避免做相同的动作组合。动作的变化应综合考虑头颈、上肢、下肢、步伐等的配合及相互连接的多变形及均衡性。

其次,过渡与连接的多样性表达。成套动作涉及操化动作、难度动作、地面动作、空中动作等,各种类型动作的有效连接与过渡能成为点睛之笔,使得整个成套动作顺畅连接,成为一个整体。目前,过渡与连接动作已成为一个重要的得分点,如果有不重复且流畅的连接,将为成套动作的高得分做出贡献。

第三,要体现空间与移动路线的多样性。竞技性健美操要表现站立动作、地面动作、空中动作的均衡性,这是练习者在场上竞技可以运用的垂直空间。其中站立动作是指操化动作和特色动作,地面动作主要是指在地面完成的一系列难度动作,空中动作主要是指高强度的克服身体重力的高难度动作。这几类动作构成了成套健美操的丰富动作类型,并且通过身体方位的变化创造成套动作的丰富与流畅性。

与此同时,在动作空间变化的基础上,练习者要将场地的平面路线多样性表现得较为完美。成套整体运行的路线包括:直线、斜线、曲线、波折线等。有目的地、巧妙地使用这些路线可以增强成套动作的流畅感,使成套动作显得饱满与飘逸。另外，两人以上的集体项目，还要考虑队员之间的位置与变化，这也构成了成套动作队形形成的一个平面的变化。

3. 难度动作个性化原则

竞技性健美操中的难度规定要求：A 组，地面难度；B 组，空中难度；C 组，站立难度，三组动作分别包含 8 个类别，至少选择 5 类动作。难度动作的完成情况与每个人的基本功息息相关。团队的每一个人的身材比例、肌肉特点、柔韧与平衡能力等均有所不同，在考虑项目原则基础上，难度动作的添加既要考虑难度类型的均衡性，还要考虑练习者个性化的难度特点，整体把握、扬长避短，巧妙添加合适的难度，才能取得预期的竞赛效果与成绩。例如：女子三人操，其上场比赛首先给人的印象是女性的修长与健美，因此，柔韧性、平衡能力的展示则会认为是理所当然，会被认为是附着在女性肢体上一些必然素质。如果三位女练习者在高、飘的跳跃性动作中结合柔韧性展示，则是一种比较高级的参赛技巧。又或者三位女练习者在表现超强的柔韧性同时，展示类似男性练习者的力量，那就是一种出人意料的高级参赛技巧。又如：女子三人操，其中一人体重较大、力量较好，而其他两位则属于中等，则可以考虑三人的动力性配合为有底座的金字塔形，或者是展示力量型选手的承重能力、支撑同伴的能力等。无论何种情况的难度设计与添加，均建构在每一个练习者所具备的健美操基本功以及其自身的特点之上，需要综合考虑，通盘把握。

4. 艺术创造性原则

竞技性健美操的艺术性要求在体现健美操项目特质的基础上，成套创编所有内容必须要完美地融合为一体，使表演成为一种富有创造性和独特性的艺术展示。成套健美操中设计的重要因素包含主题、健美操动作、音乐、服装及表演等，从这些因素的归类和设计中，很大程度决定了一套竞技性健美操动作比赛的成绩与效果。健美操的艺术创造具有双重性，首先是创编过程中的艺术创造，其次是练习者在完成成套动作表演过程中的二次创造。创编中的艺术创造是基础，通过练习者的身体道具将丰富的内容尽可能完整地展示并升华，使得成套创编在练习者的竞赛中得到二次创造，形成带有烙印的具有个人特色的完美演出，这是进一步升华了的健美操竞技和表演。只有将二者很好地融合在一起，才能形成较为完美的竞技性健美操表演。

《2022—2024年竞技性健美操评分规则》中明确规定："成套动作的原创性/创新性，不仅包括与所选音乐相契合的主题，还包括其他动作（配合、过渡动作等）的创新性和独特性，这些动作的展示要自然、真情流露。"同时，"成套创编的各个组成部分必须完美地相结合，才能在尊重健美操运动特点的前提下，把一项体育运动转化为具有创造性和独特性的艺术表演（清晰的健美操运动风格）。""健美操运动员必须通过展示自己的个性、独特的风格和出色的音乐运用方式，把一个结构良好的套路转化为一种艺术表演。"从规则规定看出，艺术创造是高水平成套动作在竞赛中取胜的关键与核心。

第二节 影响健美操创编的重要因素

健美操的创编是一项综合性极强的设计工作。对于创编者来讲，不仅仅要熟悉健美操项目特色，还要熟知团队运动员中个体的特色与能力，同时需要具有一定的音乐素养、审美能力和一定的空间架构能力等。根据健美操目的性原则，要有效达到健身、表演、竞技的目的，并且取得预期的效果和成绩，则需要创编者在创编时关注项目特点与规律，将健美操成套动作架构、风格特点、音乐旋律、空间运用、服装特色等，用主题进行梳理和串联，形成一整套完整的健美操作品。

一、主题

"主题"一词起源于德国，最先使用于音乐当中，指乐曲当中最富特征性的核心乐段，后经日本引进我国。主题的产生基于两个基本条件：一是作品的题材，另一个是创作者的思想感情。健美操的主题即健美操的主要内容，其反映的是成套动作中所要展示的中心思想和主要事件。中心思想可以是一种精神，一份理念，一种执着追求，或者一份信念。围绕所预设的中心思想，通过一定的事件或者故事情节，将其串联起来，最后运动员运用健美操动作进行展示，并形成完美的健美操剧目演绎。也就是说，在成套动作中，主题思想、动作、练习者是创编者需要关注的关键点。

1. 题材

题材，就是可以构成艺术作品的原始材料，是客观社会的、历史的事件或者现象，是创编者对于生活素材经过选择、集中、提炼加工而成的。作为具有主观评分的一类舞蹈艺术，健美操的题材遵循项目本身特定风格及运动规律的同时，更多地来源于现实生活与现实世界。另一方面，由于健美操特有的激情与活力，反映的是一种积极向上、拼搏进取的理念与精神，因此，健美操的创编中选择和处理题材是受到正确的价值观导向、积极的创作意图和具体的健美操规定约束的。

（1）现实题材。这类题材能直接地反映时代和人民的精神面貌，反映时代的思想，反映美好的感情和情操。如健美操作品中塑造军人的英雄形象，提升人们的爱国热情；又如作品中塑造团队力量与合作，唤起家国情怀等；再如作品中反映校园青春生活，激发奋进激昂的青春拼搏精神等。将这些现实题材融入健美操作品中，厚实文化底蕴，强化健美操的教育功能和社会作用。

（2）历史题材。这类题材除了作为对历史知识的学习和教育外，还将一些历史事件转化为作品进行演绎的同时，呼应现代的一些精神与理念，从中映射时代变迁与历史的轨迹和规律，从而发现时代变迁的主流方向，宣扬和鼓励历史背景下的正确方向与精神追求。

（3）神话、传说、寓言。这方面的作品，带有一定的神秘色彩。作为具有蓬勃生命力的健美操项目，在选择此类题材作为主线贯穿成套动作始末的过程中，其选择面在于能够反映表演者对富含正能量的、能够迸发出积极意义力量的健美操主题内容，才符合项目特色。因此，在选择一些耳熟能详的神话传说或者寓言故事时，需要强调一些正面、积极的具有吸引力的精神或者内在力量，弱化、淡化一些消极、不良的内容与理念，从而达到具有积极推动意义的目的。

（4）自然题材。自然题材主要是将自然界的景物人格化、性格化，借助自然界景物的特征来表达创编者的内心情感、思想内涵或理念追求。这一类题材的转化，需要丰富的生活经验和深刻的生活洞察力，也需要艺术的激情和高度的技巧。优秀的自然题材的作品具有时代精神，同时也与时代的脉搏相呼应。

（5）文学、剧本改编题材。根据健美操项目特点，一些健美操肢体动作的语言表达，将一些文学作品、诗歌或剧本改编为适合健美操动作表达和展示的成套动作，将创编者对于自己在作品中所要着重强调、弘扬的精神追求、理念，用特色的健美操语言展示，形成具有一定文学烙印或者特定剧本内涵的健美操成套动作。

2. 思想情感

情感是人类与生俱来的一种本能。在人类社会的发展中，文化是前进的动因和根基，文化也是孕育情感的土壤。《诗经·大序》中说"手之舞之，足之蹈之"，说明动作的根本出发点是为了表达情感，情感是动作发出的内因、基础。作为一类文化载体的舞蹈——健美操，其变化多样、丰富多彩的身体语言，通过生命的律动，将一种激昂、振奋的情绪用最直接的方式表达与展现。同时，作为一类变化非常快速而又具备强烈张力与感染力的健美操动作，从某种程度上说，甚至有时候比语言、文字更加细腻、直观、丰富，使人产生丰富的联想与回味。

（1）力量情感。健美操动作通过身体力量的展示，其中包含上肢力量、下肢力量、腰腹力量、弹跳力等多方面的综合展示，表现身体能量，体现能力状态。健美操的动作讲究力度，力度是指功力的深度或者使用力量的程度。用力的大小构成了力度的强弱，肢体在运动中的力是多种多样的，大脑支配肢体各个部位发出不同类型和不同程度的力量。动作的发力点不同，力度大小不同，或者发力方式不同，都足以改变一个动作的性质及其外在呈现方式。因此，成套健美操动作中几乎充斥80%的力量动作的展示，表达了一种振奋、蓬勃的力量情感。

（2）速度情感。舞蹈节奏，是指舞蹈在动作、姿态、造型上离地的强弱、速度的快慢、时间的长短、幅度的大小等方面的对比规律。节奏的变化，形成舞蹈的不同风格类型。健美操这一类舞蹈，其动作速率较之其他舞蹈种类是非常快的。这种变化的身体语言，用一种急速的方式表达出来，展示出现代社会生活节奏的快速变化，人们在适应这种快速变化的过程中，用肢体语言的速度变化传递情感，表达情绪。

(3) 文化情感。健美操这种艺术形式，遵从艺术发展的规律，通过训练、组织和艺术加工的创编手段，表达情感，反映社会生活。健美操不仅仅是体育运动，更是在社会生活中衍生出来的一种反映现实的社会意识形态，反映积极层面的思想、理念与追求。同时，人们在欣赏或参与健美操时，将内心的体会进行语言传播或者身体传递时，将这一类活动转化为一种健康向上的，具有教育、宣传意义的一种社会活动，形成健美操项目特定的社会文化底蕴与情感。

(4) 美的情感。对于美的追求是人类的一种天性，作为一类舞蹈艺术的健美操必须符合人们在进行舞蹈艺术学习或者表演时，对美的体验与追求。健美操美的情感主要体现在两个方面：一是成套健美操的内容；二是成套健美操的形式。内容主要体现设计者所要表达的思想、追求，旨在培养人们的高尚情趣，起到净化心灵、陶冶情操，鼓舞人们为创造更加美好的生活努力去奋斗的精神。形式则是通过健美操的特定风格、特定形式，将创编者的理念外化进行表现，从而使观者获得美的体验。

二、动作

动作是人际交往中无处不在的一种存在，舞蹈艺术就是人体动作艺术化的结果。自然形态的动作是舞蹈动作的缘起与基础。所有人体发生的舞蹈动作都是在相对应的情况下形成的，展示连接过渡动作，手臂相对于掌、拳，上肢相对于下肢，躯干相对于步伐，对称动作的相互呼应，不对称动作的另类表达，姿态动作和快速动作的对比表达，等等。因此，无论创编者如何设计路线的变化，如何进行力度的使用，如何进行幅度的处理，如何进行节奏的变化，都脱离不了四肢与躯干的运动。创编者在有限的肢体配合中，创造出无限的可能性。

健美操是一项特殊的体育类舞蹈艺术，在规则中明确规定了健美操动作的具体要求。

1. 操化动作

在健美操成套动作的设计中，需要贯穿具有清晰辨识度的健美操操化动作，对于一类具有体育竞赛性质的运动项目，其项目特色的保持，是极其重要的。操化动作中要体现健美操的七种基本步伐，手臂动作以及躯干动作、表情的演绎。在强调练习者全面控制身体动作的同时，展现良好的技术和动作质量。

2. 主体结构内容

成套动作中的设计，其中有很多将表现核心主题的内容及动作串联在一起的动作，包括不同风格、不同情节或者不同空间的过渡动作；难度与操化的连接动作；团队之间进行配合、彰显团队不同能力和默契度的托举动作；体现团队技巧能力的动力性配合动作；展现创编者对于竞赛场地或者表演场地的合理使用、立体空间层次动作的不同分布、不同区域的占领与分布等的空间运用能力。这些为主题思想动作演绎进行点缀和服务的结构性内容，在成套中也起着至关重要的作用。

3. 难度动作

难度动作是指在健美操中具有不同等级的超出常人水平能够完成的、展现练习者不同的身体素质和动作技巧的三组动作。这三组动作分别是：地面难度（A组），包含三个类别，分别是动力性力量动作、静力性力量动作、旋腿类动作；空中难度（B组），包含三个类别，分别是动力性跳步、姿态性跳步、纵劈腿跳/跃；站立难度（C组），包含两个类别，分别是转体类动作、柔韧类动作。在表演或者比赛中，练习者可以根据自身身体素质情况以及能力状况，选择适合能力等级的难度动作，并将难度动作合理设计到健美操成套动作中，以最大限度彰显练习者的能力。

4. 技术技巧

练习者的技术技巧是最能够反映健美操功力的艺术评分内容。技术技巧包含较多内容，首先是练习者的身体形态与姿态。练习者在赛场上，良好的身体比例、清晰健美的外形、正确的身体姿态和关节状态等，这些主动或者被动彰显练习者柔韧性、肢体力度和身体力量、爆发力与耐力等素质的身体状态，直接反映了练习者的身体能力情况。其次是练习者完成动作的准确性及身体控制能力。准确性是指练习者在完成动作的过程中，有清晰的起始动作，完成动作的路线和轨迹符合身体发力的生理规律和特点，完成时有效地控制定位，展现良好的控制能力，这就是保证高质量完成动作，通过健美的形体展现动作的第二重保障。最后，就是团体练习者在展示和表演时，团队动作的一致性。一致性对于团队项目非常重要，整齐划一的动作所带给人的震撼和美感，是无以比拟的。团队成员的每一个人，其身体结构特点，肌肉特点及发力习惯各有不同。有效调整团队每个人的状态，将大家融合成一个整体，每一个动作的起始、中间路线与轨迹、动作的结束都能够完全地同步，在这样的状态下，团队的一致性就成了获得高分的保证。

三、服装

服装在健美操成套动作中起到画龙点睛的作用。无论是健身性健美操、表演性健美操，还是竞技性健美操，服装增加了成套动作主题意境的表述性，直观地让观众体会成套动作的思想，让人产生联想，预判或者预构思整个健美操成套动作的情节与内容。服装的选择从属于主题的预设，在主题思想的主导下，依据情节设计动作，根据动作的风格、主题的意境选择合适的服装。服装的选择主要考虑以下几个方面。

1. 服装的正确性

服装的正确性是指正确的健美操着装。健身性健美操正确着装的要点在于利于健身。目前，流行的健身性健美操花样繁多、层出不穷，针对不同风格的健身性健美操，需要有不同的着装。例如：瑜伽的服装偏重舒适、无束缚感，尽量选择一些能够体现优美形体、修长、舒适感十足的衣物；街舞、爵士，节奏与动作的变化丰富，发力快速独特，旨在彰显个性和能力，因此，这一类舞蹈的服装选择在于不受束缚、利于运动且能表达个性的服装；搏击健身操属于力量性的健美操，可以选择彰显肌肉力量、具有挑战性的无束缚服装等。

表演性健美操的正确着装要点在于最大化表演效果。表演性健美操对服饰的要求非常高，一套健美操的表演效果好与坏，与服装有着直接关系。如以《芒种》为表演音乐的表演性健美操，其操化特色以中国传统舞蹈动作为蓝本，进行加工改造，形成具有强烈节奏性的健美操动作。服装则需要选择具有中国舞特色的、具有飘逸感的服饰，并要利于健美操快速、有力动作的演绎，同时结合音乐的健美操表演，没有违和感。因此，《芒种》表演性健美操的着装选择，是传统与现代的结合，且在演绎的过程中要体现融入感、美感。因此，服装的选择，在表演性健美操中是一项具有重要意义和难度的工作。

竞技性健美操的正确着装遵循比赛规则的规定。作为一项比较成熟且风靡世界的比赛竞技性项目，已经明确规定了在进行竞技性健美操比赛的过程中，运动员的外在形象：头发固定在头上，无飘散发型；参赛运动员必须穿着让所有裁判员清晰辨认的白色健美操鞋和运动袜；穿着规则认可的健美操服；只有女运动员可以化淡妆；禁止佩戴珠宝首饰和多余的饰物；不得露出内衣或者打底衣；不得穿着描绘宣扬战争、暴力、宗教等主题的服饰等等。

因此，健美操服装着装的准确性在一定程度上显示了创编者对健美操项目的把握能力，以及对传统文化和身体语言表达所具备的综合能力。

2. 服装的表现性

服装的表现性，主要是从服装中所蕴含的意义上外显出来的相关信息，主要体现在以下方面：

（1）颜色。颜色在健美操服装中具有显性意义。健美操服装多采用色彩艳丽、夺目且能够反映本队或者本国特色的服装，如中国国家队常采用的服装配色就是中华人民共和国国旗色——红、黄配色。颜色的选择除了国家特定意义的旗帜意义之外，还在于它本身所蕴含的意义。例如：红色代表热情、积极和充满活力；蓝色是海的颜色，代表的是深远、博大、沉稳等具有王者气质的表征；黄色代表着富有、智慧和威严；绿色代表的是充满希望、和平和追求的理念；紫色代表的是高贵、浪漫、与众不同的一种神秘美感。由此而知，不同的颜色所蕴含的意义不同，依据不同的主题预设，进行不同配色的选择，可以达到相互映衬、烘托的作用。

（2）款式。健美操服装的款式主要服务于主题内容的预设，以及动作风格的类型。主题思想是指引动作风格的内在动因，动作风格是主题思想外显的载体。因此，想要更加直观地表现主题思想，服装款式起到引导联想和铺垫的作用。例如：《笑傲江湖》是一部耳熟能详的古装电影，彰显的是我中华儿女传承下来的家国胸怀和不畏强敌的铮铮铁骨。服装的款式可采用古装改编成符合健美操规定，配色可用红黑配色的劲装，由款式和配色即可获得武装打戏的场景，为后期的表演打开了联想之门。因此，服装的款式在于主题，是依附于主题而存在的点缀与说明。

四、表演

表演是成套健美操取得最终效果的法宝。健身性健美操，需要在练习的过程中通过健美操动作练习和展示，不断地取得健康身心、塑造形体、缓解压力的效果；表演性健美操需要在表演中突出主题、表达思想，为主题活动的效果取得良好的桥梁作用；竞技性健美操，通过创编者的设计，将成套操的整体框架、主题意境以及情节细节，在练习者精彩的表演之下完美地展示出来。

1. 动作美感表演

以身体为道具的健美操，其借助步伐的变化和手臂动作的配合，结合身体核心的整体性，以动作的形式表现特色，动作的美感就是首要因素。头部动作，是整个身体语言的灵魂部位，头部位置的活动范围是有限的，仅有头部的屈、侧移、绕环等。但肢体语言中的喜怒哀乐，通过面部的表情，眼神的传递，赐予了所有肢体动作以灵魂。躯干动作，其活动范围类似于头部活动的范围，躯干的动作结合头部动作与表情，将肢体语言的表达与意境上升到精神与联想的空间，为肢体语言的深层次表达奠定了基础。关节是各个肢体间的衔接，是将每一部分分开的肢体，巧妙地连接在一起的重要纽带，关节的柔韧性体现了各肢体间连接的灵活性，关节的力量展示了各肢体间动作的整体性与合一性，因此，关节的活动范围与力量一直是练习者训练的常规与日常，更是他们展示弹动、体现力与美的关键。

2. 形体美感展示

在健美操动作中，以人体的矢状面、冠状面和水平面的延展方向作为基础，在这三个基本方位的动作基础上，强调身体发育、成长或者变化成正位，也就是人体骨骼与肌肉的发育与成长向着各个面的延展方向，使得人体在做动作时，其肌肉的收缩与舒张显示了更多的可能性，使得对称美在人体上彰显得更加清晰与明确。在基本位置的训练基础上，加强各个基本方位之间的变化，从而使各部位的肌肉协同能力增强，从而产生更多的肢体语言表达效果和实际的身体能力。正是这样身体正位的不断强化练习，配合不断变化和快节奏的音乐，使得人们在不断地变化中，满足内心对新事物追求的同时，身体语言也同步得到发展。也就是在这样"身正位"的实践中，结合"身正位"理念的不断灌输，在欢快音乐节奏伴奏下的健美操，打开了正能量不断释放与保持的通道，使得健美操项目形成一种由"外练"——塑造与强化人体的形体美，而逐步进深到"达内"——由外在美而推动练习者内心的美好与宁静，起到愉悦身心、陶冶情操、内在美推动与形成的效果。

3. 表情艺术运用

在社会生活中，人们主要通过语言、面部表情来展现内心，而在以肢体语言为主要表达方式的舞蹈中，动作语言的躯体表达则由辅助和次要表达的地位，跃居到首要的情绪与内涵的表达位置。健美操中创编的肢体语言所承载的意义与内涵，借助面部表情的有力协助，将健美操肢体动作的情绪与意义，通过躯体情绪的表达，将健美操的美推向另一个高度。因此，练习者完美完成健美操动作的同时，要将面部表情与动作、躯干情绪有效融合进来，才能提升练习者表演动作的表达。表情与舞蹈融为一体的灵魂舞者，其抒发与蓬勃表达的活灵活现，只有通过充盈内"心"的丰满表达，才能让舞蹈"活"起来，才能身心合一，是一种最自由、最奔放的表达。

第 三 节
健美操的创编方法

一、动作创编法

健美操动作是一类规范化、特殊化的有韵律、有节奏、有情感、有意义的动作。每一个健美操动作都由时、空、力、流畅度四种元素组成，不同的组合方式则会形成不同结构和视觉效果的动作。动作创编法是指在创编成套健美操动作时，以某种特色动作或者风格动作为主要动作原型，进行加工创编后成为具有某种特色或者风格动作烙印的一套健美操动作。

1. 动作创编法的重要性

作为一类体育项目，健美操首先具备的是一种操练身体的功用，而且是被作为进行体育教育的首要和重要功能。其次，作为一类特殊的舞蹈，具备作为表演艺术的美的特质。我国是一个具有多民族融合、多文化交融的大国，存在着各种各样具有多种民族文化表达的舞蹈形式。这些民族舞蹈文化的存在，是现代各种风格健美操存在的摇篮。通过抽取或者采纳民族舞蹈的一些特色、风格动作，经过创编者按照健美操规定的特点创意加工，形成具有烙印性质的一类新型健美操成套动作，真正意义上让健美操成为传统文化的载体，而非仅仅是操练身体的工具。

2. 动作创编法的重点

动作创编法的重点是对特色或者风格动作的素材把握程度。每一种民族或者风格舞蹈,都有各自的基调动作或主题动作。比如:蒙古族舞蹈的动作特点在于肩膀和身体的摇动,体现马背民族在马背上驰骋的律动感觉;维吾尔族舞蹈的动作灵动、小动作变换丰富,体现维吾尔族的聪明、智慧;陕北腰鼓,展现的是西北汉子质朴、醇厚的力量和雄浑;东北秧歌,展现的是普通老百姓温情、幸福的生活状态;等等。无论哪一种舞蹈形式,其特点不同,所形成的动作基调在一定程度上形成自我的规律和模式,只有深度把握不同风格舞蹈的多种素材,才能在众多的素材库中遴选出符合创编要求的成套健美操动作。

3. 动作创编法的难点

动作创编法的难点是进行特色、风格舞蹈动作向健美操动作转换。以动作为主进行创编的优势在于动作的素材具有特色,并且在此风格基础上的所有动作均可以被健美操所用,并根据原生态动作加工、整合、提炼出更多的动作元素。在这些动作元素中,从风格舞蹈动作转变成健美操动作的路径是:首先寻找适合健美操项目特色的动作,尽可能还原动作原型,使其成为健美操成套动作的核心动作;其次是寻找一些特色、风格动作中能够与健美操动作相通,并且可以通过路线、轨迹的变化,或者发力的方式,或者节奏的变化变换成健美操中可用的动作;最后,将一些具有代表性的动作通过团队合作或者造型、托举等形式展示出来。因此,健美操动作的转化是在风格舞蹈动作的解构和健美操动作的重新建构中不断完成和完善的。这需要一定的实践经验和舞蹈功底,也是采用动作创编法的难点。

4. 动作创编法的局限性

健美操动作具有其自身的特色、风格舞蹈等个性特征的同时,也受到这些特征的局限,不能够脱离这些特征而存在。因此,在创编健美操的过程中,遵循这些特色和风格成为必然,同时,打破这些特征的壁垒就会导致成套健美操的风格异化,产生违和感,从而丧失美感和代表性。因此,有效转变与融合,并在设计中规避局限性是采用动作创编法的关键。

二、形式创编法

形式创编法主要是指在健美操的创编中，从成套的内在结构和外在表现方式两个方面进行设计。内在结构主要是指成套中支撑起整个健美操作品的各种动作构成和合理的逻辑顺序。外在表现方式主要是指按照主题预设的中心思想来表达意义和风格特色的健美操动作。先由一个个的健美操基本动作形成一组组健美操组合动作，然后形成不同情节、场景的段落健美操，最后形成一段具有完整结构的健美操成套作品。内在的结构通过成套健美操作品的动作体现出来，而健美操动作必定依据创编者预设的内在结构构思，外在的健美操动作与内在的健美操结构相辅相成、紧密结合成统一体。

1. 形式创编法的释义

（1）成套健美操的结构。健美操成套动作的结构是以这种框架式的设计为切入点，按照健美操规则规定的动作要素、难度级别、特色组合等方面，考虑运动员的身体综合能力，进行健美操成套动作构图。健美操成套动作构图是创编者在大脑中形成一幅完整的虚拟画面，依据画面来进行健美操动作的添加与创作。在创作的过程中，以成套整体架构的平衡与美感为主要考虑因素，再按照段落与情节分别设计和添加健美操动作。

（2）成套健美操的外在表现形式。健美操动作是一类身体语言，一套健美操作品是由不同的健美操单个动作——词语，通过形成健美操动作组合——语句，再形成情节场景——段落，最后形成完整的成套作品——文章。在这样的彼此连接和呼应中，通过健美操的动作语言将健美操的成套动作结构连接成一个整体。内在结构透过健美操的肢体语言的形式体现出来。

2. 形式创编法的重要性

形式创编法在健美操创编中的运用最重要的作用在于强化了成套动作的平衡性。以结构为主导的成套设计中，各段落的划分、情节的预设、难度动作的设计、体能的分配等,都需要精确的估算,并且在形成健美操成套动作构图的过程中,需要在大脑中形成一幅幅动态的画面。形式创编法能够对整个成套动作的结构进行有效控制,避免健美操规定动作的缺失,使得创编的结构平衡性大大增强。

3. 形式创编法的重点

对于创编者,要想开展形式创编法进行健美操成套创编,其首要核心点在于对基本素材的把握程度,只有在掌握丰富的健美操基本动作素材的情况下,才可以将大量的素材举一反三地运用,不断地发展和变化出丰富多彩、新颖的健美操语言。其次,需要创编者具备缜密的逻辑思维能力,大脑中动态的健美操画面,如何完整清晰地勾勒形象或者讲述一个故事,都需要在思维中构图,在实践中不断地修订,以达到预期的表演效果。第三,需要创编者具备一定的审美能力。在思维中完成健美操动作构图,如何进行空间布局、如何进行调度、如何创新肢体语言、如何把控内在结构与外在形式的统一性等,都需要创编者具备美的动作元素、美的鉴别能力,才能创编出超凡脱俗的健美操成套作品。

4. 形式创编法的难点

采用形式创编法,其难点是如何进行框架下的突破。形式创编,在进行了内在结构的初步预设之后,其外在的形式在一定程度上受到了框架结构的约定和限制。同时,在内部结构的限域内,一些动作、情节、段落带有了一定的束缚性,如何在限定的结构内创编出新颖、具有创意的健美操动作是个难点。

5. 形式创编法的局限性

形式创编法的局限性体现在内在结构的框架限定性。这种限定性需要创编者巧妙地预设,涵盖更多的可能性才能打破。另外,需要创编者对完成内部结构舞者的能力有正确的评估,能够很好地实现创编者的设计,才不会受制于内在结构。

三、主题创编法

主题是健美操作品的灵魂。无论是健身性健美操、表演性健美操,还是竞技性健美操，其作品的内容反映核心精神价值。主题，不仅仅是对于题材的阐释，还是通过题材体现创作者的精神理念和思想情感。主题的选择关乎健美操肢体动作的风格、音乐以及服装等影响因素的择取，在主题预设情况下，在主题服务的其他元素都得以定位。

1. 主题创编法的优势与重要性

主题创编法的优势在于能够清晰、明确地表达健美操成套作品的核心思想与理念追求。主题是成套健美操作品的"统帅"，是引领健美操动作、难度设计、队形路线、空间运用等的指挥棒。因此，在主题创编法主导下，其核心价值和精神理念的表达较为集中，不会脱离轨道。

2. 主题创编法的重点

主题创编法的重点在于成套故事构图的跌宕起伏与吸引力。所有的成套构图都是围绕主题进行，同时，主题的表达可以采用多重情节或者多种风格来演绎。因此，主题的设计可以根据健美操肢体语言的表达特点，根据所要表达的核心精神与理念，尽可能巧妙地设计，使得整个健美操作品的内容丰富、情节具有吸引力。

3. 主题创编法的难点

主题创编法的难点有两点，首先是健美操动作对于主题的表达是否完全。在预设主题时，一些情节、段落或者细节的设定，需要考虑肢体语言的表达特点和健美操动作的展示特点，只有运用肢体语言表达的特点来演绎成套动作的各个部分，才能确保主题表达的完全性。其次，根据主题预设的情节等进行演绎时，准确把握风格的统一性。根据主题核心内容的需求，安排高潮迭起的情节故事，在用健美操特有的肢体语言展示过程中，需要考虑各场景、段落或者情节间的有效衔接，把握各阶段的风格统一性和准确性，使得成套动作成为统一的整体。

4. 主题创编法的局限性

主题创编法在创编过程中主题的规定性，限定了一定的健美操动作形式、服装样式、音乐类型等，附着在主题之上的辅助元素都带有了主题的印记。因此，所有的辅助元素脱离不开主题的引导与规定，在一定程度上限制了健美操成套动作的风格、表现形式等。

四、音乐创编法

音乐创编法是指以所选择的音乐为引导元素来进行健美操创编的方法。成套动作的内容构思、动作设计、形式的转变都需要服务于音乐，配合音乐的旋律、情感、风格来进行编排。选择音乐进行健美操编排是较为普遍的一种编排方法。一首优美的乐曲，包括旋律、节奏、调式、和声、复调、曲式等，按照音乐的样式进行健美操动作的编排，则需要将健美操的肢体语言与音乐语言完全融合，成为一体，才能用健美操的动作完美演绎音乐。

1. 音乐创编法的特点

音乐起源于生活，在最初的人类社会，舞蹈、音乐本为一体。音乐是健美操动作的起点，一首音乐的结构从乐节、乐句、乐段，到乐章都有着显著的特性，而这些节、句、段、章，为成套健美操的布局与动作段落的划分提供了有力的方向与启迪。音乐除了这些段落的划分，从情感处理上还有高潮部分与低谷部分。高潮与低谷的音乐布局，也为健美操成套动作的主题思想的表现与表达提供了参考依据。因此，音乐创编法给予了创编者一套完整的健美操作品结构，所有的健美操动作按照音乐的严密逻辑进行演绎和设计，使得健美操动作与音乐形成高度统一的整体。

2. 音乐创编法的重点

音乐创编法的重点是对音乐的选择和把握。创编时进行音乐的选择，是创编者对表演群体的风格特点与综合能力的预判，也是在编排中能够趋利避害的一种优势展现的选择。因此，在选择音乐时需要对音乐的结构、节奏、旋律、配器等诸多因素进行分析，找出动作与音乐的契合点，并在音乐的特殊节点时进行健美操动作的特别处理，音乐高潮意境时设定相应的健美操主题高潮，使得音乐与动作——回应，形成相融合的整体。

3. 音乐创编法的难点

音乐创编法的难点在于音乐与动作的和谐统一性。以音乐为主导的健美操成套创编，在动作配合音乐表现的过程中，要寻找契合音乐的健美操动作，并且要关注音乐细节的处理，在一些具有特色和代表性的音乐节拍中，编排切合的动作可以达到良好的效果。同时，在成套健美操动作中，要体现音乐的完整性，要给观者用动态的画面视觉效应融合听觉效应，创造视听盛宴的愉悦感受。

4. 音乐创编法的局限性

音乐创编法优先选定了音乐，音乐的节奏特点、旋律风格、主题意境、高潮情节等，在一定程度上限定了动作的设计与变化。这样的局限性，虽然在一定程度上影响了动作设计的延展与发挥，但是保证了风格动作与音乐的统一性。

五、混合式创编法

混合式创编法是借鉴上述几种方法组合在一起的创编方法。在健美操的实际创编中，很少单纯运用一种方法，往往采用几种创编方法共同为成套健美操作品服务。

1. 动作先行结合形式创编法

采用这种创编法时，创编者应以某种特色、风格动作为动作原型，结合表演者自身特点进行动作设计与创编为先导，配以内在结构的整体设计，再根据动作与健美操内在结构配合相应的音乐、服装等其他元素，形成完整的成套健美操动作。

2. 形式先行结合主题创编法

采用这种创编法时，创编者需设计好健美操成套动作内在结构和外在展示方式的特点和风格，再将一定的主题理念与精神融合到整体框架设计中，用成套健美操的核心价值、思想等点亮成套动作，使其整体性得到提升。

3. 主题先行结合音乐创编法

采用这种创编法，创编者需在设计成套健美操作品时，对成套动作的核心思想及价值理念进行预设，在此基础上，选择不同的音乐片段为主题理念服务，使用合适的连接动作与音乐使健美操作品成为完整的整体。

4. 音乐先行结合形式创编法

音乐先行结合形式创编法，就是以音乐作为成套健美操创编的"统领"，在音乐的旋律、节奏等的引导下，将健美操中所应具备的一些规定性动作，以形式创编法嵌入进所选择的健美操音乐中，从而达到更加良好的表演效果。

在健美操的创编中，不同的创编方法有其不同的侧重点。例如：动作创编法强调成套作品的动作风格；形式创编法注重成套作品的结构；主题创编法重在表达成套作品的文化内涵；音乐创编法旨在诠释音乐旋律与内涵；混合创编法主要融合几种适宜方法进行创编，等等。实际在创编成套健美操作品的过程中，常常是几种方法共同使用相互起作用，并不断微调。无论是哪种方法，均为创编出好的健美操成套作品服务。

第四节
健美操的创编过程

健美操成套动作的创编过程是指具体流程和步骤。在创编时有序进行流程和步骤，不仅可以提高创作的效率和质量，还有利于健美操作品成型后的结构分析和微调整，也为练习者在排练和表演中取得优质效果，并逐步过渡到较为完美的健美操成套动作打下良好的基础。健美操成套动作创编流程图如图6-4-1所示。

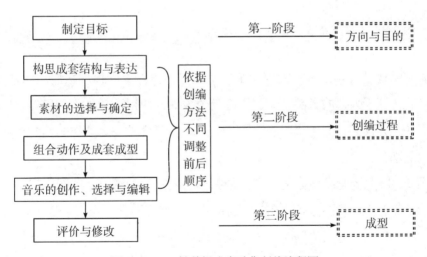

图6-4-1　健美操成套动作创编流程图

图6-4-1所示流程是以形式创编法为主要方法进行的创编，在创编成套健美操的过程中，创编者可以按照自己的习惯，或者前期介绍的方法进行创编，仅

在某些程序方面做一些调整。以下就形式创编法流程进行具体的阐述。

一、制定目标

目标的制定，首先需要确定创编健美操的种类，分别是健身性健美操、表演性健美操、竞技性健美操。健身性健美操的终极目的为了增进健康、强身健体，需要重点考虑参与锻炼人群的年龄层次、喜好特点等方面；表演性健美操是在特定的场合、特定的主题需求下进行的，就需要根据活动或者会议的主旨要求，以及表演者的特点和能力情况综合进行创编；竞技性健美操则是为了发展这一项目选拔出来的顶级运动员，通过竞赛加强彼此的交流与学习，从而推动项目向更高水平发展的活动。因此，在充分把握创编目的基础上，围绕实现目的性原则会使创编活动达到预期的效果和目的。

二、建立基本结构

基本结构是形式创编法的内在结构，旨在起到内部支撑和核心引领的作用。基本结构类似于人体的骨骼，骨骼撑起整个人体，使得人体内部的脏器、肌肉等得到保护，并遵循骨骼所预留的地方自由运转。健美操成套动作的基本结构主要包括以下部分：

图6-4-2为竞技性健美操形式创编法的内部结构图例，此图中列举出了形式创编法一种内部构图方式。在实际的创编中，保证操化动作、难度动作、托举、动力性配合等均衡分布的同时，考虑表演者的实际综合能力，包括体能情况、难度优势完成项、操化特色等进行合理而又妥善的调整，使得内部结构最大限度显示创编者的水平和表演者的优势。因此，形式创编法内部结构可以根据综合考虑进行调整，图中列举的并非唯一方法。同时，在内在结构基本制定后，在注重外在表达的健美操风格设计下，内部结构还需要根据外在表达做一些微调。总而言之，所有

的设计其最终目的即是用一种美和优雅的方式,最大限度地表现主题、显示能力。

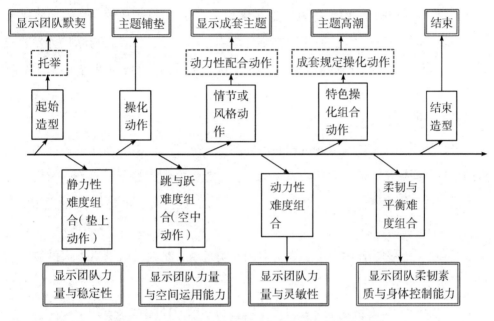

图6-4-2　竞技性健美操形式创编法内部结构图例

三、遴选素材、成套成型

基本结构设计结束后,在基本结构框架指引下的外在表现形式,即情节动作、难度动作、过渡与连接、配合动作等需要逐一添加进入成套结构中,使得成套动作逐步丰满起来。

1. 情节动作

情节动作依赖于主题思想的预设,主题的思想特点、风格特点决定了情节动作的设计路线和风格。情节动作是对主题思想的进一步解读和演绎,在主题思想的指引下,按照主题画风进行身体语言的单个动作、动作语段、情节动作、段落连接、全套思想等的设计与展示。

2. 难度动作

难度动作在竞技性健美操的成套展示中是关键点。难度动作分为 A 组（地面难度）、B 组（空中难度）、C 组（站立难度），三组动作在成套动作的展示需要均衡表现。同时三组动作具有不同的难度级别，难度动作的设计与添加首先要根据练习者的能力级别，根据运动员的具体情况、主题情节的表现要求分别添加与设计。

3. 过渡与连接动作

过渡与连接是主题与情节设计的重要部分。过渡与连接的动作设计犹如一座桥梁，将不同场景、情节的动作完美融合在一起。好的衔接可以将不同风格、不同表达的场景连接在一起，形成完整主题的高潮、低谷的不同表达，且无违和感。

4. 托举与配合动作

托举是在成套动作中规定必须出现的一类动作，是在团队项目中通过彼此的配合展示不同高度的托举，来表现团队的默契、不同特点，以及能力。配合动作主要指团队中两人之间、三人之间、五人之间的动力性配合或者造型动作，这一类动作重点考验团队队员之间的扬长避短、彼此合力展现优势点的团队表演能力。

在主题框架的引领下，综合以上素材动作，甄选适合主题思想、情节的内容动作，将成套作品的大体框架内容填充进去，基本定型成套动作。

四、音乐的选择与剪辑

采用形式创编法进行成套创编时，音乐的选配有以下几种方法。

1. 配音法

配音法是指在成套作品基本定型的状态下，创编者根据各段落之间的主题预设、情节规划以及动作风格、表现形式，使用专业配曲对成套动作的段落进行音乐的制作。经过专业的配曲，曲风风格和动作的融合度将尽可能地达到完美。

2. 段落选曲法

段落选曲法是指如果不具备条件进行专业配曲，创编者可以根据预设的框架主题段落选择曲目，每一个段落的具体内容和风格，与所预设的主题思想进程一一对应。创编者根据段落情节选择相应的乐曲，进行编辑加工，以最佳的音乐段落形式配合健美操动作的表演，并能够用流畅的音乐衔接将每一个段落完整地连接起来，使成套健美操成为一个完整的作品。

3. 全曲选配法

全曲选配法是指创编者在健美操创编时，以形式创编法构成框架、组织内容、预设主题意境，并选择与预设框架内容和表现形式相一致的主题音乐配曲，使练习者在运用健美操动作进行演绎的过程中，用身体语言给观者带来视觉观感的故事。一个故事的发展，有其情节的发展和演变，并在发展变化中出现各类不同的高潮、转折。每一首乐曲，其编曲和健美操创编的过程相似，在演绎的过程中，给听众以一种听觉的方式演绎故事，让听众产生联想，内化故事情节，感受音乐带来的美感。

五、评价与修改

成套健美操的创编，在经过内在结构的预设和外在表现风格的规定，难度动作的设计与训练，基本动作的选择与训练，音乐的选配与加工等步骤，在教练员与练习者进行长期动作训练、难度训练、音乐配合的过程中，不断地磨合微调，将练习者的表演尽可能地达到预期所设定的效果。这是第一阶段的初步成型阶段。

第二阶段，进行比赛模拟，采用裁判员视角评估练习者成套健美操动作的比赛效果。裁判员评判视角主要通过成套健美操的完成情况、艺术设计、难度等级三个方面进行数据化的综合评估。完成情况主要通过操化动作的完美程度、难度动作的完成情况、团队合作的托举、动力性配合完成情况、团队成员完成动作的一致性情况等方面给予规则规定的评分。艺术设计主要通过成套设计艺术性、主题思想内容、操化动作、过渡与衔接、动力性配合、难度的设计与添加等方面，按照裁判规则规定分数进行评价。难度设计与添加主要按照练习者完成难度的等级与完成程度给予分数的评判。

第三阶段，根据第二阶段练习者整体的表现情况，综合评分后进行成套动作诊断。通过技术手段，寻找各个评分点的差距，在设计上找差距，在训练中找问题，努力提升成套健美操的竞赛效果和成绩。

以上是健美操创编的过程，其大体框架和程序可依据创编者的惯常方法和手段进行调整，不一而足。无论哪一种创编方法，其最终目的是均衡健美操练习者各方面的能力，最大化地外显综合实力，并获得佳绩。

思考练习题

1. 健美操的创编原则有哪些？
2. 影响健美操创编的核心因素有哪些？
3. 简述一种表演性健美操的创编方法（方法不限）。

第七章
健美操竞赛的组织与裁判方法

本章导言

健美操竞赛是为了项目发展，促进交流学习，通过赛事的包装和组织将项目推介到大众的面前。健美操竞赛包括队伍参赛与裁判员评判。参赛队伍通过相互观摩、实地比赛、裁判员评分找出差距，提升教练员与练习者的水平。本章通过了解健美操各种赛事的组织与竞赛方法、裁判方法，为各种级别的健美操活动提供理论依据，为同学们在校期间以及未来工作当中进行健美操赛事的组织与裁判提供方法和指导。

学习目标

1. 掌握健美操赛事的组织方法与流程。
2. 掌握健美操竞赛裁判方法。

第一节
健美操竞赛概述

健美操竞赛是项目发展的一种手段和措施。在健美操的发展历程中，通过各种级别和多种项目的竞赛组织，实地进行交流、观摩、竞赛，了解项目发展趋势、练习者发展水平、竞技水平差距等，找出突破口，缩短差距。同时，在竞技比赛中锻炼裁判员的评判水平，让裁判员深层次地研判项目特色和可持续发展方向，进一步推动项目发展。

一、健美操竞赛的意义

社会中各种层次的健美操比赛，为参加健美操锻炼和训练的人员提供了交流学习的平台，对练习者水平提升和项目发展意义重大。

1. 健美操竞赛的宣传意义

健美操是一项极具观赏意义的体育项目。健身性健美操的比赛，强调主题风格的艺术代表性，将练习者的兴趣关注点、健身操的特色融合在一起，让练习者在参与的过程中，愉悦了自己与观者。表演性健美操，在主题意境的引导下，将场景或者主题的内容与理念，通过健美操动作、服装、主题动作与思想表达等完美地展示出来。竞技性健美操，在教练员的主题创编、成套训练、难度设计、服装配合、音乐合拍等一系列精致的打造下，将健美操的健、力、美、难充分体现出来。无论哪一种健美操，都是通过精心打造与包装，用表演、展示的方式向观者、裁判表现出来，这在一定的程度上将项目的魅力展露出来，让更多的人了解和喜欢健美操项目。

2. 健美操教练员、练习者与裁判员水平的提升意义

比赛是体育项目进行推广和发展的有效手段。健美操比赛中，各个代表队通过教练员的创编与训练，将自己队伍的作品展示在大家面前，通过裁判的评分，获得成绩，从而知晓自己队伍与其他队伍之间的差距。在比赛中，通过观摩与学习，教练员寻找设计创编的缺陷、训练中练习者水平与能力提升的方法以及项目发展的方向；练习者在比赛中获得能力对比，寻找自身能力差距与训练方法差距，调整心态，以获得更好的运动能力与成绩；裁判员在比赛中，获得更多的实践评分经验，经历更多的历练后，能够更加精准地评分和执裁。

3. 健美操项目的发展方向意义

项目的发展，更多的是依托参与项目的人群。健美操项目的发展，在教练员全面而周密的创编之下，练习者艰辛与拼搏努力的训练与比赛中，裁判员精准细致的评判下，在不断地推进。健美操项目在三方的共同努力之下，不断地超越自我，打造精品，提升水平，持续而稳定地推动项目发展。

二、 健美操竞赛的种类

根据健美操的分类，可以将健美操比赛分为健身性健美操比赛、表演性健美操比赛和竞技性健美操比赛。

1. 健身性健美操比赛

健身性健美操是在有氧健身的基础上，采用不同风格、不同形式的动作以达到锻炼身体、提高群众参与度、提升练习者健康水平为目的的项目。这一类健美操，练习时间长，音乐速度适中，运动强度始终保持在有氧运动的负荷之内。健身性健美操所设计的内容丰富多彩，可以借鉴传统舞蹈的风格，也可以是现代舞蹈的形式，这些不同的表现形式均要经过健美操动作的特定风格转化，成为健美操动作才能采用。因此，目前健身性健美操的种类繁多、形式多变，但只有具备健美操特质的动作与设计才能成为真正意义上的文化传承载体，并起到愉悦身心、

促进健康的作用。

2. 表演性健美操比赛

表演性健美操是在一定的规定主题内容导向下，将健美操动作围绕主题进行设计，并配合主题音乐、服装、道具、各段场景和情节，结合舞台舞美效果等共同参与下完成的一类具有强烈艺术性的健美操项目。表演性健美操一般是根据表演的任务、性质和需求进行创编，其自由度较大，其内容与表现形式风格多样。表演性健美操的动作元素多极化发展，队形及同队练习者之间的配合多样并具有创意，并可以根据练习者的能力适当添加难度，以提升效果。在表演性健美操的比赛中，一般规定相应的主题与思想，固定一定的人数与场地大小，比拼创编者的设计效果、气氛渲染、主题表达以及设计中体育类舞蹈的艺术表现等方面。

3. 竞技性健美操比赛

竞技性健美操比赛是一类通过运动员的连续、复杂、高强度健美操动作来完成成套动作，在赛场竞技体现练习者能力差异的比赛。这一类比赛首先要体现高难度性。竞技性健美操中规定的难度动作不多于9个，通过难度的合理规划与设计，比拼难度动作的完成情况与表现效果已是高水平运动员的博弈亮点。其次要体现创新性。在竞技性健美操规则的规定下，成套动作除了需要按照规则的规定进行相应的设计之外，还应体现团队特色、扬长避短，成套流畅、过渡巧妙，并能体现多元创造性元素，给观者和裁判构思精巧、新颖别致的观感，才是比赛取得胜利的法宝。第三是需要完美的完成动作。竞技性健美操设计精巧，难度具有特色，在赛场上取得高分则需要完美地完成。完美地完成需要体现操化动作、难度动作、过渡与连接以及托举、配合动作等，将健美操动作基本规定中所要显示的力度、幅度、美感、制动等准确完美地展示，同时，需要体现稳定的完成能力。因此，竞技性健美操是在规则导向下，各个参赛队伍在赛场上进行的教练员设计创编能力、练习者训练水平以及现场表演能力的比拼。

三、健美操竞赛的内容与形式

依据健美操比赛的种类，对健身性健美操比赛、表演性健美操比赛、竞技性健美操比赛，分别进行内容的规定与策划。

1. 健身性健美操的内容与形式

目前流行的健身性健美操的种类繁多，进行健身性健美操比赛的目的在于推动健身性健美操促进健康、创编设计的科学性与娱乐性。因此，在不同的场景可以采取不同的形式与内容进行比赛。例如：在校园进行学生健美操比拼的时候，可以采用大众等级标准比赛、校园操舞比赛等。比赛的内容在规定不同的健身项目的同时，限制一定的难度级别，具体内容可以是规定动作、部分规定动作以及自编动作比赛等，以此来考查学生健美操创编的科学性与艺术性。社会大众健身性健美操的比赛，一般采取的模式是广场舞大赛、健身秧歌等，其比赛的内容、形式和校园健美操比赛类似，其考查的重点在于各种社会健身舞蹈创编的科学健身性、社会推广性以及艺术欣赏性。

2. 表演性健美操的内容与形式

表演性健美操主要是以某种主题模式进行的健美操表演，是一种在规定主题思想内容的多种形式的健美操比赛。表演性健美操的规定主题是一个集中导向的指挥棒，练习者通过健身街舞、排舞、健身秧歌、中国风等各种不同形式的健身舞蹈，采用规定动作、部分规定动作或自编动作比赛，表现同一主题，展现表演性健身操创编的艺术性、表现主题思想的贴切性以及精神风貌的健康积极性等。

3. 竞技性健美操的内容与形式

竞技性健美操是高水平的竞赛，它有规定的项目，如有氧舞蹈、有氧踏板，单人、双人、三人、五人项目等；同时有规定的成套动作时间、规定的难度分类与数量、规定的托举配合、规定的操化拍节等。因此，参加竞技性健美操比赛的练习者是严格按照目前执行的《2022—2024年竞技性健美操评分规则》的所有规定进行设计和创编成套动作的。竞技性健美操比赛的形式有锦标赛、杯赛、冠军赛、系列赛、分站赛、分区赛、邀请赛、友谊赛、大奖赛、运动员等级赛、教学达标赛、成人及青少年比赛等。

第 二 节
健美操竞赛的组织

健美操竞赛的组织是一项程序复杂，执行起来需要巨大的耐心与细心的工作。竞赛的组织工作是否规范、周密，直接影响到比赛的质量、推动项目发展与扩大影响力的效果。因此，有效、合理的健美操竞赛组织，将赛前的合理设计与规划、赛中的有力顺畅实施、赛后的有力保障与总结进行综合管理，才能高质量地完成比赛。

一、赛前

1. 主办单位召开筹备联席会议

筹备联席会议是由主办方召集相关单位和部门进行的准备会议。会议的主要内容是协商竞赛计划的预计实施情况以及具体工作落实情况等，主要包括明确承办单位和协办单位、经费来源、比赛时间、比赛地点、比赛规模等。筹备联席会议将从健美操竞赛的各个方面进行协商和讨论，制定可实施计划，分派工作，落实到人。

2. 竞赛组织结构

在举行竞赛活动之前，首先需要成立大会组委会或者筹备委员会。组委会或筹委会是竞赛组织的最高领导机构，一般由主席、副主席及若干委员组成。同时，下设相关的附属机构与部门，分别服务于不同的竞赛活动需求与保障。健美操竞赛委员会机构如图 7-2-1 所示。

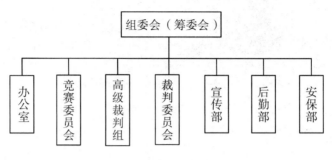

图 7-2-1 健美操竞赛委员会机构

（1）办公室。办公室是大会组委会的执行机构，负责大会的具体工作，协调各部门之间的工作衔接，起草并执行组委会的决定及指令。其具体工作内容与职责包括完成大会活动日程、经费预算、拟定开幕式和闭幕式方案、筹划奖品、召开联络会议等。办公室还分别设有秘书部、财务部、新闻部、后勤部、保卫部、接待部等。

（2）竞赛委员会。竞赛委员会的主要职责是负责健美操比赛方案的制定与实施，是健美操竞赛组织中的核心机构。其具体工作内容包括：起草并下发竞赛通知、制定比赛日程；负责竞赛期间各种会议的安排和落实，联系、邀请相关部门及领导；负责开、闭幕式的策划、组织与实施；负责徽章、赛旗、奖品，各种证件的设计、制作、管理和发放；负责参赛选手、裁判员、领队及工作人员的着装安排；组委会交办的其他工作。竞赛委员会一般由主任、秘书、竞赛管理、行政内勤等人员组成。

（3）高级裁判组。大型、正规的健美操比赛一般均设有高级裁判组，分别设有技委会主席 1 名、助理 1 名、技术监督 3~6 名，共计 5~8 人。其主要任务是接受并解决代表队的申诉问题，及时与裁判长和高级裁判组沟通，并交由高级裁判组做出裁决。当出现纠纷和异议时，高级裁判组技委会主席具有决定权，高级裁判组的裁决将为最终裁决。如遇本国裁决问题，采取回避政策。高级裁判组的主要职责是进行竞赛监督，在比赛期间监督和检查裁判人员、参赛代表队的资格审定和赛场的比赛行为等。

（4）裁判委员会。裁判委员会专门负责组织实施裁判工作，由裁判长和裁判员组成。其主要任务是负责赛前的规则学习、讨论及考核，比赛前的抽签工作，赛场执裁，以及每场比赛结束后的总结工作，保证比赛在公开、公平、快速、准确的状态下进行。具体工作包括：组织制订竞赛规程、评分标准及相关竞赛技术性文件；竞赛规则的学习、辅导、讨论、考核等工作；比赛场地，器械，设备的检验、检测、确认及分配；负责赛前裁判抽签及评分；配合各组做好竞赛相关工作；组委会交办的其他工作。裁判组成员包括：A、B两组裁判，每组裁判设裁判长1人、完成裁判4~6人、艺术裁判4~6人、难度裁判2人、视线裁判2人、计时裁判1人；辅助裁判包括：编排记录长1人、编排记录员3~5人、检录长1人、检录员3~5人、宣告员1~2人、放音员1~2人。以上是在比赛进行所应具备的裁判阵容与人员配备，裁判员数量可以根据健美操比赛的类型和等级情况适当调整。

（5）宣传部。宣传部主要负责比赛期间的宣传、报道等工作，通过直播、采访、媒体等各种方式对赛事进行宣传和报道，以推动项目发展。宣传组一般由3~5人组成。其主要工作包括：比赛期间宣传资料的编制与印刷；竞赛相关讲话稿和主持词的起草；负责开幕式裁判员宣誓词、选手代表发言稿起草；负责与媒体相关的联系工作；负责竞赛期间相关新闻报道的组织工作；负责竞赛结束后后续宣传报道工作；负责竞赛有关资料的整理、汇编和刊印工作；其他资料的起草、收集、整理工作；负责制定并实施体育道德风尚奖的评选活动；组委会交办的其他工作。

（6）后勤部。后勤部的主要工作任务是做好财务管理，在比赛期间做好各项接待工作，在交通、食宿、医疗卫生、通信等方面提供有力保障和良好服务。其一般包括财务管理、行政管理、交通管理、食宿管理、医疗服务等方面，具体人数可以根据比赛具体情况而定。

（7）安保部。安保部主要任务和职责是组织实施竞赛进行过程中的各项安全保卫工作。通常有承办单位内部的保卫组织、公安部门以及其他安保人员组成，具体人数根据比赛人数和规模来定。

3. 制订竞赛规程

健美操竞赛规程是组织比赛的重要指导性文件，也是教练员、运动员筹备比赛的核心依据。比赛中，竞赛规程是每一个参赛代表队、教练员、运动员以及裁判员必须遵守、执行的原则与准则。因此，竞赛规程的制订也是赛前的重要工作之一。竞赛规程一般由主办单位制订，提前三个月下发给各个部门，以便参赛单位有充分的时间准备比赛。

竞赛规程主要包括以下几个方面。

（1）比赛名称：包括年度（届）、性质、规模、名称（包括比赛总杯名和分杯名）。

（2）比赛时间、地点：比赛时间具体到年、月、日，包括报到日期与离会日期；比赛地点具体到省、市、场馆，如若下发规程前还未定城市、场馆，则要写清楚比赛地点待定。

（3）参赛资格：对参赛者的资格作出清晰、明确的界定。

（4）竞赛项目：对本次比赛的比赛项目、内容和时间作出清晰、明确的规定。

（5）竞赛办法：规定比赛的方式，如预赛、复赛、决赛；单项赛、团体赛；年龄分组等；一些特殊比赛，明确比赛方法、要求、规则等。

（6）参加人数和组数：规定每个单位单项参加人数和组数。

（7）参赛组别和年龄：明确参赛年龄段及对应项目规定和要求，对于违反规定的处罚后果说明等。

（8）评分办法：明确团体赛和单项赛的评分规则和计分办法。

（9）录取名次和奖励办法：根据比赛规模确定比赛奖项数，奖项录取数量，奖品或者奖金的配备等。

（10）报名和报到：明确报名方式、要求及截止日期。清晰、详细的报到时间、地点、乘车路线、联系方式及联系人等。

(11) 其他：未列入上述内容的其他事宜可进行添加罗列，如参赛保证金、参赛费用、往返票务服务等。

4. 制定秩序册

比赛秩序册是指导运动员、教练员参加比赛的指导性手册。秩序册中一般含有赛事介绍，主办单位，承办和协办单位，赞助单位，裁判员名单，参赛单位及教练员、运动员名单，比赛场次与时间等。大型赛事的秩序册则会增加会徽、吉祥物、比赛当地人文地理介绍、赞助商广告等，使之成为当地城市文化的展示窗口。健美操比赛秩序册制作方法见表7-2-1、表7-2-2，赛事指南和裁判员工作指南见表7-2-3、表7-2-4。

表7-2-1 中、小型健美操比赛秩序册制作方法

序号	名称	内容	备注
1	封面	比赛名称、主办方、承办单位、协办单位、赞助商、时间、地点等	
2	竞赛规程	比赛目的，参赛依据	
3	组委会	组委会主任、执行主任、副主任及委员名单	
4	高级裁判组	技委会主席、技术监督名单	
5	组织机构	办公室、竞赛组、场地组、后勤组、安保组、宣传组	
6	裁判员	高级裁判组、裁判长、裁判员、记录长、记录员、计时员、宣告员、音响师、视线员、检录长、检录员名单	
7	代表队	参赛单位、领队、教练员、运动员名单	
8	比赛日程	裁判员报到和学习安排、运动员报到和场地练习安排等	
9	预赛出场顺序	组委会监督下，随机抽签决定	
10	决赛出场顺序	按照预赛的名次顺序，抽签决定决赛出场顺序	

表7-2-2 大型健美操比赛秩序册制定方法

序号	项目	内容	备注
1	封面	比赛名称、主办方、承办单位、协办单位、赞助商、时间、地点等	
2	目录	内容分类及页码	
3	竞赛规程	根据体育赛事相关年度计划而制订的比赛规程	
4	补充规程	依据具体情况在计划中未体现的相关事宜所做出的补充说明	
5	总则	针对本次比赛所使用的条例、规程、规则及相关规定等	
6	比赛日期	赛事从报道到离会时间安排	
7	比赛地点	比赛场地的具体地址和线路图	
8	组委会	名誉主任2~3人、主任3~5人、副主任2~3人、执行主任2~3人、执行副主任若干人	
9	大会办事机构	负责人、办公室、竞赛处、赛事协调、竞赛服务、后勤保障、场地保障、安全保障	
10	日程安排	裁判员报到、学习、考核、执裁时间；工作人员对接工作时间；运动员练习、走场、比赛时间等，要求周密、具体、详细	
11	签到与确认	各代表队报到、资格初审、递交音乐等	
12	技术方向会议	技术方向会议时间、地点及要求；内容：技术委员会官员公布比赛相关信息，确认名单，强调注意事项及相关规定。领队、教练员、裁判均需到场	
13	赛前赛台训练	对赛前赛台训练作出安排，公布时间、地点及要求	
14	抽签	说明抽签流程、时间和结果公布	

续表

序号	项　目	内　容	备　注
15	出场顺序	基本按照抽签结果；替补出场运动员作出相关说明；有多项赛事参赛者，间隔不超过 4 套表演时间，组委会有权调整其出场顺序	
16	决赛	按照预赛的名次进行抽签决定决赛出场顺序	
17	比赛场地	对本次比赛使用的场地基本情况予以说明	
18	音乐	说明代表队提交音乐的规定和要求。队名、参赛项目、运动员参赛序号等	
19	裁判员考核与抽签	对裁判员在赛前的学习、考核、抽签情况进行细致安排和说明	
20	裁判团	说明高级裁判组、技术监督、裁判员、辅助裁判员、总记录、礼仪等人员名单及职责等	
21	成绩公布	说明成绩公布方式、成绩确认方式以及最后的成绩册	
22	抗议与申诉	依据规定只接受对难度分的申诉，书面的形式在分数公布 8 分钟内提出	
23	医疗保障	说明组委会对于体育赛事的医疗保障服务措施	
24	药检	说明对于兴奋剂药物检测的相关规定	
25	比赛录像	对于比赛的录像版权归属权做出规定	
26	代表团座位安排	对于参赛代表团指定座席作出安排，并提出要求	
27	颁奖仪式	说明颁奖仪式的相关规定及要求	
28	交通	对参加比赛期间的车辆交通使用情况作出说明	
29	新闻媒体	说明媒体参加赛事报道的情况和要求	
30	入住酒店及餐饮安排	说明入住酒店名称、地址、联系人及要求；说明比赛期间的餐饮安排和要求	

表 7-2-3 大型健美操比赛的赛事指南

序号	项目	内容	备注
1	比赛城市介绍	比赛所在城市全方面介绍，宣传并扩大影响力	
2	赞助企业介绍	对于赞助企业理念、文化、特色等进行介绍，扩大知名度	
3	赛程安排	与秩序册安排相同，包括出场顺序、练习场地、比赛场地及时间安排等	
4	酒店安排	根据赛事参赛人数确定酒店数量和具体安排	
5	酒店交通安排	根据裁判员、代表队、比赛等具体要求进行详细安排	
6	餐饮安排	对于比赛期间的餐饮做出具体规定	
7	技术方向会议	说明具体参会时间、地点及要求	
8	其他	其他未尽事宜	

表 7-2-4 裁判员工作指南

序号	项目	内容	备注
1	服装	组委会统一服装或者自备服装	
2	文件	秩序册，自备《×××规则》、纸、笔、记录本等	
3	执裁纪律	对于比赛期间的纪律要求做出规定；守时；参加技术方向会议；执裁期间不使用手机；独立评分；维护裁判团队形象等	
4	评分要点	对于比赛执裁期间的评分做出详细记录；执行规则；记录成套；整体对比等	
5	温馨提示	赛事执裁期间的衣、食、住、行等的温馨提示	
6	其他	其他裁判团队的相关事宜	

以上是在健美操比赛前进行的各项准备工作，当比赛日期临近，各参赛队将

进入比赛的正式日程。

二、赛中

各参赛代表队踏上比赛行程的时候，也即是比赛的开始。

1. 参赛确认

各代表队报到确认参赛情况，安排食宿、领取秩序册、提交音乐、确认练习及比赛时间等。

2. 技术方向会议（联席会议）

这是赛前的重要会议，是参赛代表队与大会及裁判员沟通的主要途径之一。本次会议一般由组委会主持，各部门负责人、裁判长、领队、教练员参加会议。会议中，主要有以下议程：

① 组委会负责人首先介绍赛事筹备情况以及各部门主要负责人。

② 组委会负责人宣布大会相关规定及竞赛日程安排。

③ 组委会负责人解答、解决参赛代表队在比赛期间的生活、赛程等方面的困难和问题等。

④ 高级裁判组成员进行技术解答，对于比赛中的一些技术问题作出详细解答。

⑤ 抽签。在组委会的监督之下，由领队或者教练员抽签决定预赛出场顺序。抽签结束后，即时公布竞赛出场顺序。

3. 比赛进行

（1）开幕式。健美操比赛的开幕式主要有以下内容：

① 主持人宣布比赛开幕式开始。

② 运动员入场式，可以采取活跃的展示方式进行，也可以采取表演的方式，各代表队展示时间约30秒。

③ 介绍领导和嘉宾。

④ 领导、嘉宾讲话。

⑤ 裁判员及运动员代表宣誓。

⑥ 运动员退场。

(2) 比赛。比赛正式开始后，将遵守以下流程：

① 赛前检录。赛前 20 分钟第一次检录，赛前 5 分钟第二次检录。

② 介绍裁判组。介绍高级裁判组成员、裁判长、裁判员。

③ 准备。运动员在播音员宣告运动员项目及姓名后，向裁判团示意后上场，做好准备姿势。

④ 比赛。音响师放音后，运动员完成成套动作后下场。

⑤ 候分。运动员下场至候分区等候最后得分。

⑥ 公布得分。裁判员进行评分并公开示分，播音员宣布得分。

⑦ 最后得分。记录员记录每名裁判打出的分数，并进行汇总后交给裁判长确认。

⑧ 公告。裁判长确认评分后交由总记录处进行公告。

⑨ 名次。总记录处汇总所有成绩后得出比赛名次。

(3) 闭幕式及颁奖。闭幕式主要是比赛的收尾工作，主要有以下内容：

① 主持人宣布健美操比赛闭幕式开始。

② 裁判长宣布比赛成绩。

③ 获奖运动员入场。

④ 请领导和嘉宾为获奖运动员颁奖。

⑤ 运动员退场。

⑥ 安排表演。

⑦ 领导致闭幕词。

⑧ 领导或嘉宾宣布比赛圆满结束。

三、赛后

比赛结束后，需要进行一些相关汇总与总结，主要有以下工作内容：

① 编制和印发比赛成绩册。
② 安排各代表队离会相关事宜。
③ 清理比赛场地、器材、服装、道具等物资设备。
④ 进行财务汇总与结算。
⑤ 工作总结与汇报。
⑥ 给主办单位和竞赛主管部门上报比赛各项事务汇总情况。

第三节
健美操的裁判方法

健美操项目的发展,离不开裁判员对竞赛规则的深入研究和把握。通过健美操比赛,检验教练员的创编水平、运动员的训练体系以及裁判员理论结合实际的判断能力,在不断的实践与总结中厘清项目发展的趋势和方向,将健美操项目推向"高""精""尖"。

一、裁判员基本要求

从健美操的分类特点来看,无论是健身性健美操、表演性健美操,还是竞技性健美操都具备独立性、复杂性、实践性和交叉性的特点。裁判员的任务是对运动员成套动作现场表现情况进行评价并给出合理分数,因此,对裁判员提出以下方面的基本要求:

1. 与健美操的关联度

裁判员需要经常参与和健美操运动相关的各种活动,包括实践学习、理论学习、科学研究等。要求所有裁判成员必须与健美操事业密切联系,把握健美操前沿的技术和理论,不断地扩展自身的理论与实践知识。

2. 精通规则

所有健美操裁判员要精通国际体联评分规则、技术规程,精通新的难度动作及相关联的各种竞赛类型的健美操规则,并参加新规则培训,获得有效的裁判员证书。

3. 经验积累

裁判员要经常参加各种健美操学习活动与实践，通过不断地学习与练习，熟练运用规则进行实践评判。经常参加各级、各类健美操比赛的评判工作，在比赛中不断学习与进步。

4. 评分态度

裁判员要具备严肃、认真、敬业的态度，才能在健美操比赛中公正、准确地进行评分。

二、 裁判员职责与组成

竞技性健美操是难度最大、要求最高、最具复杂性的一类健美操。作为一名在健美操赛场执裁的"法官"，掌握了竞技性健美操的评判方法，对于难度系数较低的健身性健美操、表演性健美操的评判则比较容易和简单。接下来的内容，将重点介绍竞技性健美操的裁判方法。

（一）竞技性健美操裁判员的职责及组成

对于主观评分的技能主导类项目，为了避免出现打分偏差，国际体操联合会健美操委员会完善了裁判员的监督管理机制，设立了高级裁判组、裁判长和裁判员。

1. 高级裁判组

（1）高级裁判组的组成及职责。

高级裁判组一般由国际或国家级的技术委员会主席及成员组成，其中技委会委员分别担任难度、完成和艺术技术监督，每组2人。

高级裁判组的工作职责是根据规则把控全体裁判和裁判长的工作，并向公众公布正确的最终得分，同时记录审核裁判员打分的偏差，对于在评判工作中有较严重的失误或倾向性打分的裁判员提出警告。高级裁判组有权更换裁判员，以保证最后得分的正确性。

高级裁判组的工作职责是根据规则监督整个比赛进程,处理影响比赛进程的一切违纪或特殊情况;及时处理裁判员出现的严重评分错误;反复审核裁判员的评分,对在评判工作中表现不佳或有倾向性打分的裁判提出警告;必要时更换被警告后仍表现不佳的裁判。

(2)高级裁判组的具体工作。

高级裁判组负责组织赛前的岗位培训。记录所有的练习和比赛分数,以便进行案例分析;处理比赛现场所出现的较大评判失误问题,如裁判长没有观察到的分数偏差及应负责的减分、视线员的漏判;监督整个比赛场上所出现的分数,未经高级裁判组的同意分数不得随意改动。

2. 裁判长

(1)裁判长的职责。

裁判长一般由协会指定,国际比赛一般是在比赛前收到任务通知,各种类型的健美操比赛均应设立裁判长。裁判长实际参与比赛评分,必须全面记录和评判成套动作,对比赛中违反相关规定的成套动作内容及运动员举止予以减分。

记录成套中出现的包括难度动作在内的所有动作;依据技术规程监督裁判员的工作;根据评分规则针对相关违规情况对总分进行减分;当裁判员分数不正常时,裁判长从逻辑性和打分步骤等方面检查艺术、完成分是否出现重大偏离(偏离有效分范围)进行审核,必要时可考虑对分数进行修改(裁判员可以拒绝修改);在高级裁判组有可能干预分数的时间段之后(15秒)公布分数,一旦成绩公之于众就不能修改,除非公布的分数是错误的或者是申诉成功。

(2)裁判长负责的具体工作。

裁判长将对以下情况进行减分:"金字塔"中出现违规的配合动作;技巧动作和违例动作;不当着装;国徽;延迟出场;弃权;入场错误;中断或停止表演;成套动作时间偏差或错误;主题等。

裁判长将对以下情况提出警告:出现在禁止区域;赛场上的不恰当举止;不

尊重裁判员和官员；没有体育精神的举止；在开幕式与闭幕式上没有穿国家套服；颁奖时没有身着国家套服（扣除50%奖金）。

裁判长将对以下情况采取取消比赛资格处理：弃权；严重违背国际体联章程、技术规程或评分规则。

裁判长还必须对以下情况进行干预：裁判员打出了不正确或不可能的分数；两名难度裁判员的分数不统一；视线裁判员没有发现出界。

3. 裁判员

（1）裁判员的具体要求。

裁判员在赛前、赛中和赛后按照规定时间参加所有研讨、业务学习及小结会；使用FIG官方规定的符号，用速记的方式记录所有上场比赛的成套动作，根据规则对艺术、完成和难度表现情况进行独立评判并给出得分，其间不得与其他裁判员交流；按比赛日程在指定的时间到达比赛场地，按照裁判员的着装要求参加裁判员工作安排的抽签；颁奖仪式时要坐在裁判位置不动，升旗仪式时要起立面向国旗，以示尊重。

（2）裁判员的具体工作。

裁判员主要由完成、艺术及难度三类评分裁判组成，具体任务不同，采取不同的记录方法。

所有裁判员必须使用国际体操联合会健美操委员会的官方速记符号记录全部成套动作。

① 完成裁判：采用完成裁判对成套动作的专项记录方法，对成套动作中难度、技术技巧、操化动作、过渡与连接、托举配合及团队协作的技术技巧和集体项目的一致性进行评价，完成裁判采用减分制，最高分为10分。

② 艺术裁判：采用艺术裁判对成套动作的专项记录方法，根据艺术评分标准去评价成套动作的创编，采用加分制对音乐、操化内容、主体内容、成套艺术性、艺术表现（每项2分）进行评价，总分为10分。

③ 难度裁判：有记录、判断、计算三大任务。采用难度裁判专用的记录符号

和方式,记录成套动作中出现的所有难度及连接;判断是否达到其最低完成标准,给予应得的分值;检查数量、组别、重复、连接及落地方式是否符合规则要求,并进行加分、减分,计算出难度的得分。

4. 辅助裁判

国际健美操比赛,视线员和计时员均在正式裁判的序列中,但国内中小型比赛,可在本地选派专门的工作人员担任这两项工作。

(1) 视线员。健美操比赛必须设置两名视线员,分别坐在赛台两个对角,各负责比赛场地两条边线,对运动员的出界给予记录。5厘米标志带是比赛场地的一部分,身体任何部位接触标志带外延的地面均为出界,但肢体在空中出线不视为出界。视线员在发现运动员出界时,举红旗指示,填写记录单,交于裁判长,由裁判长给予每次0.1分的减分。

(2) 计时员。计时员对上场比赛的成套动作,从音乐响起的第一个音符起开始计时到动作结束即为成套的时间。在发现时间有问题时,留下时间记录证据并拍照,交由裁判长查看,裁判长判定时间偏差或错误进行减分后,计时员再进行下一步的工作。

5. 裁判员人数及座位安排

(1) 高级裁判组。高级裁判组由国际体联执委会5~8名指定成员组成,见表7-3-1。

表7-3-1 高级裁判组

职位	涉及人员	职责
高级裁判组主席(SJP)	技委会主席	把控整场比赛
难度监督(DS)	1~2名技委会成员	把控难度得分
完成监督(ES)	1~2名技委会成员	把控完成得分
艺术监督(AS)	1~2名技委会成员	把控艺术得分
助理(A)	1名技委会成员	协助高级裁判组主席

（2）世界与洲际健美操锦标赛、世界运动会与世界杯系列赛的裁判员组成与人数。在如下级别的比赛中，裁判员组成见表7-3-2。

第二级别：世界锦标赛，世界运动会。

第三级别：洲际锦标赛，世界杯赛事。

表7-3-2　裁判员组成

职位	第二级别	第三级别
裁判长	1	1
完成裁判	6	4
艺术裁判	6	4
难度裁判	2	2
视线裁判	2	2
计时裁判	1	1
总计	18	14

（3）裁判员座位安排

艺术裁判、完成裁判和难度裁判将坐在赛台正前方，视线员座位安置在赛台的两个对角，高级裁判组和裁判长坐在艺术裁判、完成裁判与难度裁判正后方的高台上，见表7-3-3、7-3-4。

表7-3-3　裁判员座位安排

A组裁判															
E1	A1	E2	A2	E3	A3	T	CJP	D1	D2	E4	A4	E5	A5	E6	A6
B组裁判															
E1	A1	E2	A2	E3	A3	T	CJP	D1	D2	E4	A4	E5	A5	E6	A6

备注：艺术（A）、完成（E）、难度（D）、计时（T）、裁判长（CJP）。

表 7 - 3 - 4　高级裁判组座位安排

高级裁判组 & 技术监督							
ES	AS	SJA	SJP	DS	DS	ES	AS

备注：完成监督（ES）、艺术监督（AS）、难度监督（DS）、高级裁判组助理（SJA）、高级裁判组主席（SJP）。

（二）竞技性健美操评分方法

为了保证竞技性健美操比赛评分的客观性和把握健美操项目的发展方向，自 2000 年后，国际体操联合会健美操委员会在每 4 年的一个奥运周期开始时，颁布一个有效期为 4 年的规则，在此期间对出现的新难度按规定确认后作出补充，并对一些新规定做及时的补充说明。

竞技性健美操是一项在音乐伴奏下，能够表现连续、复杂、高强度健美操动作能力的运动项目，该项目起源于传统的有氧健身运动；成套动作必须通过健美操七种基本步伐以及难度动作的完美完成来展示运动员连续完成动作组合、柔韧及力量的竞技能力。健美操操化动作是基本步伐与手臂动作的结合，在音乐的伴奏下演绎，创造出动感的、有节奏的、连续的并包含高低不同运动强度的一套动作。

1. 一般规定

（1）竞赛安排。

世界体操联合会健美操委员会主办每两年举行一次（偶数年）的世界竞技性健美操锦标赛、世界运动会（健美操）比赛及每年的世界杯系列赛事。我国每年有全国健美操锦标赛、全国健美操冠军赛及 4 站联赛，每年的年底确定次年比赛的时间和地点。

（2）参赛年龄、资格与参赛人数。

① 年龄：参加世界竞技性健美操锦标赛比赛的成年组运动员必须是参赛当年满 18 周岁。世界青少年锦标赛分青年组为 15~17 岁、少年组为 12~14 岁、国家

预备组为 9～11 岁。我国对参赛年龄的要求与国际比赛要求相同。

② 资格：参加世界竞技性健美操锦标赛和全国比赛的运动员都必须在每年的年初进行运动员注册（备案），否则将无参赛资格。全国健美操锦标赛和冠军赛，均为在联赛中取得优胜资格的运动员参加。

凡参加世界竞技性健美操锦标赛的运动员需提前 3 个月报名并抽签。我国的参赛报名一般需提前 1 个月左右进行。确认报名后不得更换运动员，如果出现严重的医学问题必须在比赛前 24 小时更换，用书面形式提出并附带医学诊断报告。

③ 参赛人数：男单、女单、五人、有氧踏板、有氧舞蹈项目中，预赛参赛人数为每个协会最多 1 组；混双、三人项目中，每个协会最多 2 组。各项目排名前八的运动员/队可以参加决赛。我国各省可适当放宽，但在规程中需提前说明。

（3）出场顺序。

① 抽签：预赛与决赛出场顺序由抽签决定，抽签由国际体联竞技性健美操委员会主席或指定委员监督执行。我国是由中国健美操协会主席、秘书长或本次比赛的主办单位负责人、仲裁委员、各参赛单位领队等一起监督进行抽签，也可邀请新闻单位或当地媒体机构的代表到现场监控，有时也采用录像的形式留档。国际比赛也可由"中立国"人员或计算机执行抽签，抽签结束后，要在第一时间公示给各协会及参赛单位。

预赛出场顺序将由抽签决定，决赛出场顺序是按照抽名次的出场顺序，即获得决赛资格的代表队，根据预赛名次抽取决赛的出场顺序。

② 弃权：运动员在比赛开始后 20 秒不出场，将由裁判长减 0.5 分，60 秒后不出场视为弃权，宣布弃权后运动员将失去参加本项比赛的资格。

③ 10 分钟法则：为了保障运动员的健康和安全，国际体操联合会规定运动员参加多个项目比赛时，两项比赛之间需有 10 分钟的恢复时间，相当于 4 个比赛成套的时间。因此，抽签的顺序将会依据这个原则调整。若需调整出场顺序，将由高级裁判组主席执行，一旦符合条件的运动员调整了出场顺序，将由赛场评分系统生成新的出场顺序名单，该法则适用于包括决赛在内的全部轮次的比赛，同样

适用于世界运动会和全国健美操比赛。

2. 评分系统

(1) 得分。

① 完成分 & 艺术分：完成分与艺术分根据比赛级别不同，可以分别设置 4 名或者 6 名裁判员。

4 名裁判：去掉艺术/完成裁判的最高分和最低分，其余分数取平均值，如果两个中间分数在如下所示的分差允许范围内，则此结果为最终的艺术/完成分数。

6 名裁判：去掉艺术/完成裁判的 2 个最高分和 2 个最低分，其余分数取平均值，如果两个中间分数在允许范围内，则此结果为最终的艺术/完成分数。

② 难度分：难度裁判共有 2 名裁判，在评判时统一认可的分数为难度得分。

依据参赛项目及男女比例不同，评分系数有所不同：

男单、女单、混双、三人（男三）、五人（男五）评分系数为 2.0。

三人（混合）、五人（混合）评分系数为 1.8。

三人（女三）、五人（女五）评分系数为 1.7。

一般的难度减分（-0.5/每次），难度减分将不被 2 除。

③ 总分：艺术分、完成分、难度分相加为总分。

④ 减分：包括难度裁判减分、视线员减分、裁判长减分。

⑤ 最后得分：从总分中减去难度裁判、视线员与裁判长减分为最后得分。

得分举例见表 7-3-4。

表 7-3-4 得分举例（艺术+完成，各 4 名裁判）：三人（女三）

	裁判1	裁判2	裁判3	裁判4	平均分
完成分	9.5	9.2	9.4	9.3	9.350
艺术分	8.7	8.9	8.6	8.9	8.800
难度分	6.5	6.5	系数（6.5÷1.7 = 3.823）		3.823
总分	21.973				

续表

	裁判1	裁判2	裁判3	裁判4	平均分
减 分					
难度裁判减分	-0.5	-0.5			-0.5
视线员减分	1×0.1				-0.1
裁判长减分					
违例动作	1×0.5				-0.5
不当着装	1×0.2				-0.2
最终得分	20.673				

（2）分差。

① 有效分的分差：艺术分或完成分中两个有效分之间的分差不得超过的分数规定，见表7-3-5。

表7-3-5 有效分差

艺术分/完成分有效分区间	有效分差
10.00~8.00	0.3
7.99~7.00	0.4
6.99~6.00	0.5
5.99~0.00	0.6

如果分差超过以上有效分差区间，那么所有分数的平均分将作为最终分数。

② 最大分差：完成分/艺术分最高分与最低分之间的最大分差，如果大于1.0分或等于1.0分，赛后将分析全体裁判员的评分，对于主观故意偏袒行为给予适当处罚。

两名难度裁判员评分的分歧如果大于（在被2除之前）0.3分，赛后将根据录像进行分析,对于主观故意偏袒行为给予适当处罚。

(3)成绩。

① 相同分数的判决:预赛及决赛的任何名次一旦出现分数相同的情况,将依次参照以下标准进行排列,如果分数依然相同,则名次并列:

完成分的最高总分;

艺术分的最高总分;

难度分的最高总分。

② 最终成绩:预赛成绩不带入决赛,最终比赛名次由决赛成绩决定。

③ 成绩公布与发放:每场比赛的所有分数,包括成套动作的艺术分、完成分、难度分,裁判长减分,最后得分以及排名都必须公之于众。预赛结束后,各参赛成员协会将得到完整的成绩册,但不包括裁判员的具体评分。在比赛结束后,各参赛成员协会将会得到一份完整的、包括每一位裁判评分的成绩册。

④ 团体名次的决定:由单人操(男子单人或女子单人)、混合双人操、三人操、集体五人操及有氧项目(有氧舞蹈或有氧踏板)五个项目的名次得分相加,第一名得8分、第二名得7分……依此类推,第八名得1分。赛前必须确定单人和有氧项目要参加团体赛计算成绩的名单(每项一名),否则不予计算成绩。团体成绩的决定也可根据赛事具体情况而定,但必须在竞赛规程中注明。

团体排名如果出现分数相同的情况,依次按照以下标准进行排名:

集体五人项目的最好名次;

三人操项目的最好名次;

计入团体总分的有氧项目的最好名次。

如果分数依然相同,则名次并列。

(4)奖励。

① 仪式:比赛结束必须有奖牌授予仪式,组织细节将由主办与承办单位负责。

② 奖励:每个项目获得前三名的运动员将被授予奖牌;进入决赛者授予证

书；所有参赛运动员和官员授予参赛者证明。

3. 比赛设施

（1）训练场地。

在比赛前两天，运动员被允许使用训练馆，馆中必须配有相应的音响设备及比赛标准场地，以及根据组委会定制并经过健美操委员会认可的轮换使用训练场地。

（2）等候场地。

与赛台相连的一块特定区域为等候场地。在比赛期间，教练员和运动员未经许可禁止进入等候场地，只有即将上场的两名或两组运动员和教练员可以留在等候场地；在运动员比赛时，教练员必须留在等候场地；教练员和运动员禁止进入裁判区，违反规定者将由裁判长取消其比赛资格。

（3）比赛场地（见图7-3-1）。

赛台：赛台高80~140厘米，后面有背景遮挡，赛台不得小于14米×14米。

竞赛地板和竞赛区：竞赛地板必须是12米×12米，并清楚地标出10米×10米、7米×7米的比赛场地。标记带为5厘米宽的黑色带，标记带是场地的一部分。所用地板必须符合国际体联的标准，并经国际体联认可。

（4）音响设备。

音响设备必须达到专业水准，包括常规设备和以下基本装置：运动员专用独立音响、常规放音设备和CD机，且在练习场地上放置相同的音响设备。

4. 运动员着装要求

健美操运动员着装必须符合健美操的项目特质，运动员着装应给人留下整洁、合体的总体印象，不符合比赛服装条例要求的着装将由裁判长进行减分。

国际体联规程要求，每个运动员均要求在比赛服上佩戴其国家标识或国徽。每名运动员要求穿戴印有国际体联最新规程规定的广告标识和赞助商标识的服装，否则减0.3分。

（1）比赛装束的一般要求。

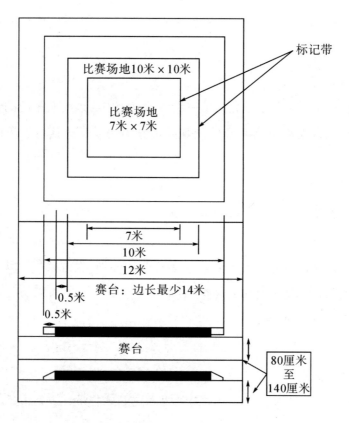

图 7 - 3 - 1　比赛场地

① 必须穿戴正确的赞助标识。

② 头发必须固定在头上。

③ 参赛者必须穿着白色健美操鞋和白色袜子。

④ 只有女运动员才能化妆,且必须是淡妆。

⑤ 禁止佩戴松散的、多余的配饰。

⑥ 禁止佩戴珠宝等首饰。

⑦ 比赛时,不允许穿着破损的衣服且不得露出内衣或打底衣。

⑧ 健美操服装必须采用非透明材料,女性的袖子除外。

⑨ 不允许穿着描绘有战争、暴力、宗教等主题的比赛服。

⑩ 运动员身体禁止涂抹油彩。

⑪ 只允许粘贴肉色绷带（不允许带有支架的护腕、护掌）。

⑫ 不允许穿着过分贴近肤色的紧身连衣裤，在电视上看起来像裸体。

（2）女子比赛服特定要求。

① 女运动员必须身着一件带有肉色或者透明裤袜的比赛服或者连体紧身衣（从颈部到脚踝是一体的），允许有亮片。

② 紧身衣前后领口的开口必须得体，前面不得低于胸骨的中部，后面不得低于肩胛骨的下缘。

③ 腿部上缘的开口必须在腰部以下并且要遮住髂骨，比赛服必须完全遮住臀纹线。

④ 女装的两袖（1个或2个均可）可有或可无，长袖袖口止于手腕处。袖子可以使用透明材料。

⑤ 长裤袜和全身连体紧身衣都是允许的。

⑥ 女装认可的样例，如图7-3-2所示。

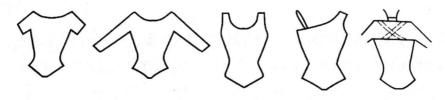

图7-3-2 女子比赛服样例

（3）男子比赛服特定要求。

① 男士必须穿两件（短裤或长裤加紧身上衣）或一件全身的紧身服。短裤/长裤均不能太紧。

② 短裤必须从髋关节覆盖至大腿长度的1/3。

③ 服装的前后都不能有开口。

④ 袖口处不得在肩胛骨下方有开口（无袖的比赛服）。

⑤ 不允许有任何种类的亮片。
⑥ 3/4 裤长、长体操裤（紧身服 + 裤子）、一件套连体服等都是允许的。
⑦ 男装认可的样例，如图 7 - 3 - 3 所示。

图 7 - 3 - 3　男子比赛服样例

（4）出场服。

所有的运动员必须在开幕式、闭幕式和颁奖典礼上穿着国家队运动套服。

（三）健身性、表演性健美操的评分方法

健身性健美操强调成套设计的健身性，表演性健美操强调全套动作的创意性和表演性。这两种健美操形式和种类繁多，健身性健美操在进行比赛的过程中，也越来越多地强调主题化和表演性，比赛设计中结合了大众普及性和竞技专业性，因此，健身性健美操与表演性健美操也拥有了越来越多的融合点，其比赛方法及评分方法基本类似。无论哪一种比赛，赛前要根据主题的需要、竞赛的目的、健身或者表演的性质等实际情况进行综合考量，选择、制订相应的规程与特定规则，通过裁判员的现场评分进行比赛。

1. 一般性规定

健身性健美操比赛的人数、年龄与组别可根据比赛的目的和性质自定，成套动作的时间和音乐速度有限制，但无硬性规定。根据需求，成套动作比赛时间为 2 分钟左右，基层比赛有时会要求 4~5 分钟。所有比赛都要求参赛队自备高质量的

比赛音乐。比赛场地一般为 10 米×10 米或 12 米×12 米，也可根据参赛人数等情况确定比赛场地的大小。比赛一般按照一等奖、二等奖、三等奖及优秀奖进行设定，由主办单位根据报名参加比赛队的数量确定，奖品有奖杯、奖牌及奖状等。

2. 比赛着装与仪容

运动员须穿着适合运动的服装（如背心、短袖和长袖的紧身服，上下连体、分体等服装均可）和运动鞋，着装整洁、美观、大方，不允许使用悬挂饰物，如皮带、飘带、花边等，不准戴任何首饰和手表。女运动员的头发必须束于脑后或者盘发，不遮脸，允许化淡妆。

3. 比赛程序

比赛分为预赛、决赛或预决赛一场制，出场顺序均由抽签决定。凡参赛队均须参加预赛，参加预赛的队伍数量决定进入决赛队伍的数量（按国际体联的竞赛规程执行或自行规定），一般为 8 支队伍，不足递减。

4. 裁判员的组成

高级裁判组 3 人，裁判长 1 人，艺术裁判 3~5 人，完成裁判 3~5 人，视线裁判 2 人，计时裁判 1 人，辅助裁判若干人（基层比赛可以不设高级裁判组，只设裁判长）。

5. 健身性、表演性健美操成套动作评分指南

根据国际体操联合会关于健美操运动的评分方法和要求，考虑到健身性、表演性健美操创编原则的总体要求，区别于竞技性健美操对难度动作的要求，使之具备健身运动及表演的特色要求，制订健身性、表演性健美操评分方法，为了丰富健身性、表演性健美操的内容，特别加入了集体轻器械和个人、组合和集体徒手的比赛项目。

（1）创编原则。

① 健美身心原则。

② 具有观赏性的原则。

③ 全面发展身体的原则。

④ 安全无损害的原则。

⑤ 符合年龄特点的原则。

⑥ 文化载体与传播的原则。

(2) 最后得分。

(艺术得分+完成得分) – (裁判长减分+视线员减分) =最后得分

比赛采用 10 分制，裁判员评分精确到 0.1 分，运动员最后得分精确到 0.001 分，采用公开示分方法。

(3) 名次评定。

预赛成绩不带入决赛，决赛中得分高者名次列前；若得分相等，名次将按最高完成总分、最高艺术总分、考虑全部完成分（不除去最高分与最低分）的顺序取决。

(4) 艺术分。

① 艺术分评分。每名艺术裁判的分数是对艺术编排的每项内容进行评价总分，满分为 10 分。去掉最高分与最低分，所剩分数的平均分为最后艺术分。

② 艺术分评分要素。艺术分评分要素包括成套编排、成套创意与风格、音乐、表现力。

成套编排：成套编排是指成套动作的整体内容，包括操化动作、过渡与连接、配合与托举、队形与空间利用。成套动作要求动感、流畅、复杂、创新及多样性，并且有效、合理地使用比赛场地与空间。在一些成套动作中，我们可以看到不同性别组合的表演者，运用不同风格的音乐，在操化动作中加入了风格化的特色动作，突出了成套动作的特性，很好地表现了主题。

成套编排的具体要求：

成套动作中禁止以暴力、枪战、宗教信仰、种族歧视与性爱为主题，要体现健身、健美、健心的原则，观赏性的原则，全面提高身体素质的原则，安全无损伤的原则（包括器械选择与运用的安全性）。

成套动作设计应以操化动作或器械使用为主，在融合现代舞蹈、武术、芭蕾等其他项目的动作时，必须经过转化符合健美操运动的动作特点。成套中的动作内容，必须表现出多样性，动作与动作的连接须自然、动感、灵活和具有创意。轻器械自编套路的操化动作设计要突出器械的特点和动作的规范性，以及对器械属性运用的充分性与合理性，表现出器械的趣味性和锻炼价值，器械的传递与更换必须表现出创新性。

对托举的数量有明确的规定，如最多有 1 次托举。

难度只视为动作素材，没有任何加分因素，且不能编排超过 0.3 分值的难度动作。

成套编排的评价如下：

操化动作：健美操基本步伐与复杂手臂动作的结合，是表现运动员的高协调性、高变化性的手臂与步伐的运动，运动员/表演者在整个比赛场地空间中充分穿梭和移动，伴随音乐的特色创造性地表现出动感、节奏、连续的不同高低强度的操化动作。操化动作或器械使用应均匀地分布在成套动作中，并具有独创性。徒手或轻器械的操化动作应包含表现健美操项目特色的步伐组合，在步伐组合完成中能充满节奏感并表现出健美操的弹性技术。在比赛的技术录像中，可以看到多样性的操化动作、高低强度的组合、流动成形的队形变化。

过渡与连接：过渡与连接是将操化组合、托举、动力性配合进行衔接，形成站立、空中与地面的流畅转换，在一些成套中，我们可以看到多样、动感、流畅、自然、灵活和创新的过渡与连接示范动作。

配合与托举：托举和动力性配合的动作设计要求巧妙、造型优美、完成流畅，体现多样化和趣味性，富有观赏价值。成套动作中的托举动作从准备到形成，再连接其他动作，应流畅自然地与成套动作融为一体，并在托举动作时不出现违例动作。在成套动作中，有六人组成的托举；有四人组成托举、另外两人进行其他动作的表演；六人分两组的二托一组合，形成了不同人数、难易程度不同的托举；还有将动力性配合与托举结合在一起的编排。托举前的准备及结束基本上是流畅的，且没有出现违例动作。

队形与空间：成套动作必须有效、充分和均衡地使用场地中央、四角等各个位置，运动员在比赛中移动方向应能够表现出前后、左右、对角、弧形等路线，以及高、中、低的空间层次变化，成套动作中至少有不少于6个不同队形所表现出的图案。

轻器械：可使用各种表演轻器械和健身轻器械，成套中要充分展示其特性，对器械的使用不能少于三分之二套。

成套动作创意与风格：成套动作应具有创意，动作风格应与音乐风格相吻合，并表达出一定的主题特征。成套动作必须以七种健美操基本步伐为主变化形式，手臂动作或器械组合要体现多样性、不对称性和创新性，充分展示运动员身体各部位的协调能力。

音乐：选择的音乐应符合运动员的技术和个性特点，与动作风格协调一致，从而体现成套动作风格。音乐结构要能反映和表现健美操的主要特征，成套动作的段落分布必须要与音乐的旋律变化相吻合。音乐剪接应流畅、自然、结构完整，音乐制作应是高质量的，特效音应适量并与动作完美融合。

表现力：运动员要通过高质量的动作完成，给人留下体能充沛、活力动感和干净利落的形象，运动员通过自然和欢乐的面部表情表现出自信。成套动作的设计必须符合年龄特点，使运动员通过成套动作展示出表演技巧和创造性，借助器械在成套表演中的价值，做到人与器械的和谐、统一。

（5）完成分的评分。

完成裁判的评分是对所有动作的完成情况进行评分，对偏离完美完成的每项内容进行减分后的得分，起评分为10分，减分以0.1分为最小单位。去掉最高分与最低分，所剩分数的平均分为最后完成分。

① 完成裁判的评分内容。

完成裁判对技术技巧、强度、合拍、一致性四个方面进行评分。

技术技巧：技术技巧是对身体的姿态、技术规范及器械运用进行的评判，要求全部动作必须表现出正确的身体形态与标准位置，熟练并合理地使用器械。

强度：强度是高质量完成动作的能力，通过完成展示并提升创编的效果。强度评价取决于动作的频率（动作停顿，即单位时间内重复次数少是强度低的表现，如音乐节奏慢）；动作的速度（动作慢，即单位时间内移动的距离短是强度低的表现）；动作的幅度（动作小，即单位时间内转动度数小是强度低的表现）；动作的力度（爆发力与耐久力）四个因素。

合拍：合拍是伴随音乐结构和节拍同步动作的能力，包括动作内容与音乐结构的吻合程度；动作节拍与音乐节拍的同步效果；动作韵律与音乐旋律的和谐统一。

一致性：一致性是指运动员完成动作整齐划一的能力，包括运动范围与运动强度的一致性、所有运动员表演技巧的一致性、器械运用的一致性。

② 一般性错误的减分。

小错误：指稍偏离正确完成，每次减 0.1 分。

中错误：指明显偏离正确完成，每次减 0.3 分。

大错误：指较严重偏离正确完成，每次减 0.5 分。

失误：指根本无法达到动作技术要求、无法清晰辨认身体位置、失去平衡跌倒等，每次减 1.0 分。

（6）违例动作。

为贯彻安全无损伤原则，健身性、表演性健美操成套动作在任何时候都不允许出现违例动作。

① 违例动作的范围：所有沿矢状轴或额状轴翻腾的动作；任何形式的倒立；任何马戏或杂技动作；任何身体抛接动作和器械超过 3 米的高抛接动作。

② 违例动作举例。

体操动作类：各种滚翻、倒立、桥；各种软翻、手翻、空翻、屈伸起等。

艺术体操、舞蹈类：挺身跳、劈叉后屈体跳、结环跳、水平旋转跳（旋子）、鹿结环跳；膝转、颈转、背转；站立后搬腿劈叉等；器械类大而高的抛接等。

武术动作类：侧踹、抽踢等。

技巧类：超过两人高度的叠罗汉、托举中的抛接等。

三、成套动作创编要求

对于成套动作创编的要求，主要介绍竞技性健美操的相关内容，健身性、表演性健美操可以借鉴竞技性健美操的相关要求及具体性质、实际情况进行制定。

竞技性健美操比赛中难度裁判根据该动作的编码评定分值；完成裁判评价该动作的技术技巧；艺术裁判对空间使用的均衡性，成套动作分布的合理性、动作连接的流畅性以及音乐结构的一致性方面进行评定。

（一）特定要求

1. 艺术性

在秉承竞技性健美操项目特质的基础上，成套动作创编的所有内容必须要完美地融合为一体，将竞技性健美操这一体育运动转化为一种富有创造性和独特性的艺术表演。

混双、三人和五人操项目中要求编排1个托举动作；有氧舞蹈和有氧踏板可以编排1次托举，但没有分值。为确保奥运的理念和评分伦理道德，成套动作禁止以渲染暴力、枪战、宗教信仰、种族歧视与性爱为主题的内容。

2. 完成

运动员要以最高的精确性完成操化动作、过渡与连接、托举、配合及团队协作动作等在成套动作中出现的全部动作的技术技巧，包括正确的形态、姿态和关节位置，成套动作中所有动作必须表现出最高的精确性且无失误，即所有动作必须完美地完成。

3. 难度

根据健美操国际规则所规定的难度，在成套动作中均衡地选择体现出空中、站立和地面三个空间的难度动作。难度分为3个组别：A组，地面难度，包含动力性力量类动作、静力性力量类动作和旋腿类动作；B 组，空中难度，包含动力性跳步类动作、姿态跳步类动作和纵劈腿跳/跃类动作；C 组，站立难度，转体类动作、柔韧类动作。

4. 成套动作时间与音乐

所有项目的成套动作时间为 1 分 20 秒，加减 10 秒的宽容度（不包括提示音）。

成套动作必须完整地配合音乐完成。任何适宜竞技性健美操运动的音乐风格均可使用。音乐录制必须达到专业化水平，可以是一首或多首乐曲混合的音乐，原创音乐或加入特殊音响效果的音乐均可使用。每张 CD 中只允许录制 1 首音乐，自备两张比赛光盘，并且清晰标明运动员姓名、国家、参赛项目和音乐时长。

国际体联和组委会不保证选择的成套动作音乐是否允许播放，因此参赛队必须把所使用的原曲、曲目、艺术家和作曲家的名字列出，报名时一起递交到世界锦标赛组委会和国际体联秘书处备案。

5. 技巧动作

允许在成套动作中加入技巧动作，并规定了可以使用的五类动作：

A-1 踺子；

A-2 软翻（向前、向后）；

A-3 前手翻；

A-4 后手翻；

A-5 空翻 360°（向前、向后、向侧），允许最多加旋 360°。

A-1 至 A-5 技巧动作由单臂或双臂、单手或双手，或者单脚或双脚完成；在成套动作中不能被重复使用，包括其变形；在混双、三人或集体五人中，必须同时展示相同的技术动作；技巧动作连接仅在男单或者女单的成套中被允许使用一次；而在男单中以劈腿姿态结束的动作是不被允许的。任何用肘部完成技巧动作将被完成裁判将扣 0.5 分。

6. 违例动作

违例动作列举如下：

P-1 静力性动作过分展示柔韧性（如后搬腿、后桥等）；

P-2 静力性手倒立超过2秒；

P-3 有转体的鱼跃前滚翻；

P-4 空翻超过一周；

P-5 混双/三人/五人：技巧连接动作。

7. 纪律处罚

以下行为将会得到警告处罚：

出现在禁止区域；

赛台上的不恰当举止；

不尊重裁判员和官员；

没有运动精神的举止；

开幕式与闭幕式上没有穿着国家队套服；

颁奖时没有身着国家套服（扣减50%奖金）。

运动员得到第一次警告后，不管警告的种类是什么，一旦受到第二次警告，将立即被取消比赛资格。

以下行为将会被取消比赛资格：

严重违反国际体联章程、技术规程或评分规则；

运动员弃权。

8. 特殊情况

在比赛中，常常会出现一些意外情况。当运动员遇到下述特殊情况发生时，应立即停止动作，成套动作结束后提出的抗议将不被接受；经裁判长决定，运动员可以在问题纠正后重新开始比赛，此前的分数无效。如出现上述未列出的特殊情况，则由高级裁判组对有关情况进行复核处理，高级裁判组的决定为最终决定。

① 音乐播放错误。

② 由于设备故障导致的音乐问题。

③ 由于设备问题引起的干扰（灯光、赛台、场馆等）。

④ 通过运动员以外的个人或其他途径等把外部异物带入比赛区域对比赛造成干扰。

⑤ 运动员无法控制的特殊情况导致的弃权。

（二）艺术分

艺术评分是指运用规则规定的评分尺度及评价标准，对成套动作的全部艺术细节进行评分。艺术分的评判主要从成套整体视角，判断成套设计的完整流畅性，对于健美操肢体语言所要表达内涵的深层次理解，并对其在实践中通过健美操动作所展示的艺术性做出判断。通过身体道具展现出来的艺术表现力包括：对动作的设计与选择、音乐的诠释与融合、团队的力量与配合、动作的质量以及成套的综合演绎等元素，充分展示竞技性健美操项目的艺术魅力。

1. 艺术评分的内容

成套动作的艺术分包括音乐、操化内容、主体内容、成套艺术性、艺术表现五项内容。艺术分成套动作满分为 10.0 分，每项最高分 2.0，分别按优秀、很好、好、良、差和不可接受六个层次评分标准给分（见表 7-3-6）。

表 7-3-6 艺术评分层次表

标准	成套评分标准（分）	每项评分标准（分）
优秀	9.6~10.0	2.0
很好	9.0~9.5	1.8~1.9
好	8.0~8.9	1.6~1.7
良	7.0~7.9	1.4~1.5
差	6.0~6.9	1.2~1.3
不可接受	5.0~5.9	1.0~1.1

2. 艺术评分指南

艺术评分指南如图 7-3-4 所示。

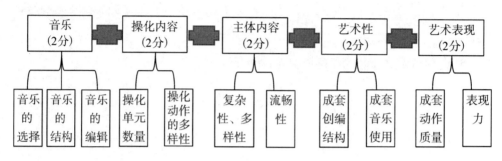

图 7-3-4　艺术评分指南

（1）音乐。

音乐是健美操表演时直击心灵的关键因素，音乐的选择要符合竞技性健美操运动的特点与成套设计的主题。好的音乐有助于构建成套动作的结构与节奏，同时有利于动作主题的表达。成套动作的表演风格与音乐选择的一致性，可促进成套动作创编质量、风格以及运动员的表现，同时增强与突出成套动作的表演效果。

运动员在诠释音乐时，不仅要展示出音乐的节奏、速度以及与节拍的一致程度，更要用肢体动作演绎出音乐的流畅、风格、强度和激情。

① 音乐的选择。

每个成套动作都有其创编背景和内涵，所选的音乐应体现运动员和创编者所要表达的思想、精神或者主题意境。音乐的选择必须符合该项目的特点，即动感、内容丰富、旋律优美、富有节奏感、创造性、乐段清晰，不论有无重拍，都要有可辨析的节奏。与此同时，音乐的选配要符合表演者的年龄、性别、个性特点与技术风格。

每位运动员对于音乐的理解和感悟不尽相同。运动员的乐感是指表演者诠释对音乐的理解，展示音乐的节拍与速度，同时运用肢体语言展现乐曲的主题思想，音乐的流畅、结构、强度以及展现激情的能力。成套动作的创编与音乐的理念要一致，成套动作的风格与所选音乐要完美契合，所选动作必须与所选的音乐完美统一。

② 音乐的结构。

竞技性健美操的音乐非常重要，其结构应丰富、跌宕起伏并能体现运动员的特点。音乐作为健美操表演的附属品，主要可以采用两种结构进行辅助，一是框架型结构，围绕音乐主题、情节发展，用健美操动作的高潮起伏创编来演绎。二是点描述组合型结构，采用不同音乐内涵用动作加以描述和演绎，以组合的形式创编成套健美操动作。选择音乐时应注意恰当的结构以及不同乐段的内容，使音乐内容与形式饱满不单调。如果选择有歌词的曲目，须关注歌词及内容的精神内涵，避免出现不雅词语或者与奥林匹克精神不符的理念。为配合成套动作的操化单元（1个完整的八拍为一个操化单元），建议使用完整八拍的乐段，以提高操化内容的辨认度。

③ 音乐的编辑。

成套音乐的编辑必须是高质量的。不论是原创音乐还是改编音乐，都要避免过度使用重音，使旋律仅成为背景音乐；成套音乐的录制、混音及合成剪辑必须达到专业水平，剪辑要流畅连贯，有清晰的开始和结束，巧妙地使用音效，剪接完成后的音乐效果完美，犹如一首完整的音乐曲目。

（2）操化内容。

操化动作是体现竞技性健美操项目特质的内容，评判时以操化单元为评价指标，在成套动作中应贯穿清晰可辨的操化单元。操化动作要在均衡使用健美操七种基本步伐和手臂动作的基础上，以高超的身体协调性展示良好的技术和动作质量，体现操化动作的复杂性和多样性。

① 操化单元数量。

操化单元是指与一个乐段相配合的一个完整八拍的操化动作。在成套动作中要展示适当强度的操化单元，对所有项目来说，操化单元的数量必须达到8个或9

个，可以通过 3 个或 4 个连续的操化组合进行展示。

② 操化动作的多样性。

操化动作的多样性在于手臂和腿部动作的多样化组合，展现高水准的身体协调能力。

运动员必须高质量地完成竞技性健美操上肢动作，才能展现其独有的技术特点。上肢动作必须展示从一个位置移动到另一个位置的清晰的动作轨迹，加速、减速的能力，以及到位的控制能力；头部、肩部及上体合理移动的能力，表现其准确性和流畅性。

通过使用对称和非对称、不同肢体杠杆的动作、线性和绕臂，以及不同节奏、空间、平面、手型等元素，形成上肢动作的多样性变化，巧妙地演绎成套动作主题风格和运动技术特点。

七种基本步伐：踏步、后踢腿跑、吸腿跳、踢腿跳、开合跳、弓步跳、弹踢腿，通过角度、速度、节奏、方向、空间、高低的强度等变化因素产生多样化的步伐变化。腿部必须通过协调的、多样的动作展示出健美操基本步伐的正确弹性技术。相同步伐不得重复使用，避免出现相同或相似的动作类型。所有的基本步伐都必须被运用到成套动作中。

多样性的操化还可以通过以下方式进行：更多的身体部位参与动作、使用不同关节运动、动作空间、速度、肢体长度，使用不对称动作、节奏的变化、运动速度、变化方位、队形变化、操化单元移动等。全套动作中，操化单元必须体现操化形式的多样性，不能出现相同或相近似的操化动作。

操化单元要求至少 8 个，且要满足复杂性和多样性方能获得好的评价。

操化单元用字母 A（AMP）来进行记录，评价用 A^+、A、A^- 表示好、中、差，见表 7-3-6。

表 7-3-6 操化单元的评分尺度

标准	分值	评价
优秀	2.0	$A^+A^+A^+A^+A^+A^+A^+A^+$（8AMP$^+$）
非常好	1.9	$A^+A^+A^+A^+A^+A^+A^+A$（7AMP$^+$）
很好	1.8	$A^+A^+A^+A^+A^+A^+AA$（6AMP$^+$）
好	1.7	$A^+A^+A^+A^+A^+AAA$（5AMP$^+$）
良好	1.6	$A^+A^+A^+A^+AAAA$（4AMP$^+$）
良	1.5	$A^+A^+A^+AAAAA$（3AMP$^+$）
较差	1.4	$A^+A^+AAAAAA$（2AMP$^+$）
差	1.3	$A^+AAAAAAA$（1AMP$^+$）
非常差	1.2	$A^+AAAAAAA$（1AMP$^+$）
不可接受	1.1	$A^-AAAAAAA$（1AMP$^-$）
难以接受	1.0	$A^-A^-AAAAAA$（2AMP$^-$）

8个操化单元，若是8个A^+则获得2.0分，每缺少1个A^+减0.1分；根据评分尺度每个A^-减0.1分。

（3）主体内容。

主体内容是连接难度、操化、托举等动作的纽带。成套动作主体内容包括过渡连接、技巧动作、配合以及团队协作。这些动作的编排和使用都要能够提高成套动作的艺术价值，且要以良好的技术和完成质量去展示，表现出较为完美的流畅性。

① 复杂性、多样性。

身体多部位同时参加的动作被认为是复杂动作，它需要长时间的科学训练才能完成，且经过大量前期准备工作才能储备完成动作的协同能力。复杂主体内容表现出身体的协调能力、体能训练水平、动力性、高频率等元素，因此，运动员在成套动作中使用多种复杂性动作应获得高分。

评价主体内容的多样性，艺术裁判要考虑到所有的动作都不能重复完成，或使用相同、类似的动作。在展示过渡与连接动作、配合与协作动作时，需要展示不同的动作、不同的形式、不同的身体能力等。主体内容必须是有意义的，在成套中能与音乐契合或展示其独特性。这是优秀健美操成套动作的标准。

② 流畅性。

成套中所有动作之间的连接必须自然流畅、轻松灵活地完成，不能表现出疲乏或勉强。竞技性健美操作为运动员体能的一种动态展示，从体育美学角度出发，考虑对成套动作节奏加以调整，使运动员在有限的时间内，最大限度地完成有难度、有价值的动作，提高视觉冲击力，增加观赏性。

主体内容是以在同一时段完成的动作整体或动作组合为评价依据，1个动作或1组动作用G来表示，流畅复杂的主体内容用G^+，简单的用G表示。在成套动作中，至少要有4次空间转换的主体内容（见表7-3-7）。

表7-3-7 主体内容的评价尺度

标准	分值	评价
优秀	2.0	$G^+G^+G^+G^+$ （$4G^+$）
很好	1.8~1.9	$G^+G^+G^+G$ （$3G^+$）
好	1.6~1.7	G^+G^+GG （$2G^+$）
良	1.4~1.5	G^+GGG （$1G^+$）
差	1.2~1.3	G^+GGG （$1G^+$）有动作重复
不可接受	1.0~1.1	$GGGG$ （$0G^+$）

③ 成套空间使用。

成套动作应在比赛场地中平面区域、立体空间各层次合理分布。运动员运用向前、向后、横向、对角线、弧线和长短距离的丰富线路移动，在场地平面区域中的位置变化，形成不同的图案和队形组合；通过地面、站立和腾空动作的高低变化展现立体空间的均衡性。成套动作必须在场地的空间、时间内均衡布局，体现复杂多样的变化。

比赛区域和队形的运用是指在整个成套动作中，不论长与短的距离，尽量不要重复路线与轨迹；在集体项目中，仅是占用场地并不能满足评分标准对比赛空间的使用要求，运动员必须使用操化动作在各个方向、方位和距离上移动。

运动员在比赛中，不仅仅是比赛场地的各个角落和赛场中心，还包括其他所有空间区域。在完成成套不同动作的均衡、流畅的表演过程中，成套动作必须要通过均衡的编排高效地利用比赛场地。

队形是指运动员完成动作时，搭档之间的位置和距离所形成的图案，以及改变位置队形到另一个队形图案时所保持队形的方式，也就是流动队形所形成的图案。一套成套动作中必须展示出不同的队形和同伴不同的位置关系，队形转换应该是流畅的。

成套内容的分布是指成套中所有动作必须依据比赛场地和成套动作长度合理分配，操化动作必须在成套动作中均匀分布，不出现连续多于 3 个或 4 个操化单元，以及连续 3 个以上的难度动作或其他动作出现，所有动作必须均衡分布在比赛区域的地面、站立、腾起三个空间，不建议在同一空间（地面、站立）完成超过 32 拍的动作。

（4）艺术性。

艺术性是指运动员将一个具有完整结构的成套动作演绎成艺术表演作品。独特的、令人印象深刻的成套动作需要包括许多高质量的细节设计与完成。各个组成部分必须完美地相结合，才能在尊重健美操运动特点的前提下，把一项体育运动转化为具有创造性和独特性的艺术表演。运动员以体育类肢体语言的方式，通过具有丰富情感的动作，把体育和艺术融合成极具表现力和吸引力的表演传达给观众。整套动作从序幕开始要与音乐的主题与风格相匹配，运动员通过高质量的完成来充分演绎作品并展示自己的能力，把包括健美操动作和艺术创新的成套动作演绎成一个独一无二、引人入胜的体育艺术作品。

① 成套创编结构。

竞技性健美操成套就如一个打造精美的艺术作品，给人留下一种印象、一些记忆或一段故事，表达竞技性健美操所蕴含的文化与时代内涵。

竞技性健美操的创新点是获胜的关键。成套动作的结构需要在主题内容、音乐风格、动作表现等方面进行完美融合，给观者留下深刻的印象。成套动作的创新点主要通过某个主题或者具有特色的音乐风格，用原创的、独特的健美操动作将所有成套内容创编成完整的一套。同时，必须符合健美操项目特色及完整结构需要。竞技性健美操成套动作应该是令人难忘的艺术表演作品。

② 成套音乐使用。

在成套动作创编过程中，必须根据音乐特色和运动员能力及个性特点进行设计，操化单元风格要与音乐的主题内容高度契合。运动员表演时，不仅仅展示音乐的节奏与速度，而且运用肢体语言展现音乐的流畅、强度以及激情的能力。成套动作必须配合音乐完整地表演，创编主题应与音乐的理念相一致。手臂动作、头部与躯干、基本步伐等创编需遵从主题风格，在完成的过程中也要符合竞技性健美操的风格。音乐风格必须和运动员表演所呈现出的能力、个性特点和风格相一致，运动员通过肢体语言来充分表现音乐所蕴含的思想、精神与意境。成套作品创编应与音乐的整体构架与内涵相统一。

（5）艺术表现。

健美操运动员在舞台上的表演，在符合自己的年龄与性别特点基础上，通过展示自己的个性、独特的风格和出色的音乐运用方式，把一个结构良好的套路转化为一种艺术表演。在集体项目中，运动员们通过同伴协作与配合动作来展现团队协作之美。运动员必须将健美操的动感与艺术元素融合，通过运动的方式将其转化为极具吸引力的表演并呈现给观众。

① 成套动作质量。

成套动作完成质量是关键，不仅需展现难度技巧成功率，也要展现创编动作、操化单元、过渡连接、配合等的完美完成，且所有的动作均需体现正确的技术。

运动员必须通过高质量的动作完成，给观众留下清晰、利落、干净、符合健美操项目特色的运动形象。高质量的成套动作，包括难度、操化、过渡、连接、托举、配合、队形变化等所有动作的完美完成。所展示的精确、干净、流畅的正确技术，在遵循健美操项目特色和运动员性别与能力差异的基础上，以体育运动的方式来提升运动员的表现力。技术与动作的完成质量有密切的关联，如果在成套中出现了跌倒，这一项的最高评分是1.5分。

② 表现力。

健美操运动员在表演过程中，以表情、高品质和流畅的动作与观众分享自己的情感。通过面部表情，身体动作来展示成套动作创编的主题思想和精神信念。集体项目需要展示出团队与个人的优势、体现运动员之间的协作关系。女运动员的手臂和身体动作应区别于男运动员，尤其是手和腕部的动作，如果男女运动员同时在赛场上表演，建议尽量使用中性动作。但在创编中可以根据需要进行设计，不限制对比动作。

健美操运动员通过对高难度或复杂动作时的控制、调整能力，使表演达到高质量，使成套动作成为非凡的体育艺术作品。成套动作的表现力不仅体现在运动员的面部表情上，而且通过运动员体能、技巧、个人特点、展示魅力、整体表演等身体道具运用能力，以自信而又谦逊的方式表现出运动员的自我竞技能力、训练水平以及创编意境等。

（三）完成分

完成分是对成套动作出现的全部动作，包括操化动作、难度动作、过渡连接、托举、配合、协作、队形等的技术完成情况，以及对混双、三人、集体五人等全体运动员的技术技巧、创编内容及完成能力的一致性给予评价。完成分从10分起评，对每一个完成错误给予减分。

1. 难度动作与技巧动作

技术技巧指在完成动作时通过主动和被动的柔韧、力量、幅度、爆发力、耐力等身体素质，表现出所完成动作的最高精准度、正确的形态和身体标准姿态的能力。即运动员要具备完成高质量、高水准的动作能力，在每一个动作中展示完美的姿态和正确的动作技术，在比赛中所表现出的高规格、高质量的技术技巧，使得每一个动作都经得起推敲和检验。减分见表7-3-8。

① 身体姿态：在完成难度动作、复杂的健美操步伐、动作组合及过渡与连接时，保持正确身体姿势和身体位置，以及正常的脊柱位置（地面、站立、腾空与着地）。身体姿态主要评价躯干、腰、髋的位置和稳固性；上体的标准位置，颈、肩、头的姿势与脊柱的关系；脚的位置与踝关节、膝关节和髋关节的关系；所有关节的标准形态。

② 准确性：准确性要求每个动作都有一个明确的开始与结束；每一个动作的完成过程均要表现出完美的控制；在难度动作、过渡动作、起跳与落地，以及操化动作组合的完成中应保持适当的身体控制与平衡。

③ 力量、爆发力与肌肉耐力：在整个成套动作中能够展示出身体两侧的力量、难度动作、爆发力与持续强度的能力，运用爆发力完成跳、跃及腾空的难度动作均要达到最大幅度。

表7-3-8 难度与技巧动作减分

小错误（分）	中错误（分）	不可接受（分）	失误（分）
0.1	0.3	0.5	1.0
单个难度动作最多减0.5分			1.0

2. 创编内容

成套创编内容从表演开始的开场造型，进入主题的序幕完成，操化动作的个性化展示，过渡与连接动作设计的流畅演绎，静力性托举或者动力性配合动作的团队协作完成，难度动作的完美完成等，都需要以最高的精准度来完美完成。减分见表7-3-9。

表 7-3-9 成套创编内容的减分

创编内容	小错误（分）	大错误（分）	失误（分）
开场/结束造型	0.1	0.3	1.0
操化动作（每8拍）	0.1	0.3	1.0
过渡与连接（每次）	0.1	0.3	1.0
托举	0.1	0.3	1.0
配合与协作	0.1	0.3	1.0

3. 一致性

一致性是指在混双、三人和集体五人项目中，运动员完成的所有动作须整齐划一，具有相同的动作幅度；同时开始、同时结束，相同的完成质量；同时也包括手臂动作，每一个动作组合必须精确、清晰可辨。出现一致性错误，每次减0.1分，在混双、三人和集体五人项目中全套动作的一致性错误最多减分不超过2.0分；有氧舞蹈和有氧踏板一致性错误最多减分不超过3.0分。减分见表7-3-10。

表 7-3-10 一致性错误减分

项目	分数
每次	0.1分
成套（混双、三人、五人）	最多2.0分
成套（有氧舞蹈、有氧踏板）	最多3.0分

（四）难度分

在难美技能类项群中，所选用的难度动作价值高低是取胜的决定性因素。竞技性健美操难度动作的选择和完成质量所能获得的分值，是获得优胜的重要保障。

1. 难度动作体系

竞技性健美操难度有特定的项目体系，分为 A 组（地面难度动作）、B 组

(空中难度动作)、C 组（站立难度动作）3 个组别，依据各组别分为动力性力量、静力性力量、旋腿、动力性跳步、姿态跳步、纵劈腿跳与跃、转体、柔韧 8 个大类，有 25 个根命名组，近 500 个难度动作，每个难度都有其唯一的编码和相应分值。

(1) A 组（地面难度动作）。

A 组包括：动力性力量、静力性力量、旋腿。

动力性力量：提臀腾起、分切、高锐角腾起

静力性力量：支撑、锐角支撑、水平支撑/分腿水平支撑

旋腿：旋腿、直升飞机

(2) B 组（空中难度动作）。

B 组包括：动力性跳步、姿态跳步、纵劈腿跳与跃。

动力性跳步：空转、自由倒地、给纳、旋子、水平旋

姿态跳步：团身跳、科萨克、屈体跳、屈体分腿跳/横劈腿跳

纵劈腿跳与跃：剪式变身跳组、交换腿跃、纵劈腿跳（矢状面）

(3) C 组（站立难度动作）。

C 组包括：转体、柔韧。

转体：单足转体、水平控腿/转体。

柔韧：垂地劈腿、依柳辛、平衡

2. 难度动作要求

(1) 成套难度数量：单人最多能采用 9 个难度动作，混双、三人、集体五人项目最多能采用 8 个难度动作。在国际和国内大型赛事中，0.1 和 0.2 的动作不计数量和分值，裁判员只对成套中最先出现的 9 或 10 个动作进行评分。

(2) 成套中的难度至少在 A、B、C 三个组别中包含 5 个类别。

(3) 允许展示来自同一类别最多 2 个根命名的难度动作。

(4) 在 B 组难度中，最多允许 3 次落地成俯撑姿态/劈腿姿态（男单不允许以劈腿姿态落地结束）。

（5）不允许做 3 个以上难度或技巧动作的连接。

（6）如果某个难度动作没有达到最低完成标准，它将被计算为一次难度动作，但没有分值。

（7）最多展示两次文森姿态，包含在难度过程中任意阶段出现的文森造型都将被记作一次文森姿态。

（8）难度或者技巧动作不允许被重复使用。

（9）允许 2 或 3 个动作在没有任何停顿、犹豫或过渡的情况下直接难度动作组合连接。

如果违反了以上要求，每次将由难度裁判减 1.0 分。

3. 难度完成的要求

（1）每一个难度动作的完成都必须达到规则所要求的最低完成标准。

（2）男单/女单：必须展示 9 个难度动作。在一次难度连接的组合中，最多出现 3 个动作。最多出现 3 次难度连接的组合。

（3）男单：必须展示至少 1 次 B 组难度中类别 4 的动作；不允许展示 C 组难度类别 8 的动作；B 组难度不允许以劈腿姿态结束。

（4）混双、三人和五人项目：必须同时展示相同的难度、技巧动作；三人和五人项目所展示的所有难度、技巧动作不允许遮挡、重叠站位。

（5）技巧动作连接：在男单或者女单的成套中被允许使用一次，混双、三人、五人是不允许使用技巧连接的。

4. 连接加分的获得

（1）允许 2~3 个难度动作直接流畅连接。2~3 个动作可以是相同的组别，但必须是不同的根命名类别，这 2~3 个难度动作均计算在成套难度动作的数量中，不允许出现难度动作的重复。

（2）所选 2~3 个难度动作都达到了最低完成标准，2 个难度动作的连接将会额外得到额外 0.1 的加分，3 个难度动作的连接将会额外得到 0.2 的加分，如果其中的 1 个动作没有达到最低完成标准，就不能获得连接加分。

(3) 所选技巧动作和难度动作相连，其中技巧动作和难度动作都达到了最低完成标准，也可获得连接加分。如果连接的技巧动作失误，此连接将无法得到连接加分。

（五）团队配合与协作

竞技性健美操成套设计中包含动力性配合与"金字塔"。动力性配合是指运动员运用身体能力在与同伴之间进行的抛接、移动"金字塔"配合等。"金字塔"是指一名或多名运动员将同伴托举至膝关节以上不超过2人垂直站立的叠加高度，被托举者展示出清晰的身体姿态。所有运动员在"金字塔"动作的开始阶段必须是与地面接触，托举结束回到地面，展示一个完整的起和落的过程。"金字塔"动作中尖子运动员要在空中展示不同的身体形态以及不同的水平高度，结束动作必须展示稳定性。

"金字塔"动作可以是几名运动员的任意组合形式，也可以是在同一个时间段的不同组合形式。

1. "金字塔"的评判

"金字塔"由裁判长给予评分，根据评分标准给予相应的托举得分（见表7-3-11）。

表7-3-11 "金字塔"动作的评分标准

序号	托举动作	得分	
		0.1分	0.2分
1	尖子运动员与底座运动员减重的水平高度关系	肩水平	高于肩水平
2	身体能力的展示：力量、柔韧、平衡性等身体素质	一般	高水平
3	不同水平高度、不同身体形态的变化	肩水平	高于肩水平，不同的形态

续表

序号	托举动作	得分	
		0.1 分	0.2 分
4	运动员动力性展示（速度、旋转）	一般	高水平
5	旋转一周时展示的身体腾空方位	腾空	腾空转体
共计	1.0 分		

成套动作中必须展示最少3次不重复的同伴协作内容。如果少于3次，艺术裁判将从复杂性、多样性评判中作出 −0.2 分的扣分处罚。其余的过渡与连接动作、配合动作必须要均衡运用，有意义、能提升成套的艺术价值。上述内容包含技巧动作。如果不同的同伴协作动作同时被展示（同时开始），将被认作一个同伴协作动作。

2. 托举违例

所有的违例动作都不能在托举动作中出现，若出现违例动作，由裁判长每次减 0.5 分。

（1）托举高度超过两个人垂直站立时的头顶叠加高度。

（2）尖子运动员被抛接时做经过头部翻转的直体空翻。

（3）参加托举的运动员完成超过1个技巧动作。

（4）360°以上的纵轴转体。

（六）有氧舞蹈

有氧舞蹈成套动作由8名运动员运用舞蹈方式完成健美操动作的集体成套动作。

1. 一般规定

运动员参赛年龄、成套动作时间、比赛场地与竞技性健美操相同。在服装的要求上略有区别，允许分体的紧身衣，队员之间参赛服装允许存在差异，但应保持和谐一致。

2. 特殊规定

（1）成套动作必须包含 4~8 个八拍其他舞蹈风格动作，作为第二风格。

（2）编排必须有一个"主题"，同时需要在编排中展示出来。

（3）非常重要的一个方面是所有运动员犹如一体的一致性。

（4）成套动作中允许加入技巧动作、难度动作和 1 次托举，但无分值。

（5）技巧组合：最多可以展示 2 个技巧动作的连接组合，但是必须同时展示。举例：踺子+后手翻+空翻＝减分，踺子+空翻＝不减分。在整个成套动作中，2 个技巧动作的连接组合（A+A），成年组可以使用 3 次，青年组可以使用 2 次。少年组不允许使用技巧连接组。

3. 评分

（1）艺术 10 分的分值要求与竞技性健美操基本相同，主要从音乐、舞蹈内容、主体内容、成套艺术性、艺术表现五个方面进行评分。

（2）完成 10 分的分值主要从一致性（有氧舞蹈的关键）、操舞单元的技术（包括第二风格）、过渡动作与连接动作、配合：同伴协作和互动难度（自选的难度动作和技巧动作）等方面进行评分。

4. 第二风格

成套中必须包含 32~64 拍不同于其他创编内容的"第二风格"动作，新规则规定允许是任何舞蹈风格。第二风格动作必须能很好地与其他创编内容相融合，而非割裂。第二风格动作的评判和操化组合段落一样，建议选用能够被辨认的不同于主题风格的音乐。

在主体内容评判中对第二风格进行评价：

（1）创编理念与主题选择的原创性。

（2）第二种风格的选择与成套契合的原创性。

（3）运用其他项目动作的原创性。

（七）有氧踏板

有氧踏板是由 8 名运动员（性别不限），利用健美操的基本步伐和手臂动作，结合器械（踏板），在音乐伴奏下动作展示的集体运动项目。

1. 一般规定

运动员参赛年龄、成套动作时间、比赛场地与竞技性健美操相同。服装要求同有氧舞蹈。

2. 特殊规定

（1）编排必须有一个"主题"，而且要在编排中展示出来。

（2）在整个成套动作中，运动员必须最大限度地利用踏板来完成有氧基本步伐结合手臂动作的踏板动作。

（3）成套动作中必须包括所有成员同时在板上（不移动、不变换踏板）完成的连续 3 个八拍（24 拍）的踏板动作。

（4）非常重要的方面是一致性，所有运动员要犹如一体完成动作。

（5）成套动作中不允许出现任何难度动作和技巧动作。

3. 评分

（1）艺术分 10 分的分值分配与竞技性健美操基本相同，分为音乐、踏板内容、主体内容、成套艺术性、艺术表现五个部分。

（2）完成分 10 分的分值主要从以下方面进行评分：一致性（有氧踏板的关键）、踏板技术、过渡动作与连接动作、同伴协作和互动配合、踏板在地板上的放置等。

4. 踏板内容

（1）踏板动作必须贯穿整个成套动作，运用健美操基本步伐，如上板和下板、V 字步、吸腿、踢腿、并步、上板点板/下板点地、转体、过板、弓步等，加入手臂操化动作。

（2）最大限度地使用踏板，尽可能减少地面动作，确保一致或依次完成动作；采用不同的换板方式、不同面向、使用或不使用踏板的动作，展示队员间的配合、板间协作及空间队形的变化。

（3）成套动作中必须包括所有成员同时在板上（不移动、不变换踏板）完成的连续3个八拍（24拍）的踏板动作。

（4）有氧踏板的主体内容包括转换（过渡）与连接、配合协作、托举及换板方式。

（八）青少年规定

国际青少年健美操比赛分为三个组：国家预备组（9~11岁）、少年组（12~14岁）、青年组（15~17岁）。根据青少年的身体发育特点，针对生理、心理、身体素质等特征，对比赛项目、成套时间、比赛场地、着装要求等做出具体的规定，对各个年龄组允许和禁止做的难度、技巧、难度连接及落地的方式做出明确规定，最重要的是规定了各个组别的难度动作，以上也是我国健美操比赛必须执行的规则。

对于竞技性健美操的成套动作创编要求，在竞技性健美操规则中已做出明确与细致的规定。健身性、表演性健美操比赛在进行创编时，可依据所预设比赛性质和目的，借鉴竞技性健美操创编的相关要求和规定进行适度调整，以确保比赛的顺利进行。健身性、表演性健美操比赛评判规则中的创编要求不再做单独说明与解读。

思考练习题

1. 健美操竞赛的目的是什么？
2. 请拟一份健身性健美操竞赛规程。
3. 竞技性健美操裁判的职责与要求包括哪些内容？
4. 请简述艺术裁判的评分方法。

第八章

健美操流行元素

本章导言

本章选取了目前高校课程设置和社会俱乐部流行并且影响比较广泛的 6 种流行课程，包括：爵士舞蹈、街舞、有氧搏击操、有氧踏板操、有氧健身操、有氧拉丁舞蹈。每个流行课程都有相对独立的课程风格特色，分别按照小节对流行课程概况和实践学习做了介绍，内容设置兼顾理论与实践相结合，通过学习可以提高练习者对健美操流行趋势的认识和鉴赏能力，有目的地用理论指导实践。

学习目标

1. 了解目前各种风格的健美操课程的发展概况、趋势以及课程设置。
2. 熟悉不同风格健美操课程的内容、特点、功能。
3. 掌握不同风格的健美操课程的基本动作及练习的注意事项。

第一节
爵士舞蹈

爵士舞蹈是国际上广泛认可的当代流行舞蹈，起源于非洲的黑人文化，伴随着非洲现代爵士音乐而兴起。20世纪80年代以后，在多变的流行文化与多元的全球文化影响下，逐渐演变成独具特色，多种动作元素相互交融，风格多样的舞蹈类别，深受年轻大众的喜爱。爵士舞蹈独特的身体练习可以塑造优美体态和优雅气质，发展肢体协调能力、肢体控制能力、肌力和心肺耐力，对各关节的灵活性和柔韧性也有很大的锻炼作用。

本节对爵士舞蹈的概念、特点和基本动作等进行介绍，为爵士舞蹈理论学习和实践提供参考。

一、爵士舞蹈的概念及发展历史

爵士舞蹈是根据不同的音乐展现多元舞蹈动作、舞伴配合、技术技巧的一种新型舞蹈，强调准确、适当地表现动作的风格、技术、伸展、控制、连续等。

美国的流行舞蹈可以用一个名字来代替，它就是"爵士舞"。美国流行舞蹈百年来的发展可以看作是爵士舞的发展变迁，只是在不同的阶段和时期，爵士舞呈现出了不同的风貌。不同年代爵士舞的含义是有区别的，每个年代的爵士舞都包含了那个年代最流行的时尚元素，如在20世纪20年代芭蕾舞处于巅峰，爵士舞是集芭蕾、现代舞、非洲舞蹈、歌舞厅舞蹈、剧场舞蹈、社交舞和东印度民间舞于一身的"多元表演舞蹈"。

如果说欧洲人给了爵士舞贵族气质与绅士派头,那么非洲人就给了爵士舞的灵魂。今天,我们所看到的爵士舞蹈,它保留了过去切分音乐的旋律,肢体的抛掷或独立运作的特性,配合流行音乐、蓝调音乐、摇滚音乐或是迪斯科音乐来演绎。现今的爵士舞蹈,具有很大的包容性和很强的可塑性,并可以随时吸收最流行的音乐和舞蹈的特性,爵士舞蹈极具娱乐性并为大众所欢迎及接受。

硬派爵士舞最有代表性的两位明星当属劲舞代表迈克尔·杰克逊和热舞代表小甜甜布兰妮。杰克逊将街舞和爵士舞结合并成功地搬上了舞台,他整整影响了三代人(20世纪70年代、80年代、90年代)。

二、 爵士舞蹈的特点

1. 风格种类多样,内容包容性强

爵士舞蹈将流行的舞蹈元素和技巧动作与传统爵士舞步相结合,内容广泛。按照舞蹈风格类型分为百老汇爵士、芭蕾爵士、现代爵士、拉丁爵士、街舞爵士、新潮爵士。一个完整的爵士舞蹈可以是单一风格,也可以融汇多种风格。

2. 舒展放飞心情,自由即兴舞动

爵士舞蹈集娱乐性、情感性、时尚性、自由性于一身,追求自由、即兴、愉悦,没有严格的规则束缚;练习者可以在适合运动的场所,如广场、体育馆、练习室、健身房等,根据自己喜爱的歌曲随意发挥,抒发情感。爵士舞蹈可以通过个人即兴、舞伴配合、集体表演体现出爵士舞蹈不同形式的魅力。

3. 身体灵活协调

爵士舞蹈讲究身体的感觉与音乐的配合韵味,对头、颈、肩、胸、髋、腿各关节与肌肉的控制,对身体的灵巧度有较高的要求。爵士舞蹈的动作连贯且富有变化,而这些都需要小关节与小肌肉群的灵活运用与协调配合。

4. 音乐动作高度契合

音乐是爵士舞蹈的灵魂，爵士舞蹈强调动作的编排与音乐内容的吻合；动作节奏的变化、情绪的变化、情感的表现都基于音乐内容的改变。练习者需要理解音乐所诠释的内容，通过不断地体会与反复地练习，逐渐加深对音乐的理解和把握，才能精准地完成爵士舞蹈的编排和演绎。

三、学习爵士舞蹈的基本能力要求

1. 心肺耐力

一般爵士舞蹈的一个动作组合的时间不是很长，但组合和组合之间的休息时间往往很短，所以如果学习者的心肺耐力较好，一般在多次重复动作组合后仍能保持好的舞蹈技巧，不致有过早疲乏的现象。

2. 肌肉爆发力和肌肉耐力

爵士舞蹈中有很多快速和讲求瞬速发力的动作，所以基本的肌肉力量是必需的，需要把同一动作重复练习多次，所以对肌肉耐力的要求比较高。尤其是下肢肌肉的耐力必须锻炼好，否则容易导致膝、踝和髋关节附近的肌肉受创。爵士舞者也通过其他辅助锻炼法（如水中健体、瑜伽训练等）来增强肌肉的耐力。

3. 身体柔软度

不论跳什么舞，如果要跳得美，身体的柔软度必须要好，否则不能发挥出应有的线条美感，爵士舞蹈也不例外。在进行暖身时，不适宜在身体肌肉未完全舒展前用弹、振等方式来做伸展，容易拉伤肌肉，用静态方式伸展较安全。软度的练习动作幅度更不应达到痛楚的地步，肌肉有拉紧的感觉即可，动作（角度）维持时间量可由 10 余秒至 30~40 秒不等，时间过长会对肌肉及关节附近的连结组织造成伤害。

4. 身体组合

绝大部分出色的爵士舞者都拥有强健的肌肉，但身体的脂肪量一般都比较少。这令他们身体呈现出很明显的肌肉条纹，使他们舞动起来时的动作更觉有力度。较低的脂肪量可以避免不必要的体重负担，使舞蹈动作更潇洒轻盈。虽然学习爵士舞蹈也是减肥的一个途径，但身体过重的初学者适宜通过其他模式先行减重，不然容易对肌肉及关节造成伤害。

5. 平衡力

动态平衡的能力在爵士舞蹈中往往较静态的平衡力应用更广，也就是说舞者对步法的重心转移必须清晰，另外更要技巧地借助目光去做定位，协助转身时得以平衡。

6. 灵敏度

爵士舞蹈中常利用不同方向和不同水平的动作来增加负荷和灵敏度，所以舞者的动作必须灵巧。

7. 协调性

协调性在爵士舞蹈中非常重要，除了手和脚的配合外，还有头、躯干和四肢的动作配合，身体不同部位会同时以不同节奏舞动，对舞者的协调能力实在是个很大的考验。初学时适宜先把身体不同部位的动作分开练习，等熟练以后再逐步配合。

四、爵士舞蹈分类

按照舞蹈发展历程进行分类，主流有：踢踏舞、舞台式爵士舞、现代爵士舞、街头爵士舞。踢踏舞可以说是爵士舞蹈的始祖。

根据表现的具体内容分类：传统爵士，又称古典爵士，在歌舞剧里面常见，例如音乐剧《猫》中的舞蹈就是传统爵士；芭蕾爵士，融合了芭蕾舞元素，但是这种爵士，并不是由爵士舞蹈发展而来的，而是把舞蹈与潮流结合在一起；流行爵士，就是现在我们一般在跳的爵士舞蹈，舞姿的定点比较多，是爵士舞蹈发展到 20 世纪 90 年代的产物，其独特的魅力在于它有着幅度大而简单的舞步，能够表现出复杂的舞感；拉丁爵士，是由国际标准舞演变而来的，跳起来有一种热情奔放、充满诱惑的感觉。

1. 舞台式爵士舞

高帽和手杖是从前舞台式爵士舞常用的道具，有一种炫耀的风格，随着切分的爵士音乐伴奏显出摇摆的特质。新的舞台式爵士舞的兴盛，可归功于三位杰出的编舞者：嘉芙莲·端咸、谢龙·罗宾士和积·高尔（他被誉为"美国爵士舞之父"）。

2. 街头爵士舞

现在我们一般称为街头爵士舞的，其实主要包括霹雳舞和嘻哈舞两类。

早在 20 世纪 70 年代，一种新颖的被称为"Popping & Locking"的动作出现。它主要包括迅速有力地把头、肩、臂、臀等部位做突出和锁定的动作。

霹雳舞是一种自由开放的舞动模式。主要动作包括：电流贯身（似有一道电流通过身体），局部收放（突然且猛力地把局部身体部分移动，好似肌肉突发抽搐）和霹雳转（有点像体操动作的地上旋转，有时用手支撑，也有用肘、背、膝，甚至用头做支点的）。

由于爵士舞蹈是不断追随时尚潮流的一种舞种，所以时下的流行文化对爵士舞蹈的影响非常明显。嘻哈舞浪潮跟美国职业篮球赛热潮有一定的关系，因为不少说唱歌手也酷爱穿着 NBA 的球衣，舞者也跟随这股装扮风潮。直到今天，这种衣着风潮依然常见。

3. 现代爵士舞

现代爵士舞中常见芭蕾舞和现代舞动作的影子和动作特质，除了常用典型爵士风格的动作和躯干动作外，流畅而持续的动作也被用来强调修长的线条和曲线。现代爵士舞舞者常具备专业芭蕾舞训练背景，能够自如地把单足转、屈腿平衡等与爵士步行、滑步等动作结合起来，舞者能高度协调头、肩、躯干和臀的准确摆动和扭动,使这种爵士风格有很高的体育美学价值和艺术观赏价值。现代爵士舞与街头爵士舞的区别见表8-1-1。

表8-1-1 现代爵士舞与街头爵士舞的区别

区别	现代爵士舞	街头爵士舞
动作与音乐重拍	向下,与音乐同步	向上,预先前半拍屈膝准备
身体(躯干,上肢)	与脚相对(如:一前/一后)	与脚相同(如同前/同后)
动作外形	准确清晰"到位"	随意自由
头部动作风格	清楚利落的方向变化	随意摇摆或者钟摆
骨盆运动	清晰的方向目标	随意放松

4. 风格型爵士舞

经典爵士:传统的爵士舞。在歌舞剧里面常见,由芭蕾舞蹈演变而来,是绅士幽雅的舞种,也是其他舞种的基础舞种。

芭蕾爵士:融合芭蕾舞。这种爵士因舞蹈潮流而结合在一起,爵士舞本身较芭蕾有爆发性,类似定格、跳跃、踢腿等姿势。

新爵士:就是现在我们一般在跳的流行爵士舞,定位姿势比较多。以前的爵士舞是有了舞蹈,再找音乐,但是新潮爵士舞多数情况则是有音乐,再配合去编舞和表现。新爵士特色是身体的延展,每个动作都有固定的角度和摇摆的方式。目前我们国内的练习者多是女生,与舞者的妩媚表现可以说有很大的关系,实际上在国外新爵士的优秀舞者有很多男性,舞蹈本来就没有性别之分,没有什么舞蹈是专门为一个性别跳的,所以我们在学舞的时候不要设定性别限制。

流行爵士:这种舞蹈据说是融合了有氧舞蹈的一种,注重力的点和过程的结合运用,有嘻哈的感觉但却缺少了它的律动。

嘻哈爵士:有嘻哈律动的爵士舞。

非洲爵士:动作大而比较利落,追求动作力度和力道的美感。

拉丁爵士：拉丁爵士，与体育舞蹈中的拉丁舞有关，如恰恰、桑巴、曼巴等，身体动作带有拉丁舞的明显风格，热情奔放。

博普爵士：是家族爵士和新爵士结合的一种混合体舞风，它跟家族爵士一样充满了许多脚步的动作，但是在做动作的同时还必须将身体做出跟新爵士相似延伸的感觉。

五、爵士舞蹈练习注意事项

1. 注重爵士舞蹈基础动作的练习

基础动作是爵士舞蹈中必不可少的练习内容，是提高练习者控制身体能力的关键，应放在爵士舞蹈学习过程的首要位置。

2. 引导练习者对音乐进行准确演绎

动作与音乐内容契合是爵士舞蹈练习的关键，练习者要根据音乐的内容进行演绎。在爵士舞蹈学习时，根据老师示范的不同音乐下呈现的爵士舞蹈，积极理解并欣赏音乐内容，并根据多种风格的音乐进行爵士舞蹈动作的学习和练习。通过反复练习，不断增加身体的灵活性以及爵士舞蹈动作与音乐的融合性。

3. 把控情绪，建立自信

情绪表现的准确把控可以为爵士舞蹈的呈现锦上添花。在实际练习过程中，练习者在准确把握爵士舞蹈音乐内涵的基础上，赋予爵士舞蹈情绪。情绪的表现建立在自信之上，而部分练习者因缺乏自信产生羞怯感，大大降低了学习的参与度。因此，通过音乐和动作的引导能激发练习者勇于展示的精神，从而达到更好的学习效果。

六、爵士舞蹈基本动作

爵士舞蹈风格多样，根据不同风格可分为百老汇爵士、芭蕾爵士、现代爵士、拉丁爵士、街舞爵士等。

（一）百老汇爵士基本动作

（1）平转：平转是脚尖点地、六位手预备，双脚立踵交替进行的一种行进间线性转体技巧。转体时重心一直保持在两脚之间。

（2）摇摆步：身体直立，重心在开立的两脚之间移动的动作，包括前摇摆步、后摇摆步、左摇摆步和右摇摆步。

（3）滑翔舞步：两脚在地面上似滑冰一样滑动的动作。

（4）腿部画圈：右脚尖前点地预备，经体侧划至后点地，运动轨迹呈半圆的动作，画圈动作可向前画圈和向后画圈。

（二）芭蕾爵士基本动作

（1）踢腿：身体直立，直腿绷脚向上踢的动作，包括正踢腿、侧踢腿和后踢腿。

（2）立转：四位半蹲、六位手预备，转体时保持身体直立，重心在支撑腿上，非支撑腿屈膝开胯，脚尖位于支撑腿膝部内侧，转体时支撑腿始终保持伸直的立踵姿势。

（3）巴塞转体：脚尖前点地、六位手预备，动力腿画 1/4 圈后迅速立踵变为支撑腿，另一腿屈膝开胯，脚尖位于支撑腿膝内侧，两臂经侧举至二位手。

（4）小纵跨跳：两腿依次起跳、依次落地，在空中成纵腿姿态，运动轨迹为向上的抛物线。

（三）现代爵士基本动作

（1）绕环：胸部、髋关节做圆形的动作。

（2）波浪：某身体部位的相邻各关节依次屈，随后依次伸，做连续的波浪式动作。

（3）控腿跳：双腿经屈膝一腿前摆或侧摆后，另一腿跳起，空中保持摆动腿直膝、主力腿屈膝的控制姿态。

（4）小分腿跳：双腿经屈膝同时起跳、同时落地，在空中双腿直膝呈倒 V 字姿态。

（四）拉丁爵士基本动作

（1）恰恰步：双腿经屈膝一腿向前迈步，后腿推动向前并位于前腿膝后，然后后腿推动前腿向前迈步，过程中伴随"8"字扭髋，包括前恰恰步、后恰恰步和侧恰恰步。

（2）纽约步：一腿站立、一腿脚尖侧点地预备，向支撑腿方向转体90°向前移重心，后腿膝盖靠于前腿膝后，然后向反方向做相同动作。

（3）波塔弗戈：以左腿先动作为例。右腿站立、左腿脚尖侧点地预备，1 拍左腿向右前交叉迈步，2 拍前半拍右腿往右后方迈步，后半拍左脚原地踏步，重心移至左腿稍屈膝，3、4 拍做反方向动作。

（五）街舞爵士基本动作

（1）震动：依靠肌肉的快速收缩与放松，使身体的不同部位产生震动的感觉，包括颈部震动、臂部震动、胸部震动、腹部震动、腿部震动等。

（2）有范儿：左右交替做上身波浪的动作。

（3）灵魂舞步：双腿交替做踝关节的内收和外展，动力腿可向前或者向后落地，也可以两腿依次向前或者依次向后移动。

（4）哈林摇摆：左右依次提肩部，并且在第三次提肩部时移动重心至单腿支撑，反方向动作相同。

第二节　健身街舞

一、街舞发展的历史文化与起源

1. 国际街舞的起源与发展

街舞最早出现在20世纪70年代末期美国的黑人聚居区,美国纽约和洛杉矶是街舞的两大发源地,街舞也称为嘻哈,它起源于美国黑人音乐形式,是一种美国中下层的黑人文化。由于贫穷和社会的歧视使许多黑人不能接受正常的教育,一些年轻人流浪街头,染上了吸毒、抢劫等恶习,使街头暴力一度成为黑人聚居区的一大特征,也成为美国社会的一大顽疾。有黑色精灵之称的黑人天生具有极协调的运动能力,在嘻哈音乐的伴奏下,他们无视于表演空间的限制,到处都是他们展示音乐、舞蹈天赋的舞台,因此,街舞的动作含有丰富的街头情调。黑人在音乐舞蹈方面的天赋,使他们找到了一种合法的途径来表达和宣泄对社会的不满情绪。他们从说唱开始逐渐过渡到自由的舞蹈,这样街舞就诞生了。

2. 街舞在亚洲的影响力

日本可以说是亚洲地区受嘻哈音乐文化影响最深的国家。受到驻扎美军的影响,早期日本出现了几家专门播放嘻哈音乐的酒吧,并定期举办一些现场表演,但是直到1995年嘻哈热潮才正式在日本爆发。现今日本街头,不但嘻哈服饰、街舞、街头涂鸦以及滑板等嘻哈运动用品比比皆是,嘻哈文化更早已成为年轻人生活的一部分。此外,年轻人听嘻哈音乐的比例,要比听摇滚音乐或电子音乐的高。

随着全民健身活动的兴起，街舞作为一种健身运动也进入了我国各大城市的健身中心。作为一种为青少年所喜爱的文化体育活动，街舞运动在全国各地已经广泛地开展起来。青少年对街舞的热情引发了从文化艺术到商业广告对街舞的大量应用，从而形成独特的文化风景。

3. 我国街舞的发展

我国的街舞始自 20 世纪 80 年代的美国电影《霹雳舞》。当时的霹雳舞就是现在高难度技巧的前身，嘻哈作为一种音乐形式，在 20 世纪 90 年代传到中国，随着中国青少年对街舞理解的深入，他们逐步回归街舞的本源，以自己的眼光和特点来实践街舞。自 20 世纪 90 年代中开始，全国各地的青少年就已经开始练习街舞。北京、广州因为资讯发达，街舞开展比较早；河南郑州由于中原武术文化与街舞关系密切，街舞也起步较早。目前，作为一种被青少年所喜爱的文化体育活动，街舞在全国各地已经广泛传播开来。我国街舞与传统的美国黑人街头舞蹈是有区别的，它取其精华，弃其糟粕，已被视为一种积极向上的健康运动。

为了达到科学、安全健身的目的，国内的街舞课程不选择高难度的技巧动作，更突出健身性、娱乐性、欣赏性，便于大众接受，形成了具有中国特色的街舞——健身街舞。健身街舞是在街舞风格的音乐伴奏下，以街舞的基本动作为表现形式，通过身体多部位，特别是小关节和小肌肉群运动，达到健身、健心目的的运动项目。健身街舞是将有氧运动与街头舞蹈进行有机重组，保留了街舞中帅气和积极的一面，舍弃了颓废与消极的一面，以有氧运动形式及强度要求进行练习，是现代青年非常喜爱的健身方式之一。目前，健身街舞成为年青一代舒展自我的方式，舞者更加强调释放自己、展现自我，体会从身体到精神的一种彻底的释放与展现。我国自 2000 年以来，组建了国内知名的街舞团体，有北京的北舞堂、郑州的舞功堂、上海的炫舞堂等。2002 年，北舞堂应中央电视台 3 套的邀请，拍摄了嘻哈舞蹈专题节目；中央电视台 5 套体育频道开设了街舞教学节目，电视媒体对街舞在中国的传播起到了有力的推动和有益的指导作用。2003 年 11 月、12 月先后举办了"健力宝爆果汽杯"和"动感地带"中国大学生全国街舞大赛，有北京、天津、广东、辽宁、山东、陕西、江苏、湖北、四川、河南等十大分赛区。全国街舞大赛的举办,表明我国的街舞现在正处于从完全自发和民间的状态向规范化、有组织转型的重要阶段,国家体育管理部门的组织和推广将有效地推进这个转型进程,并吸引广大青少年加入科学、健康的街舞健身行列。健身街舞也逐渐走进高校体育课堂,使这种另类文化的运动形式更快走向主流舞台,在全民健身这个广阔的领域里更好地发展。

二、街舞的分类

以动作为标准,街舞分两大类:霹雳舞和嘻哈舞。

1. 霹雳舞

霹雳舞是技巧型街舞,对跳舞者的力量、柔韧性和协调性有较高要求,属于技巧性较高的体育舞蹈。霹雳舞大体上可以分为两种类型:用手、头、身体在地上旋转的称为大地板;在地上踩出复杂变化的脚步动作,加上刁钻的倒立,称为小地板。

2. 嘻哈舞

嘻哈舞,是舞蹈型街舞,强调舞者的动作协调性和舞感,以及肢体灵活性和控制力。在经历了传统和新式两个类型发展之后呈现出锁舞、机械舞、电流等多种风格。

三、街舞的特点

1. 基础广泛,保持了有氧运动的特性

从广场街角到时尚舞台,从街道社区到大学校园,从普通中学生到知名艺人,街舞作为一项健身运动受到越来越多人的青睐。在健身中心许多文艺界专业人员开始练习街舞;学校、社区也开始组织起街舞社团;同时,电视台的街舞专题,演艺明星的街舞英姿、品牌代言的商业广告,以及专业的街舞团体不断映入大众眼帘，街舞在全国各地广泛传播开。青少年对街舞的热情形成独特的文化风景。国家体育总局也把健身街舞纳入 99 种体育运动项目之中。

2. 地域文化明显，彰显运动时尚

在动作类型上，健身街舞保留了美国黑人街头舞蹈的感觉，选择了具有街舞特点与风格的动作，如锁舞、机械舞、电流、家族爵士、新爵士等，充分体现了街舞的舞蹈特色，舍弃了高难度技巧动作和对身体易造成伤害的动作，体现了健身街舞的安全性特点。街舞保留了舞蹈固有的表演性，成为增添节日气氛，带来美好视觉享受的新兴舞台节目。同时体育的竞技性也在街舞运动中充分体现，除了街舞爱好者常进行飙舞外，各种形式及规模的比赛也常常举行。这些为街舞练习者提供了相互交流、提高技艺的平台，也为街舞运动的快速发展起到了良好的促进作用。

3. 动作张弛有度，更具节奏感

健身街舞是中低强度的有氧运动，对身体多部位，特别是小关节和小肌肉群运动比较多，其动作设计以肢体的大幅度动作和步伐移动为主，保证了一定的运动强度。肌肉持续地用力会使动作僵硬，动作幅度受影响；而放松不当会使动作松懈，软弱无力。经过反复练习，掌握肌肉用力与放松的结合，在动作随意、松弛的同时，强调动作的爆发力，体会街舞张弛相济的动作感觉。动作节奏的快慢变化要与音乐的节奏相符，通过动作快速与控制，充分展现身体的律动感。嘻哈音乐有大量切分音，在弱拍上做动作，在连接流畅的同时，做少量空拍停顿，视觉效果上形成强烈反差效果，动作因此更具有层次感，进而增强了街舞的随意、自然感。

4. 身体弹动和谐节律

街舞的身体的弹动主要体现在各个关节（踝、膝、髋、肩、肘、胸等）。弹动技术可以让舞者把握住街舞的动作特点，尤其是膝关节始终处于微屈或弹动的状态，整个身体动作有上上下下的律动和弹性。身体其他部位的弹动也要靠相关肌肉的控制及交替收缩来实现，使动作律动感很强且松弛自然，对身体关节起到保护作用，避免运动损伤。街舞的节奏性特点，除了有较强的低音效果，更多的是强调音乐的切分音节奏,丰富多彩的动作与节奏鲜明的音乐相互配合,使街舞的律动更具感染力。

5. 自由奔放,彰显个性

街舞练习时全身上下自由摆动,动作随意、松弛、夸张,极少有对称性动作,以全身的活力带来尽兴翻腾、热情澎湃的感觉。街舞无固定的风格和模式,不同的练习者可根据街舞的独特风格,充分发挥想象,跳出各自独特,具有创造性的动作和感觉。街舞以充满个性、即兴率真的动作风格吸引着大众,其强大的魅力使人无法抗拒。

四、街舞的功能

(1)强身健体,美体瘦身。

健身街舞是有氧运动的一种形式,是把舞蹈动作健美操化,反复进行练习或组合练习。通过这种有氧锻炼形式,能消耗较多热量,达到强身健体,提高心肺功能的作用。同时,练习健身街舞也能有效地瘦身塑形、去脂增肌,使形体比例匀称、健美。

(2)提高关节灵活性和身体协调性。

街舞的独特魅力在于其最有效的关节活动、自由奔放的动作风格和迅速多变的脚步移动。街舞练习时极少出现重复和对称动作,活动时需要全身多关节协调用力,特别是平日运动较少的小关节和小肌肉群。因此,通过街舞灵活多变的组合、收放自如的肢体动作,夸张丰富的表现,极具力量的发力,不仅能增加练习者的肌肉力量,同时对提高关节灵活性和身体协调性最为有效。

(3)提高健身者的艺术修养,以及感悟美、欣赏美和创造美的能力。

动感欢快的嘻哈音乐,使人不禁产生跃跃欲试的感觉,伴随着强烈的节奏进行练习,健身者可提高对音乐的理解力、对节奏的感受力、对动作的表现力和对艺术的创造力。

（4）休闲娱乐，缓解压力。

街舞无规定的格局、规范的姿势，取而代之的是最酷的服装、最嗨的音乐，以及不拘一格、活力四射的动作。街舞练习时要求全身放松，尽情发挥，充分展示自己的个性和风格，从而达到放松身心、宣泄情绪、缓解压力的目的，同时，街舞练习使人敞开心胸、陶醉其中，忘掉平日的一切烦恼，起到休闲健身的作用。

五、街舞的音乐

街舞的音乐一般运用现代流行的放克音乐、嘻哈、迪斯科、爵士乐等，以后街男孩、超级男孩和玛丽亚·凯莉为代表。音乐特征是低音效果较强，以使用大量的切分为标志。多数街舞动作在音乐的弱拍完成。

六、街舞的技术要求

1. 运用自如的肢体控制力

街舞属于技巧性较高的运动项目，要求舞者具有较高的力量、柔韧性和协调性，特别是肢体的自我控制能力。舞者通过对自身肢体灵活随意地调度和把握，表现出高超的技术技巧和舞感体现。

2. 极度夸张的表现力

在街舞练习中，舞者不仅是在活动身体，更要把自己展示在众人面前，吸引人们的注意。因此，动作往往尽可能地变形、扭曲、翻转，比如机械舞、电流等。街舞的表现形式要不拘一格，动作表现力更要达到较高水准。

3. 完全彻底的放松

街舞动作最基本的要领就是做到全身尽量放松，时刻将双膝保持在弯曲的弹性状态。注意舒展动作和松弛动作的姿态，动作对比明显。身体要有弹性，膝部放松、灵活，髋部大幅度摆动，同时兼顾到头、颈、胸、腿、臂等各部位。大胆释放自我，随兴发挥，才能跳出街舞的真谛。

七、健身街舞基本动作

（一）身体基本部位动作

1. 头部

屈：指头颈关节角度的弯曲，动作有前屈、后屈、侧屈。

平移：指头颈部相对于肩的横轴做向前、向后、向左、向右的水平移动。

转：指头颈部绕身体垂直轴的转动。有头左转、头右转。

2. 肩部

提肩与沉肩：指肩胛骨做向上和向下的运动。

内扣和外展：指肩部所做的旋内和旋外的动作。

3. 胸部

含展胸：背部向后（胸部向前）运动，形成胸凹背弓（胸凸背凹）的动作。

胸部移动：胸部向左、向右移动的动作。

振胸：肩胛骨做加速后展的动作。

4. 上肢

锁：锁舞的基本动作，一串连续、快速的手部动作后，双臂在体前撑开定住，好像锁住的动作。

指：迅速笔直地伸出手臂，指向各个方向的动作。

翻腕：手腕快速的上下翻转的动作。

蛇形波浪：从一只手做波浪，经过肩传到另一只手，然后波浪再送回来的动作。

5. 髋部

顶髋：指髋关节做水平移动的动作。

摆髋：指髋关节做钟摆式的连续移动动作，有向左、向右摆髋。

绕和绕环：指髋关节做弧形或圆形动作。

"8"字绕：指髋部向左右连续做对称的绕环动作，形成一个"8"字。

6. 膝部

提膝：膝关节向上抬起的动作，有前提膝、侧提膝等。

拧动：脚前掌与脚跟的转动动作。

7. 其他身体部位

电流：相邻的身体各关节依次弯曲，随之依次伸展的连贯动作。

臀部抖动：依靠肌肉的收缩完成震动臀部的动作。

（二）基本律动

上/下：膝关节有节奏地连续完成屈和伸的动作，关节要有控制，有弹性。

弹动：指上/下动作完成中所展现的带有节奏感的韵律、律动。

摇摆：体现律动的身体摇摆动作。

（三）基本移动步法

滑步：两脚在地面上好像滑冰一样滑动的动作。

走步：脚步向前、后、左、右移动的动作。

移动柔软步：在移动过程中，由脚尖过渡到全脚掌着地，身体重心随之移动，接另一只脚做，两脚交替进行的动作。

八、练习注意事项

（一）服装

练习者需穿着宽松舒适的服装，平底休闲鞋或运动鞋，练习健身街舞时所选择的服装不能一味求帅、求酷，要考虑到方便动作的练习以及穿着的舒适感，为了凸显个性特点，可以搭配比如头巾、礼帽、运动帽、护腕等饰物，既能充分显现自我，又能体现健康、青春、整洁、积极向上的特点。街舞的真正含义不仅是舞蹈，特有的音乐以及服饰更具时代代表性。

（二）音乐

练习者熟悉切分音节奏，感受街舞音乐。街舞音乐是很有特色的，其特点是节奏鲜明、重拍强劲，其旋律由连续不断的切分节奏组成。街舞音乐特别强调音乐的切分音节奏，大多数动作在音乐的弱拍上完成，动作随韵律的变化而不断改变。练习者要仔细聆听音乐独特的节奏变化，感受跳舞带来的乐趣。

（三）运动量应遵循循序渐进、量力而行的原则

（1）加强基本功练习。街舞需要较高的协调性，前期必须有操化动作和舞蹈动作专项练习。

（2）练习要有信心和耐心，循序渐进。不能急于求成一味追求新异动作，任何高难度动作的完成都需要有很多的铺垫，都必须有练习过程。因此，练习者要注意改善自己身体基本能力，在不断提高街舞技艺的同时避免出现各种损伤。

（3）注意呼吸与动作的配合。健身街舞的切分音动作很多，有些动作频率很快，因此练习者要掌握一定的呼吸技巧，动作快时不要憋气进行练习，注意呼吸的频率、深度、快慢，这对动作的完成和表现动作非常有帮助。合理的呼吸配合动作，能体现动作的节奏感，可以缓解因肌肉用力给身体内部带来的压力，令心

里的压力释放出来，这有助于维持身体的正常新陈代谢，提高动作的锻炼效果。

（四）团队互助

团队配合在操舞集体项目训练中具有重要的作用。队员之间沟通技能不仅仅是通过口令、语言等提示，更多需要眼神、手势等肢体动作来辅助表达，把自己对音乐的理解、动作的体会、创编的想法及时传达给团队练习者。利用这些"情感式"沟通方法，让练习者们彼此能够相互分享身体体验，提高动作理解，并感受到团队的互帮互助，提高团队凝聚力。比如，用微笑、点头来肯定和鼓励其他练习者，提高练习者们彼此学习的积极性和自信心，引导练习者发挥想象力，尽情展示街舞的个性化和风格化，从而达到熟练掌握和默契配合的目的。

（五）加强自我医务监督

考虑健身街舞的关节和肌肉运动特点，练习者应重视运动前后的准备，最少保持 10~15 分钟的准备和整理运动，活动关节，降低肌肉黏滞性，以便在练习中肢体得到充分伸展，不仅能提高练习效果，更重要的是尽量避免运动损伤。练习中，若出现不适，立即停止；若发生肌肉疲劳、局部出现疼痛不适、低血糖、眩晕、心率过快等情况，可暂时停止练习，先休息片刻后再决定是否继续。

第 三 节
有氧搏击操

一、概念及起源

有氧搏击操是一种有氧操,是健美操的又一创新。它是在有氧健身操基础上,有机融合了拳击、泰拳、跆拳道、散手、太极等项目中的推、挡、踢、踹等基本动作,遵循健美操最新编排方法,组成新颖独特的内容,并在强有力的音乐伴奏下完成的一种身体有氧锻炼方法。有氧搏击操的英文名为 Kwando Aerobics Kick Boxing,又名跆搏健身操(TAEBO,Tae-Bo),"Tae"是跆拳道"Taekwondo"的缩写,"Bo"是拳击"Boxing"的缩写。顾名思义跆搏是韵律搏击的一种形式。搏击操的步伐、姿势、手臂动作主要借鉴了拳击的动作特点,腿部动作则以跆拳道的腿法为基本动作。

跆搏健身操最早是由欧洲的搏击选手与职业健身操运动员推出的,其具体形式是将拳击、空手道、跆拳道功夫,甚至一些舞蹈动作混合在一起,并配合强劲的音乐,成为一类风格独特的健身操。曾7次获空手道世界冠军的美国著名运动员比利·布兰克斯,他创办了第一家"跆搏"形体锻炼俱乐部,将这项运动正式推向大众。

二、搏击操在我国的发展现状

随着许多健美操、武术、跆拳道、拳击专业从业者开始练习搏击操,各健身中心迅速兴起了一股练习搏击操的热潮,吸引了广大青少年加入科学、健康的搏击操健身行列,使这种新的健身文化运动形式更快地走向主流舞台,在全民健身这个广阔的领域里得到更好的发展。目前在大学校园中,许多体育爱好者也练习搏击操,许多高校也开设有搏击操课程。

在搏击操的练习中强调强大的心肺功能和充沛的体能,运动量比传统的健美操更大,尤其适合脂肪堆积过多的年轻人,堪称是效果十足的"瘦身"运动。

搏击操由于瞬间爆发力强、肢体伸展幅度大,动作强劲有力、张弛有道,具有很高的观赏价值。现在,人们的工作生活压力普遍较大,加上它的基本动作相对简单,力度和幅度可以在练习中随练习者的情绪再"自由创作",经过一段时间锻炼可使人精力旺盛,四肢更有力量,最重要一点,可使人建立自信心,改善精神面貌,有效缓解身心负荷。

三、有氧搏击操的特点

(一) 科学性

有氧搏击操是遵循有氧健身操的锻炼原则而进行的,因此,它属于有氧运动。有氧运动可以使人的各个循环系统得到锻炼从而加强其功能,使身体康健并增强抵御疾病的能力,同时有氧锻炼可以有效地消耗能量,一节完整的搏击操会消耗600卡热量,是健美操的两倍,可以更好地减少体内多余的脂肪而达到减肥的目的。

（二）安全性

有氧搏击操严格按照健身操的结构进行，因此，它的强度适中，运动量可以控制，动作的选择也是以增进健康与避免伤害为原则。同时，它只有想象中的目标，而非面对面地进行搏击，这就使锻炼更安全。

（三）全面性与集中性

有氧搏击操的练习分为手臂、躯干、步伐、脚法及综合练习，动作虽然简单，但是练习中，几乎每个动作都要求腿的蹬转及腰腹肌肉的收缩扭转，要动用躯体的多部位参与。例如：直拳动作，首先通过右腿蹬地，将力量传到大腿，经过腰部转动的力量传递到胸、肩、手臂，最后才到拳上。因此，使锻炼具有针对性、时效性与全面性，对全身肌肉具有较好的锻炼效果。

（四）易学性

有氧搏击操的音乐伴奏一般采用中速偏慢的迪斯科音乐，节奏分明，易于分辨。另外，练习的肢体动作经过简化分解，上肢动作主要以拳击中的直拳、摆拳、勾拳为主，再加上肘部、臂、掌等动作；下肢则以膝踢、弹踢、侧踢、后踢为主。这些动作简单直观，且运动要求也只限于用力的顺序与发力的位置正确，并不要求像拳击、搏击竞赛或者实战中那样快速准确。因此，一般人都能够完成这些练习。此外，它不强调复杂的动作组合，运动中的变化特别是方向变化也较少，加之教学多采用分解及慢速的方法，这就更有利于人们的掌握。

（五）融合性

挑战性与娱乐性有机融为一体。有氧搏击操练习者在强劲有力的音乐中，在教练的带动下，做着整齐有力的动作，同时，在发力间发出整齐有力的呐喊声，使整个课堂的气氛非常热烈。练习者在这种氛围之下练习热情也将极大地被激活，它使锻炼成为一种娱乐，让原本艰难的锻炼过程变得轻松愉快，当练习者能够面对假象的敌人并投入激情时,他已经迎接了挑战。

四、搏击操的功能

(一) 发展体能,增强体质

强化核心肌肉。搏击操的抬腿、腾空等动作都需要通过腰和腹部发力并保持身体平衡才能完成。另外,出拳时需要腰腹部带动整个上身的转动,借助腰和腹部的力量,可以使搏击操的动作标准美观。有实验显示,每个星期只要做 2～3 次的有氧搏击操练习,一个月之后,身体就会有如下明显的变化:①肌力、柔软度,会获得大幅度提升。②关节活动能力、肌耐力加强,身体不再僵硬。③协调力和平衡感会明显进步。④体脂百分比下降,骨骼肌比例增高。⑤局部减脂,大量的腰的摆动与腹部的收缩,使锻炼者的腹部变得强健平坦。⑥肌肉的爆发力、耐力、心肺功能、平衡能力、敏捷和协调能力得到提高,肌肉力量增加。

(二) 情绪调节,心理疏导

对现代人来说,有氧搏击操是一种好玩而不伤害任何人的发泄方法,不是跟别人搏,也无需任何器材,而是利用身体面向镜子向空中挥拳,搏击操瞬间的爆发力,以及感官上的刺激,再配以强劲的音乐节奏,使得它被称作"男人的舞蹈"。练习中最明显的就是随着动作可以呐喊发声,通过假想设置不良情绪的宣泄对象,可发泄怒气、减轻压力、宣泄情绪、舒缓压力,从而调节精神状态,减少不良情绪的干扰。

五、有氧搏击操练习注意事项

搏击操动作多变,包括直拳、勾拳、摆拳、正踢、吸踢、侧踢、侧蹬等搏击动作,随着音乐挥动双拳,动作刚劲有力。

（一）掌握正确的动作发力顺序

练习者击拳时要由肩部带动出拳，在完成击拳和腿动作前一直看着目标，避免肘、膝部用力过猛，避免进行闪躲或猛击动作时由于动作过大而关节脱臼，避免突然而猛烈的扭转动作。比如：侧踢时不要向前扭胯，否则会导致压力集中在膝部；绷脚尖也会扭伤膝盖，应向脚尖方向扭胯；膝盖不要僵直，放松缓冲减轻膝盖的压力；在转身时要抬起膝盖，否则会扭伤十字韧带。

每个动作迅猛、有爆发力，注重速度和力度的完美结合，在锻炼全身每一块肌肉的同时加强关节活动能力、身体柔韧度和反应敏捷度。

（二）气息的配合

练习者要提气，挺胸内收核心、下颚收紧，两手握拳置于脸前，保持正常呼吸不屏气，把气从丹田调动起来，含于胸部，以便于集中把力量爆发出来。否则，动作就会软绵绵的，既没有力度和美感，又达不到瘦身效果。坚持含气于胸，本身就是对腹肌的收缩和锻炼，再加上充分调动肌肉群的运动，尤其是搏击操中的所有动作几乎都要求腰腹保持平衡并发力，一节课下来对腰腹部的锻炼就非常充分了。更重要的是，搏击操要求出拳时腹肌收缩、大吼一声，不但可锻炼到平时不易使用的腰腹肌，也是舒缓情绪的好方法，通过这种方法可宣泄情绪、减轻压力。

（三）运动前热身

练习者应注重热身练习。进行有氧搏击操运动时，强度应由低到高，随着参与部位的增多，不论是出拳，还是踢腿，都要求肌肉快而短促地发力，大大加快了肌肉的收缩速度。所以练习之前，要特别注意充分热身，把身体的各个关节、肌肉、韧带，尤其是肩关节、膝关节以及踝关节充分活动，使体温升高，从而降低肌肉黏滞性，激活肌肉和本体感觉，避免运动损伤的发生。国家级教练韩伟曾提到，若想尝试搏击操的运动量，一定要注意保护肌腱及韧带，避免拉伤，运动前应先做 10 分钟热身，让关节、肌肉放松后再开始挥拳，运动后若发现有肌肉酸痛的现象，最好立即冰敷。

（四）自我健康监控

练习者应避免和专业运动员一样进行长时间的训练，应交替进行大运动量和低运动量的练习。搏击操运动强度较大，若出现腿部疲劳、局部痛状不适、眩晕、心率过快等情况，则最好停止练习。

（五）着装及场地要求

练习者应扎上发带、戴上帽子和搏击手套，或在手上缠上布带。上身穿紧身背心，下身穿短裤或长裤。避免在拥挤的房间内锻炼。

六、有氧搏击操的基本动作

有氧搏击操的基本拳法、腿法都来自搏击类项目，讲求在有效击打对方的同时保护自己不受伤害。搏击操动作在发力感觉上与拳击、跆拳道等完全相同，要求出拳和踢腿快、准、狠，搏击操出拳时的主要用力顺序是由下肢发力，从脚底蹬地传递到腰腹，再由腰腹带动手臂出拳，腿部与腰部同时发力瞬间带动手臂向外发力至击打目标，紧接着靠自身力量迅速收回。在做每个动作时要求迅猛，有爆发力，做到"手到步到，身步一体"，整个过程一气呵成。

（一）基本站姿

有氧搏击操的基本站姿来源于搏击项目的防卫姿势，一般分为正面站姿与侧面站姿两种，即防御姿势和格斗姿势。

1. 正面站姿（防御姿势）

双腿平行、开立，稍屈双膝，收腹立腰，双肩平行、下垂放松，双臂屈于胸前，小臂垂直于地面，两拳置于下颌部，身体重心在两腿之间。

2. 侧面站姿（格斗姿势）

双腿前后分立、稍屈膝，后腿外侧45°，双腿内扣，身体侧向前方，重心在两腿之间，手臂姿势同正面站姿。

（二）基本拳法

搏击操的拳法主要参考了拳击的动作特点。正确的握拳方法是四指并拢，向内卷握，拇指向内扣在其他手指的第二指节处。主要拳法有直拳、刺拳、摆拳、勾拳、格挡等几种。拳法一般由格斗站姿开始。动作要求：出拳要协调用力，以身体的轴心为发力点，传到双肩、髋部，带动出拳，动作要迅猛有力。

（三）基本肘法

有氧搏击的肘法是一种屈臂的练习形式，即以屈臂形成的肘尖为最后力点的招数。肘法的发力主要是利用腰身的拧转，双肩的摆动，特别是肩关节的发力，迅速短促地挥动肘关节，力在肘尖。

（四）格挡

格挡动作主要来源于跆拳道运动，是面对攻击时采取的一种自我保护措施。

（五）基本腿法（也称脚法）

有氧搏击操的腿部动作主要参考了自由搏击运动中的一些基本动作。在腿法中，主力腿的稳定性是至关重要的，主力腿应稍屈，使身体重心下移，保持必要的稳定性，同时身体随着动作要与腿相反方向倾斜，以保持身体的平衡与稳定。基本腿法有蹬、踹、踢、扫等。

（六）基本膝法

膝法是指屈膝叠腿，以膝关节处为力点的方法。大腿有丰厚的肌肉群，有意识地收缩，大、小腿的弯曲突出处的力道将是惊人的，而且脚法的运动离不开膝关节的配合，因此，练习和掌握膝法是必不可少的。

第四节
有氧踏板操

一、有氧踏板操的概念

有氧踏板操,顾名思义就是踏板上的健美操,以健美操的基本步伐为主,在音乐的伴奏下,有节奏地在踏板上用中等强度进行健美操动作的一种健身运动。通过在踏板上变换各种动作、调节踏板的高度来控制运动负荷,从而达到健身塑形的效果。

有氧踏板操是有氧健身操的一种形式,自1989年起源于美国后以其独特的锻炼方式迅速风靡世界,被视为主流的健身方式之一,更是一种健康时尚的塑形方法。20世纪90年代传入我国,随后推广流行至今。有氧踏板操把台阶训练与健美操基本步伐相结合,在特定的踏板上进行组合动作练习。这种简单易学、内容丰富的运动,在持续锻炼下能有效提高练习者的心肺功能、肌肉耐力和身体协调性,促进身体机能达到最佳状态。

二、有氧踏板操的特点

(一)运动负荷可控性高

踏板长为90~110厘米,宽为35~45厘米,高为8~12厘米,练习者可根据自身的能力、水平和锻炼目的选择板的高度,选择适合自己的运动负荷。在完成同样的动作时，踏板高度越高，腿部的负荷就越大，能量消耗也越大，对于消除体内多余脂肪，保持健康，增强体质具有良好的作用；反之，则小。可通过锻炼目标和要求，设定踏板的高度，控制运动强度。

（二）动作多变，娱乐性强

踏板操属于健美操中的一种。踏板的摆放有横板、竖板，可以按需要将踏板摆成不同的样式。在能力或条件允许情况下，一人可用两块或更多踏板，练习时也可充分利用踏板的面以及四个角来完成单纯的板上动作或上、下板的连接动作，动作的变化也因此比较多，能提高运动的兴趣，具有挑战性和娱乐性。

（三）减少因运动带来的肌肉损害

由于踏板操主要是在踏板上的上下移动中完成的，运动时动作对下肢关节具有明显的屈伸和缓冲作用，这样就能最大限度地避免因运动而造成的肌肉损伤。要求练习者在练习中必须对腹、腿、臀、踝、膝关节和韧带进行保护。

（四）提高方位感

在进行踏板操练习时，需要练习者具有良好的方位感，包括自身方位感及踏板方位感。练习者在完成踏板上、下动作时，经常会出现方向的变化，如果方向把握不准确，往往会踏不到正确位置或赶不上节拍。长期进行踏板操练习可以使练习者的方位感得到有效提高。

（五）增强腿部和臀部的塑形

有氧踏板操需要练习者重复完成多次上下板动作，属于在一定时间内克服自身重量的抗阻力练习。它主要锻炼大腿主动肌和臀大肌，以大肌肉群做功为主，通过长期练习能够起到消耗腿部、臀部多余脂肪，塑造和改善腿部、臀部肌肉线条的效果。

三、有氧踏板操的功能

踏板操是一种像上下台阶的运动,所以它同其他运动的效果有所不同。

(一)消耗能量,增加心肺功能

因踏板具有一定高度,在板上完成的动作和在地面上完成的动作相同时,练习者在板上要比在平地上消耗更多的体力,在一定程度上踏板运动要比健美操的运动负荷大。有氧踏板操可使练习者心肌和血管的弹性得到增强,使心脏的容量增大,提高心脏的收缩力和血管舒张能力,使心脏的功能得到充分的提高,进而能承受更大的负担量。同时还提高了呼吸系统和消化系统的功能、人体的技术水平和活动能力。

(二)加强腿和臀的肌肉锻炼,改善肌肉的线条

有些人认为跳踏板操容易使腿部肌肉过度发达,从而使腿变粗。这种担心是多余的,因为锻炼发达肌肉最有效的方法是进行大重量、少次数的高强度的负荷抗阻练习,而踏板运动是用自身的重量,多次地重复上下板动作,主要是大腿主动肌及臀部肌肉在用力做功。因此,踏板操的练习属于在充足供氧的状态下,在一定的时间里用自身的重量进行的一种抗阻力练习,能够消耗腿部、臀部多余的脂肪,突出肌肉的线条而又不增加肌肉的围度。加之踏板操动作中的舒展与伸拉,对塑造和改善腿部、臀部肌肉很有效果。

四、练习有氧踏板操的注意事项

(一)落脚点位置正确

踏板操具有一定高度,面积不大,对于初学者来说容易因踏板的踩踏位置错

误而造成踝关节损伤。所以在练习中，要提高安全意识，每次上板时视线一定要落在板上。在练习时，练习者可根据自身腿部力量情况调节踏板高度来控制运动负荷和强度，避免造成运动损伤。

（二）科学合理

基本步伐是有氧踏板操的基础动作之一，在实践中，初学者应以基础动作的练习为主，内容安排要合理、有计划地进行，动作学习要循序渐进。例如，由地面练习到板上练习，由正面练习到移动并增加方向性变化的练习，由单个动作到组合动作。组合动作的设计要科学，动作连接要流畅、合理，每个动作要符合运动的变化规律。

（三）注重踏板技术

练习者在练习有氧踏板操时要注意运用正确的技术，例如，膝关节保持一定的弹动。上板时，身体重心要及时跟进，处于板的正上方，脚跟先触板后再过渡到全脚掌；下板时，前脚掌先触地缓冲过渡到全脚掌；身体侧对板时，先上靠近板的一侧腿，避免交叉腿上板，损伤膝踝关节。

五、有氧踏板操的基本动作

（一）身体姿态基本要求

（1）身体要保持正直，腹部、臀部收紧，保持身体平衡。

（2）上板时，重心要处于板的正上方，不能脚在板上而身体重心在后。

（3）上板时，全脚掌要在板上，不能脚跟在板下。

（4）上板时，脚跟触板后再过渡到全脚掌。

（5）下板时，脚掌先触地缓冲过渡到全脚掌。不能双脚同时跳下板。

（6）身体侧对板时，先上靠近板的一侧腿，不要交叉腿上板。

（7）单腿在板上时，支撑腿保持一定的弯曲度。

（8）在做弓步或重复踏板时，人体重心要在板上的前腿。

（9）保持呼吸，不要屏气。膝盖保持一定的弹动，以减少对腿部损伤，减轻背部紧张。

（10）任何以前有膝关节问题的练习者在上踏板操课前必须进行体格检查。

（二）踏板操的基本动作

1. 上下板

上下板是踏板动作中最常见的步伐。两脚依次上下板。上下板同侧脚领先，保持相同的顺序。

变形：V字步。V字步是4拍完成的动作。以右脚为例，右脚开始双脚依次上板成开立，然后依次下板退回原位。

2. 点板

脚尖或脚跟在踏板上点板，重心保持在支撑腿上。单腿支撑，是一种交替上板的动作，每次上板都改变引领脚。单腿支撑，另一腿为动力腿做动作。

迈步吸腿：2拍完成的动作。单脚上板，另一腿屈膝向上提起超过髋部高度的动作。

迈步踢腿：2拍完成的动作。一脚上板，另一腿完成一次直腿踢，然后依次下板还原，包括迈步前踢腿、迈步侧踢腿。

迈步后屈腿：2拍完成的动作。一脚上板，另一腿小腿后屈，然后依次下板。

3. 转板

转板是一种转体180°的交替步伐或是转体的交替V字步。在板的一侧经过板上到板的另一侧下板。

变形：第4拍时可前提膝或后屈腿。

4. 过板

在板一侧站立，双脚依次上板，方向不变，从另一侧依次下板，包括过横板、过纵板。

变形：在板上可小跳或小吸腿跳。

5. 板上落

板上落是一种交替落脚的着地步伐。在板上开始动作，要注意以较慢的速度开始，落地以前脚掌落地。

变形：单单双、后落脚、侧蹲。

板上点地：2 拍完成板上点地的动作。在板上站立预备，一腿稍屈膝站立，另一腿做板下点地，然后还原，包括侧点地、后点地。

正上点板侧下点地：4 拍完成的动作。以右脚为例，右脚踏上板，左脚点板，左脚向左侧下板，右脚点地。运动轨迹成 L 形。包括正上点板、侧下点地。

6 拍曼巴步：6 拍曼巴步是 6 拍完成的动作。以右脚为例，右脚向左前方上板，左脚在原地踏步，右脚下板还原，然后左脚向反方向做相同动作。可只做 3 拍一个方向的动作，称 1/2 曼巴步。

交叉步：交叉步是 4 拍完成的动作。横板，一脚上板，另一脚在其后交叉上板，稍屈膝，随后依次从另一侧下板交叉步还原。

6. 跨板

2 拍完成的动作。双脚从板上同时跳起，落于踏板两侧的地面上。可在板上下板，从板两侧上板。注意脚落板和上板的位置。

变形：单侧落下，上板时前吸、前提、侧踢，从板侧开始。

第 五 节
有氧舞蹈

有氧舞蹈最早起源于美国，由有氧健身操衍生变化而来，是在有氧健身操的基础上不断融入各种风格的舞蹈动作，使之比传统的有氧健身操更具有趣味性和挑战性，是目前国内外较流行的团操课程。

有氧舞蹈除了包含有氧健身操的基本特点外，更突出多种音乐风格与动作的融合，个性鲜明，具有较强的娱乐性，更符合大众的需求。练习者根本不用担心动作难或跟不上节奏，教练会带领练习者从简单动作开始逐步引导完成有趣的、带有各种流行元素的舞蹈动作，再配上各种富有节奏和激情的音乐，让练习者享受其中的快乐。因此，自有氧舞蹈兴起之时，一直深受广大健身爱好者的喜爱，是各健身俱乐部开设的热门课程之一。

一、有氧舞蹈的概念

有氧舞蹈是在音乐的伴奏下，以有氧练习为基础，融入多种舞蹈风格，将音乐、舞蹈、健身及娱乐相结合的一项有氧健身运动。通常包括爵士、街舞、拉丁现代舞等舞蹈元素，既丰富了有氧练习的内容，也增强了趣味性。在消耗身体热量的同时，又能体会到各种舞蹈风格所带来的不同身体感受，达到愉悦身心的目的。

二、有氧舞蹈的特点

（一）保持有氧，健身健心

有氧舞蹈保持了有氧运动的特性，课程内容虽融入了多种流行舞蹈元素，但始终遵循科学的有氧运动方式和练习强度，追求人体健康与美的并存。一方面课程时间长，强度可控，可消耗更多的热量，健身塑形；另一方面把舞蹈动作有氧化，既提高心肺功能又锻炼了身体协调性。

（二）风格各异，新颖多样

有氧舞蹈动作风格丰富多样，根据动作与音乐相结合的不同表现形式可分为现代舞、拉丁舞、爵士舞、街舞等多种风格。有氧舞蹈在音乐方面，不仅使用常用的鼓点音乐，也与西洋音乐、民族音乐等多种音乐相结合，使人们在锻炼身体的同时也满足不同舞蹈风格的体验需求。

（三）引领时尚，迎合需求

有氧舞蹈吸收了多种舞蹈风格，为传统的有氧健身操增加了时尚元素，无论在音乐方面还是在舞蹈动作上都给练习者的身体和心灵带来引领时尚的体验。

三、有氧舞蹈练习注意事项

（一）选择合适的练习内容

在选择练习内容时，应考虑练习者的具体情况，如性别、年龄、身体状况、个人喜好等方面，有针对性地、科学合理地安排教学内容。内容不追求难度，简单、易学且有明显的舞蹈风格即可，以求达到良好的锻炼效果。

（二）合理安排运动强度

有氧舞蹈课程是有氧运动，因此运动强度的安排要符合人体运动合理的心率曲线，即心率先由低到高，逐渐上升，保持一段时间后慢慢下降。此外，还应根据具体情况适时调整运动强度，如改变动作幅度、练习时间、重复次数、音乐节奏等。

（三）选择合适的方法

有氧舞蹈有多种练习方法，如递加法、连接法、层层变化法等，且不同练习方法有不同的练习体验。在实际运用中应根据练习内容的难易程度和练习者的接受能力，选择适合的练习方法，以便练习者轻松掌握动作。

（四）合理运用提示和激励技巧

有氧舞蹈练习应遵循有氧健身操练习原则，练习过程中要保持动作的连续性，练习者要熟练运用各种口令及提示，以便跟上教练的动作。同时教练在训练过程中还需要不断用肯定的语言鼓励练习者坚持不懈，提高练习效率。恰当地使用表扬和赞美，能有效提高练习者的兴奋性和练习热情，以达到最佳练习效果。

四、有氧舞蹈基本元素介绍

有氧舞蹈动作元素有爵士舞、街舞、拉丁舞、现代舞等多种流行风格。各具风格的舞步、动作，配上曲风鲜明的音乐，可使练习者在练习中体验不同的舞蹈风格。

（一）爵士舞元素

爵士舞是一种急促又富有动感的节奏型舞蹈，主要追求愉快、活泼的气氛。动作的本质是一种自由而纯朴的表现，它直接把内心的感受用身体的颠、抖、扭表达出来。在有氧舞蹈课程中主要融入了爵士舞中的送胯、扭腰、身体呈波浪形扭动等动作元素,注重髋、腰、胸、肩等关节的活动。

(二) 街舞元素

街舞是美国黑人由一种发泄情绪的运动演绎成的街头文化,特色是爆发力强,在舞动时肢体所做的动作亦较其他舞蹈夸张,以全身的活力带来热情澎湃的感觉。在有氧舞蹈中,主要融入了头、颈、肩、上肢、躯干等关节的屈伸、转动、绕环、摆振、波浪形扭动等动作元素,各个动作都有其特定的视觉效果,既注重全身动作整体的协调性,又注重组合动作中身体各部分的独立运动。

(三) 拉丁舞元素

有氧拉丁舞作为一种时尚的健身方式,音乐上保留了拉丁舞原有的健康、奔放、浪漫、节奏鲜明强烈的土风音乐的特点,动作上保留了其豪放粗犷、手势和脚步丰富多变的舞蹈特点,如桑巴激情、恰恰活泼,带给练习者独特的身体体验。

(四) 现代舞元素

现代舞是一种主张用新的舞蹈样式来表现自我、表现现实生活和周围自然环境,以及表现社会与人之间的冲突及矛盾的舞蹈。其特征是摆脱古典芭蕾的程式和束缚,以自由的舞蹈动作表现思想感情和生活。在有氧舞蹈中较常融入现代舞的"放松"与"制动"的动作要领,特别强调练习者的协调性、肢体的延展性和自控能力,具有释放压力、放松心情以及提高活力的作用。

第六节 有氧拉丁

一、有氧拉丁的概念

有氧拉丁源于国际体育标准舞中的拉丁舞,是在拉丁舞的基础上形成发展起来的。

有氧拉丁是介于拉丁舞与有氧操之间的有氧时尚舞蹈,它摆脱了专业拉丁舞的烦琐与规则限制,继承了有氧健身操的简单易学,在传统有氧操健身操基础上增加了拉丁舞胯部、手臂动作等诸多元素,让枯燥的课堂顿时趣味横生,深受广大练习者的喜爱。近几年,有氧拉丁课程已经发展为团操课程的主流课程之一。有氧拉丁结合了拉丁舞的节奏、动作和步伐,还大量融合了有氧健身操的肢体动作,强调能量消耗,使其具有良好的健身功效,又极具娱乐和观赏价值。

二、有氧拉丁的特点

(一)音乐独特、引领律动

拉丁音乐源于从墨西哥与美国交界的格兰德河到最南端的合恩角之间的拉丁美洲地区的流行音乐,具有浓烈的情感表达,带有明显的地域特色。拉丁舞的音乐特点是以节奏为中心,以多种音乐融合,节奏所具有的并不是简单的强弱规律,而是作为一种音乐的灵魂使其上升到主导地位。有氧拉丁操源于体育舞蹈中的拉丁舞种，其动作与音乐必然带有拉丁舞蹈的多样化风格，曲风仍然保持土风舞热烈、淳朴的风格，音乐缠绵、浪漫，风格柔媚、抒情，风格明显的有恰恰、牛仔等。

（二）热情奔放、独具特色

有氧拉丁与以往的有氧健身操有很多不同，最大的区别在于具有独特的风格，注重对髋、腰、胸、肩部关节的活动，动作自由随意，节奏明快。它是以有氧运动为基础，将传统拉丁舞（桑巴、伦巴、恰恰、斗牛、牛仔）的基本动作与健美操动作巧妙结合，配以热情奔放、动感十足的拉丁音乐，使练习者在健身减脂的同时，充分展现自身的性感和魅力。在运动中洋溢着拉丁舞蹈特有的欢乐与激情，舞姿激情四射、风格外柔内刚、动作婀娜多姿、别具情调，富有强烈的感染力。拉丁健美操，是舞蹈与健美操的结合，比起一般的健美操视觉上更具有欣赏性。

（三）异域风格、肢体灵动

拉丁美洲音乐是由印第安人音乐、拉美民间音乐和美洲黑人音乐组合而成，使拉丁音乐具有独特的异域曲风。有氧拉丁的运动特点主要体现在狂热的音乐节奏和肢体动作上，练习者在激情的拉丁风格的音乐伴奏下，尽情体验健身乐趣，在运动中感受异国他乡的艺术和文化熏陶。

拉丁健美操动作优美，有浓郁的异国情调。动作速度快，普通健美操一般是两个节奏一个动作，而拉丁健美操是一个节奏一个动作。动作用力方面不单纯要求用力，也不单纯要求柔美，而在于柔中带刚，刚中带柔。

其身体动作强调髋部的摆动，因此对于髋部的训练效果特别明显；拉丁舞中的身体缠绕的动作，能更好地锻炼腰腹部肌肉，给人萦绕缠绵之美。

其脚步具有独特的脚掌运动，其跳动的动作中，不仅包含了直立起跳，也包含了水平斜跳、跨跳。对于跳的要求，更注重动作的轻盈与柔美，不注重跳的力量。在转体时，跳动伴随着转动，此时，脚步动作往往非常丰富，一起一落，跌宕起伏，空间立体感强烈。成套的拉丁健美操中常有 360 度及以上的转体组合，并且在转身的同时手、脚、腿、身及眼一并协调配合，使动作具有很高的艺术价值。

（四）全身减脂、态美体健

有氧拉丁对动作的技术要求不高，不追求身体姿态的准确性，而是注重能量消耗，有减脂和优化身体线条的锻炼价值。有氧拉丁的动作练习对身体四肢主要肌群和内脏器官施加合理的运动负荷，且拉丁动作多强调髋部的摆动、扭转，因此对于腰部的塑形有特殊的效果，使得身体的曲线更加完美。

（五）体育美学

有氧拉丁的价值主要表现在两个方面，其中一方面是对人体的锻炼价值，通过研究发现，有氧拉丁舞蹈是增强体质的有效锻炼方式，其运动效果甚至高于羽毛球和网球；另一方面体育舞蹈被称为"真正的艺术"，拉丁舞蹈是其重要的组成部分，以有氧拉丁为主的表现形式，不仅具有健身的价值，同时由于又融和了音乐、服装、舞蹈、风度于一体，体现着体育美学的魅力，又具有较大的观赏价值。

三、有氧拉丁的分类

有氧拉丁的种类比较多，常见的最主要的有以下几种风格：恰恰、曼巴、桑巴。随着时尚舞蹈的发展，以后还会有更多的拉丁元素融入其中。

四、练习有氧拉丁的注意事项

有氧拉丁给人一种热烈和跳动的感觉，它不需要百分之百的动作正确，但要求百分之百的情绪投入，越是淋漓尽致地把拉丁的感觉发挥出来，就越能在音乐中释放情绪。练习者在燃烧激情的同时，把身体多余的脂肪也一起燃烧起来。练习时要注意以下几点要求。

（一）舒适的服装装备

选择柔软的舞蹈鞋或软底运动鞋，舒适的服装。

（二）注意呼吸调配

扭动身体髋部和腰部时，保持自然正常的呼吸，不要憋气，若有呼吸不畅的情况出现，立刻停止活动休息，等调整后再决定是否继续练习。

（三）准备活动充分

特别是腰部和髋部，练习时避免身体扭动过猛或幅度过大，避免局部过度疲劳，若局部出现疼痛、不适、眩晕、心率过快等，马上停止练习，转入休息调整。

（四）心情放松

放松的身体才能有更好的协调性和灵活性。有氧拉丁对动作的协调性要求很高，练习者在锻炼时一定要放松身体和心情，初学者不要在意动作力度，不要有恐惧感，不要怕动作做不好被人嘲笑，用心去体会舞蹈带来的自我放松的身体感受。注意身体与音乐的协调运动，逐渐增加动作力度和幅度。

五、有氧拉丁的基本动作

有氧拉丁舞蹈的基本动作由基本的拉丁舞步和拉美民间舞的基本动作组成，它们的节奏是在均匀的节奏上对音乐进行分割，使练习具有一定难度。常用的有氧拉丁舞蹈基本动作如下。

（一）髋部动作

1. 顶髋

髋部向左或者向右侧斜上45°发力上提。

2. 摆髋

以腰部为轴，髋关节向左右两侧做钟摆式运动。

3. 水平绕"8"字

髋关节在水平面上做左右侧两个对称的绕环动作，两环的交叉点在中间的髋部构成一个水平"8"字形。

（二）步法

拉丁舞的常见步法如下。

1. 踏步

踏步时伴随髋关节的8字扭动，膝关节会有一定的内收动作，同时同侧的身体向异侧转动，上肢可以加上肩部摆动和手臂动作，包括并脚踏步、分腿踏步，以及踏步左右前后的移动。

2. 恰恰步

恰恰的步伐节奏与健美操步伐不同，步伐节奏是两拍三动，恰恰步的变化非常丰富，向侧、斜侧、向前、向后等，并可以向不同的方向连续行进并步或者交叉步，所以在空间转换上灵活多变，形成丰富的方向变换。

3. 曼巴步

一脚向前迈出，随即重心前移，另外一只脚抬起，再落地，节奏为均匀的节奏，没有切分拍，可以向前、向侧、向后，以及转体完成。

4. 桑巴步

节奏是两拍三动，第一拍的前半拍右脚向前迈步，后半拍左脚向前迈步，第二拍右脚原地踏步。完成动作时节拍要有明显的短暂停顿。

思考练习题

1. 健美操的主要流行元素包括哪些？
2. 相对于其他运动项目，健身性健美操在世界范围内的主要流行优势是什么？
3. 健身性健美操在我国高校的流行趋势有什么特点？

参考文献

[1] 匡小红. 健美操教程 [M]. 北京：高等教育出版社，2019.

[2] 位桂香，任红桦，黄晋萱. 健美操 [M]. 北京：中国书籍出版社. 2015.

[3] 何荣，王长青. 健美操教程 [M]. 北京：北京师范大学出版社，2010.

[4] 方熙嫦. 健美操 [M]. 福州：福建科学技术出版社，2015.

[5] 朱晓龙，李立群. 健美操 [M]. 杭州：浙江大学出版社，2014.

[6] 周惠英. 竞技性健美操概念研究 [J]. 体育科技文献通报，2010（9）：17 - 18.

[7] 李娟，赵倩倩，赵小梅. 现代健美操与体育舞蹈的发展与科学教学 [M]. 长春：吉林大学出版社，2016.

[8] 张苗. 对培养健美操专项学生术语运用能力的分析 [J]. 贵州体育科技，2017（04）：26 - 29.

[9] 张凤. 我国健美操术语的研究 [D]. 武汉：武汉体育学院，2013.

[10] 刘静静. 健美操教学方法与技巧初探 [J]. 科技视界，2012（21）：95 - 96.

[11] 张洪潭. 体育的概念、术语、定义之解说立论 [J]. 西安体育学院学报，2006（04）：1 - 6.

[12] 王学锋. 体育界的语言和思维问题 [J]. 体育学刊，2003（03）：1 - 3.

[13] 冷绍玉. 服装功能研究综述 [J]. 丝绸，1988（07）：34 - 36.

[14] 孙慧. 竞技性健美操运动员服饰的选择与研究 [J]. 运动，2013（07）：22 - 23，31.

［15］ 崔国红. 论音乐、造型、服装艺术对健美操发展的影响［J］. 体育文化导刊，2010（9）：57-59.

［16］ 金璐. 浅谈普及组健美操服装的选择和设计［J］. 科技信息，2010（13）：256.

［17］ 马鸿韬. 健美操运动教程［M］. 北京：北京体育大学出版社，2013.

［18］ 张晓莹. 健美操教学文件的制订与范例［M］. 北京：北京体育大学出版社，2012.

［19］ 匡小红. 健美操［M］2版. 北京：高等教育出版社，2019.

［20］ 张予南. 体操初级教程［M］. 北京：北京体育大学出版社，2011.

［21］ 匡小红. 新编健美操运动教程［M］. 西安：陕西人民出版社，2010.

［22］ 肖光来. 健美操［M］. 北京：人民体育出版社. 2008.

［23］ 朱晓龙，李立群，卢芬，等. 健美操［M］. 杭州：浙江大学出版社，2019.

［24］ 全国体育院校教材委员会. 运动生理学［M］. 北京：人民体育出版社，2002.

［25］ 迪特尔·倍. 呼吸健美操［M］. 邓二红，译. 北京：人民体育出版社，2001.

［26］ 杨锡让. 实用运动生理学［M］. 北京：北京体育大学出版社，1998.

［27］ 张丽萍. 现代健美操教学理论与实践研究［M］. 北京：中国原子能出版社，2015.

［28］ 郭可愚. 形体美［M］. 北京：人民体育出版社，2001.

［29］ 叶松，张丽萍，闫峰. 舞动时尚健身理论与实践［M］. 北京：中国原子能出版社，2010.

［30］ 尼尔·R. 卡尔森. 生理心理学-走进行为神经科学的世界［M］. 苏彦婕，等译. 第九版. 北京：中国轻工业出版社. 2017.

［31］ 李晶，杨旭，高宣. 现代高校体育运动项目理论与实践［M］. 北京：中国原子能出版社，2016.

[32] 吴坦，张予鹏，石燕. 高校体育与健康教程［M］. 北京：中国原子能出版社，2016.

[33] 尹军. 身体运动功能诊断与训练［M］. 北京：高等教育出版社，2015.

[34] 司琪. 锻炼心理学［M］. 杭州：浙江大学出版社，2008.

[35] 罗杰·霍克. 改变心理学的40项研究［M］. 第七版. 北京：人民邮电出版社，2018.

[36] 卡琳娜·伐纳著，郑慧慧译. 舞蹈创编法［M］. 上海：上海音乐出版社，2017.

[37] 肖光来，马鸿韬等. 健美操［M］. 北京：高等教育出版社，2008.

[38] 吕艺生. 舞蹈美学［M］. 北京：中央民族大学出版社，2015.

[39] 黄宽柔. 健美操［M］. 北京：高等教育出版社，2008.

[40] FIG 国际体操联合会. 2017—2020 竞技性健美操竞赛规则［S］. 2017.

[41] FIG 国际体操联合会. 2022—2024 竞技性健美操竞赛规则［S］. 2021.

[42] 格罗塞. 艺术的起源［M］. 北京：商务印刷馆，2015

[43] 王锦，刘佳. 表演性健美操作品编创特点分析［J］. 首都体育学院学报，2019，29（6）：540－543.

[44] 查春华，马卫民. 竞技性健美操成套创编中空间层次运用探析［J］. 中国体育科技，2015，51（5）：22－30.

[45] 韩春英，曹庆华，等. 新疆青少年校园麦西热甫—木卡姆健身操的创编与健身效果研究［J］. 北京体育大学学报，2008，31（7）：976－978.

[46] 李芳，谭吉升. 新周期（2013—2016）健美操竞赛中有氧舞蹈的发展特征［J］. 武汉体育学院学报，2014，48（6）：2－85

[47] 李育林，陈敏. 新周期我国竞技性健美操成套编排的艺术价值研究［J］. 体育与科学，2009，30（6）：53－56.

[48] 李芳."巴风楚韵"健身操的创编及推广［J］. 武汉体育学院学报，2012，46（5）：75－78.

[49] 杨欧. 舞蹈力量训练原理与方法［M］. 上海：上海音乐出版社，2019.

[50] 张鹏. 新旧周期规则导向下竞技性健美操难度动作的对比研究［J］. 西安体育学院学报，2019，36（4）：506-512.

[51] 健美操运动教程编写组. 健美操运动教程［M］. 北京：北京体育大学出版社，2016.

[52] 颜飞卫. 大学健美操体育舞蹈排舞教程. 北京：北京师范大学出版社，2012.

[53] 黄荣，张鹏，王彦旎. 健美操［M］. 北京：清华大学出版社，2015.